국역

조선신보

한반도 최초 근대신문 · 개항장 부산 거류 일본인 발행

국역 조선신보 朝鮮新報

권정원 · 김소영

보고사
BOGOSA

식민지 조선에서 근대적 신문 매체가 발행되기 시작한 것은 19세기 후반, 부산을 필두로 개항장에 거류지가 생겨나고 일본인의 이주가 시작되면서부터이다. 이후 경성과 각 지방에서 일본인에 의한 수십여 종의 일본어 신문들이 창간과 폐간, 통폐합 등의 과정을 겪으며 1945년까지 지속적으로 발행되었다. 현재 1883년부터 1966년 사이 전국에서 발행된 100건 가까운 영문 및 한일 신문 자료들은 대한민국신문 아카이브에 구축된 영인으로 접할 수 있다. 또『경성일보』를 비롯하여『부산일보』,『조선시보』등 식민지기 일본어 신문들은 각 대학의 일본 관련 연구소에서 번역 및 DB 구축 작업이 이루어지고 있어 한국 근대 형성기의 언론매체 연구 환경은 한층 나아지고 있으며, 이에 기반한 연구 성과들도 속속 나오고 있다.

하지만 한반도 최초의 근대적 신문이라 할 수 있는『조선신보』는 발행된 지 100여 년이 지난 지금까지도 "활발한 연구" 상태를 경험하지 못하였다. 다른 신문들처럼 영인에 쉽게 접근할 수도 없다. 그 점에서 몇 년 전 우연한 계기로 500부 한정 영인본 1점을 부산대학교 도서관 '박종근 박사문고'에서 발견하게 된 것은 '근대(성)'의 시좌 확보라는 측면에서 연구자로서는 큰 행운이 아닐 수 없었다.

『조선신보』는 1881년 12월 10일, 부산에서, 일본상인이 중심이 되어 설립한 재부산항 상법회의소에서 간행한 신문이다. 우리나라 최초의 신문이라 불리는『한성순보』보다 1년 10개월 정도 먼저 창간되었으니,

현재까지 알려진 바로 한반도에서 간행된 최초의 근대적 신문이라 하겠다. 그러나『조선신보』는 그 중요성에 비해 학계에서의 연구는 아직 미진한 편이다. 무엇보다『조선신보』가 일본어와 한문의 이중 언어로 구성되어 있어 연구 활성화를 가로막고 있다. 한문은 전문 연구자가 아니면 해석하기 어려운 수준이고, 일본어도 언문일치체가 실현되기 이전의 고어체여서 독해가 쉽지 않기 때문이다. 일반인은 물론 연구자들조차 접근하기 어렵다. 연구 촉진을 위한 선결 과제가 번역이었던 셈인데, 이런 점에서『조선신보』의 번역 작업의 의의는 클 수밖에 없다.

본서『국역 조선신보』는 한문학 전공자와 일문학 전공자가 합심하여 이룬 성과이다. 부산대학교 인문대 연구실을 오가며 쌓은 친분으로 역서를 공동 집필하게 되었으니, 학문간 융합이 생산적 결실로 이어진 결과가 아닌가 한다. 이제『조선신보』의 국역으로 근대 전환기 신문 매체와 개항기 부산 지역에 대한 보다 풍성하고 활발한 연구가 시작되기를 기대한다.

본서가 나오기까지 많은 분들의 진심 어린 호의와 노력이 있었다. 한문 번역을 하면서 무엇보다 외래어 번역 작업에 어려움이 컸다. 근대 문물이나 외국 문화와 관련된 용어는 한문으로 번역될 때 음역(音譯)되므로, 한자만으로는 해독하기 어렵기 때문이다. 예컨대, 피득제(彼得帝)란 명사는 '페테르고프(Peterhof)'로, 일명 '표트르 대제'를 지칭한다. 이처럼 전에 없던 인명과 지명 등의 외래어 해독은 역자가 몸담고 있고 근대 저작물의 한문 번역을 지속해오고 있는 부산대학교 점필재연구소 대한제국기 잡지팀의 도움을 받았다.

일본어 번역에 있어서는 역자의 지도교수인 일본 와세다대학의 진노 히데노리(陣野英則) 선생님에게 빚진 바가 크다. 앞뒤 맥락이 닿지 않는 고어체 문장과 읽기 어려운 글자들을 동료 학자인 니이미 아키히

코(新美哲彦), 구리야마 모토코(栗山元子) 선생님과 함께 어느 한 글자 소홀함 없이 살피고 조언해주신 덕분에 자구(字句)에 드리운 자욱함을 걷어내고 뜻에 다가갈 수 있었다. 여전히 공부가 모자라 실제 의미에 가 닿지 못한 부분도 있을 것이다. 이 점 애정 어린 독자의 질정을 기다려 원 뜻에 가까운 충실한 번역서가 될 수 있도록 계속 노력을 기울일 것이다.

　책 꼴을 갖추고 완성도를 높이기 위해 최선을 다해주신 이경민 편집자님, 그리고 일본어 원문 교열 작업을 꼼꼼하게 마무리해주신 양예리 선생님의 노고도 빼놓을 수 없다. 덕분에 굼뜬 작업에 속도를 낼 수 있었다. 모두에게 깊은 감사를 드린다.

2022년 7월 30일
역자 권정원, 김소영

차례

국역 조선신보

조선신보 제5호

조선신보 제6호

조선신보 제7호

조선신보 제8호

조선신보 제9호

조선신보 제10호

조선신보 제11호

조선신보 제12호

원문 朝鮮新報

朝鮮新報 第五號

朝鮮新報 第六號

朝鮮新報 第七號

朝鮮新報 第八號

朝鮮新報 第九號

朝鮮新報 第拾號

朝鮮新報 第拾壹號

朝鮮新報 第拾貳號

『조선신보』의 중층성*
─ 독자, 언어, 담론의 간극 ─

김소영

1. 머리말: 『조선신보』의 기존 논의

19세기말 한반도 최초의 근대적 신문이라 할 수 있는 『조선신보』가 강화도조약(1876) 이후 가장 먼저 개항한 부산에서 일본인에 의해 간행되었다. 1881년 12월 10일에 창간된 것으로 알려져 있는데, 이는 1882년 3월 3일자 『도쿄일일신문(東京日日新聞)』「잡보(雜報)」 기사에 근거한 것이다. 근대 일본의 저널리스트 에비하라 하치로(蛯原八郎, 1907~1946)가 이 기사를 바탕으로 일본인이 한국에서 "최초로 발행한 일본어신문"일 것이라고 추정하였고, 서지학자 사쿠라이 요시유키(櫻井義之, 1904~1989)[1]가 "반도 최초의 신문"으로 『조선신보』를 논하고 에비하라 하치로를 재인용·소개하면서 국내외 연구자들 사이에서도 널리 받아

---

* 본 해제는 필자의 다음 두 편의 논문을 바탕으로 수정·가필한 것이다.
김소영(2021), 「한반도 최초 근대신문으로 보는 심상지리로서의 조선 1882-개항장 부산 발행 『조선신보』일본어 기사를 중심으로-」, 『비교일본학』 53, pp.89-118.
김소영(2019), 「텍스트로서『조선신보』의 한문기사 고찰-당대 이데올로기와 담론을 재구성하는 메이지 지식인의 그림자-」, 『일본사상』 37, pp.163-194.

1 김소영(2019)에는 '사쿠라이 마사유키'로 잘못 표기되어 있다. 여기에서 바로잡는다.

들여졌다. 『조선신보』가 몇 호까지 발행되었는지 현재로선 알 수 없지만, 일본 도쿄대학에 5호(1882.3.5.)~12호(1882.5.15)까지 소장되어 있어 그 전모를 일부나마 파악할 수 있다.

현재 『조선신보』에 대한 국내외 논의는 "한반도 최초 발행"이라는 선구성 때문에 한국미디어사에서는 반드시 언급·인용하고 넘어갈 정도로 그 중요도에 대한 인식은 형성되어 있다. 국내에서는 1984년 한국고서동우회가 도쿄대학 소장본을 500부 한정 영인하고, 그 창간 취지와 지면 구성, 독자층을 개략한 안춘근(1984)[2]과 이강수(1984)[3] 등의 고찰을 실으면서 그 대강이 먼저 파악되었다. 같은 해 외국인 학자 Altman(1984)도 "1881~82년 사이 한국에서의 언론 출현에 일본인의 참여를 이해"하는 한편 "한국에서 근대의 진행과 그 과정에서 일본인의 개입을 부감"[4] 하기 위한 시도로 『조선신보』의 기사 내용을 고찰한 바 있다. 이후 채백(1991)[5]이 선행연구의 논의를 이어받아 다시 그 창간 취지와 창간 주체, 독자, 편집 체제 및 인쇄를 비롯하여 전체 지면 구성과 내용을 도표화하고, 일문 기사 대 한문 기사 비율 등을 계량화한 논고를 냈다. 하지만 최근까지도 기사 내용을 구체적이고 체계적으로, 그리고 역사적 맥락에서 다룬 고찰은 Altman(1984)과 김소영(2019, 2021)이 본격적이라 할 정도로 제대로 논의되지 않았다.

이는 여러 요인들이 있겠으나 『조선신보』가 한문과 일본어를 병용하면서 두 언어를 동시에 다뤄야 하는 어학 능력의 한계가 가장 컸던

---

2   안춘근(1984), 「朝鮮新報의 書誌學的 考察」, 韓國古書同友會編 『朝鮮新報(影印本)』, 韓國出版販賣, pp.8-13.

3   이강수(1984), 「朝鮮新報의 新聞史的 考察」, 韓國古書同友會編 『朝鮮新報(影印本)』, 韓國出版販賣, pp.19-24.

4   Altman, Albert A(1984), "Korea's First Newspaper: The Japanese *Chosen shinpo*," *The Journal of Asian Studies*, Vol. 43, No. 4, pp.685-696.

5   채백(1991), 「朝鮮新報에 관한 一研究」, 『한국언론학보』 26, 한국언론학회, pp.345-374.

것으로 보인다. 한문은 전문 연구자가 아니면 해석하기가 쉽지 않고, 일본어 기사도 언문일치체가 실현되기 이전의 한문체와 소로우문(候文), 변체 가나가 뒤섞인 고어체인데다 구두점이 없어 독해가 용이하지 않기 때문이다. 종이신문의 열화(劣化)로 인한 글자 판독도 쉽지 않아 접근을 더 어렵게 했던 것 같다. 이에 본고에서는 먼저 선행연구를 토대로 『조선신보』의 대략적인 서지사항을 개괄하고, 기사 내용을 바탕으로 언어와 독자층·취재원을 논증한 다음, 일문 기사와 한문 기사를 비교 대조하여 그 성격의 중층성을 이끌어내는 것으로 해제를 갈음하고자 한다.

2. 발행 주체, 언어, 독자, 취재원

1984년 '개화기도서전'에 한국고서동우회편 『조선신보』 영인본이 출품되었을 당시 한국 언론들은 "한성순보보다 앞선 조선신보 첫 공개"(『동아일보』 1984.5.9), "한반도 최초 신문 조선신보 영인본 펴내"(『매일경제』 1984.6.28) 등의 제목으로 신문 매체로서의 『조선신보』의 선구성을 강조한 소개글을 내보냈다. 이것으로 미흡하나마 『조선신보』의 국내 연구 또한 한걸음 나아갈 수 있는 계기가 마련된 것인데, 영인본에 실린 안춘근과 이강수의 고찰, 이후의 선행연구 등을 토대로 파악한 『조선신보』의 대략적인 서지사항은 〈표1〉과 같다.

창간호는 1장이었으나 2호부터 책자형 20면 분량으로 증면되었으며, 일본인 거류지 소재 부산항상법회의소에서 10일 간격으로 순간(旬刊)되었음을 알 수 있다. 목차는 필요에 따라 부정기적으로 실리는 〈영사관녹사〉를 제외하고, 〈조선신보〉〈잡보〉〈원산통신〉〈기서〉〈물가표〉〈광고〉란이 고정 배치되었다. 오오이시 도쿠오(또는 노리오)가 감리 겸 편집 인쇄를

<표1> 『조선신보』의 지면 구성 및 발행 사항

	호수	판형	면수	형태	간행	언어		
발행형태	창간호		1장					
	2호~12호	국판	20면	책자형 (半紙綴本)	순간(旬刊) (5일, 15일, 25일 발행)	일문, 한문, 한글 1건(7호)		
목차	영사관녹사* (領事館錄事)	조선신보 (朝鮮新報)	잡보 (雜報)	부산상황 (釜山商況)	원산통신** (元山通信)	기서 (寄書)	물가표 (物價表)	광고
발행	부산항상법회의소(釜山港商法會議所) 감리 편집 및 인쇄: 오오이시 도쿠오/노리오(大石德夫) 유통 판매: 스즈키 다다요시(鈴木忠義)							

* 8호 이후 없음, **8-9호 없음

맡고, 스즈키 다다요시가 유통 판매를 담당했다. 다만 두 사람의 행적은 현재 거의 알려져 있지 않아 이름 표기는 편의상 관용적 독음을 따랐다.

발행 주체인 부산항상법회의소는 부산상공회의소에서 펴낸 자료에 따르면 "1879년 8월 체제를 갖추고" "일본인 무역상, 은행업, 해운업, 도고업자 등 4개 영업자"로 한정해 조직되었으며, 그 설립 목적은 "부산항을 거점으로 하여 상권 확보를 기도"하고, "일본의 정치 외교를 측면에서 지원하는 데 있었다"[6]고 기술하고 있다. 이와 달리 1880년(메이지 13년) 일본 농상무성이 편찬한 『상황연보(商況年報)』에는 부산항의 일본인들은 대부분 쓰시마 주변의 "무뢰배(無賴ノ徒)"들로, 한인(韓人)을 업신여겨 칭량(秤量)을 속이고 부정한 방법으로 이익을 강탈하는 등 악풍으로 인해 한국인들이 이들을 기피한다며, 이를 염려한 "올바른 상인(正経ノ商人)"들이 메이지 13년 12월 "악폐를 소탕하기 위해 상법회의소"[7]를 설립했다고 기록하고 있다. 쓰시마번 출신의 일본 상인들의 행패와 문란으로 인해 높아진 반일 감정을 잠재우고 부산항에서의 부진

---

6 부산상공회의소편(1982), 『부산상의사 1889~1982』, 부산상공회의소, p.110.

7 農商務省商務局, 「第四款附錄 第卄三朝鮮貿易ノ統計」, 『商況年報』(明治十三年度), p.232.

한 무역 거래를 개선하기 위한 목적으로 상법회의소가 설립되었다는 걸 알 수 있으며, 영사관과 긴밀한 협조 속에서 일련의 조치들이 취해진 사실을 『조선신보』에서도 확인할 수 있다.[8]

언어는 1건의 한글 번역 기사를 제외하고 한문과 일본어가 병행되었다. 각 언어에 따른 독자층 구분도 비교적 명확했다. 한문이 주로 관료 계급과 지식인층을 대상으로 한 사설·논평란인 〈조선신보〉의 중심 언어라면, 일본어는 〈잡보〉〈부산상황〉란의 주요 언어이다. 한문 글이 주로 일본이 근대화 과정 속에서 이미 겪었고 또 직면해 있는 정치·경제·사회·사상·국제 정세 같은 거시적 담론들을 조선이 곧 당면하게 될 문명화의 과제로 제시하고 있다면, 일본어 기사는 그 속성상 다양한 분야에 걸쳐 있다. 조선 내 거류지 일본(상)인을 독자로 상정하고 있는 까닭에 개항장 내 일본인들의 인구 추이, 거류민들이 지켜야 할 행동 규칙(〈영사관 녹사〉), 부산항과 원산항의 경기 동향 등을 비롯하여 조선의 정치(인), 문화, 사람들 사이에 떠도는 소문, 일본인과 한국인 사이에 일어난 폭행 사건 등 잡다한 정보들을 다루고 있다.

『조선신보』는 과연 관련 글감들을 어떻게 입수했을까? 한문 글과 일본인 거류지 내 뉴스들은 『조선신보』의 편집자를 비롯하여 부산항상법회의소에 구축된 인적 네트워크를 통해 얻었을 것이다. 하지만 일본인들에게 조선 사정을 알릴 목적으로 쓰인 조선 관련 일본어 기사들은 소재 발굴이 그렇게 쉽지는 않았을 것이다. 근대적 교통 통신이 아직 갖추어지기 전인데다 일본인들의 통행과 이동이 제한[9]되어 있던 시절

---

8   『조선신보』〈영사관녹사〉(5호~7호)에 보이는 거류지에서의 규칙 위반과 풍기 문란 등에 규제를 가하는 영사관 고시 '위경죄목(違警罪目)'이 그 예이다.

9   1876년 체결한 조일수호조규부록 제4관에 따라 일본인이 자유롭게 오가며 물품거래를 할 수 있는 유보(遊步) 범위는 조선 거리법 기준 사방 10리로 제한되어있었다. 그 범위가 늘어나게 되는 것은 임오군란(음력 1882.6.9.~7.13.) 이후이다. 임오군란으로 발생한 문제를 해결하기 위하여 1882년 8월(음력 7월)에 체결한 제물포조약과 함께 조인된 조일수호조규속약에 의해 그 범위가 50리로, 2년 후에는 100리로 늘어

이고 보면 정보원(情報源)을 확보하고 글로 내보내기까지 많은 시간적
공간적 제약이 따랐을 것이기 때문이다. 공공성과 객관성을 담보하기
란 더더욱 어려웠을 것이다. 그럼에도 다음과 같이 취재원(取材源)을 밝
힌 경우가 꽤 있어 그 경로를 추측해볼 수 있다.

> 조선인의 소문에 (或朝鮮人の噂に)[10]
> 어느 한인에게 들었는데 (或韓人よりき﹅しが)
> 경성에서 온 한인의 이야기인데 (京城より來りし韓人の話しなるが)
> 　　　　　　　　　　　　　　　　　　　　　제5호
> 밀양에서 온 어느 한인의 이야기인데 (密陽の或韓人來りての話しなるが)
> 어느 조선인의 이야기를 그대로 전한[것] (或朝鮮人の話しの儘)
> 　　　　　　　　　　　　　　　　　　　　　제6호
> 경성에서 보내온 모 씨의 편지에 (在京城の某より送られたる信書中に)
> 　　　　　　　　　　　　　　　　　　　　　제8호

그 출처를 모호하게 처리하고 있기는 하지만 위 단서들을 통해 조선
인(한인)에게 들었거나 그들 사이에 나도는 이야기나 소문, 또 조선 정
부의 정치(인)와 경제, 사람들의 인심을 전해주는 경성으로부터의 편지
가 기삿거리로 활용되었음을 알 수 있다.

여기에서 말하는 조선인들이란 일본인에게 고용되었거나 한일 양국
간 무역에 직간접적으로 종사한 거간꾼, 객주, 상인들이었을 것이다.
또 강경파 유림들이 척왜를 주장하며 고종에게 올린 상소문 원문을 입
수하여 실은 점이나 조선 정부가 어떤 정책이나 제도를 시행한다는 소
식을 알릴 때 "들은 바에 따르면(聞く處によれば)" "조금 들은 것이 있는
데(聊か聞きし事あれども)"(6호)라고 한 것으로 보아 경성에 있으면서 필요

나게 된다.

10　이하 한국어역은 특별한 언급이 없는 한 필자 번역이며, 이해를 돕기 위하여 보충
　　설명 및 오기를 바로잡거나 행갈이와 구두점을 덧붙인 곳이 있다.

에 따라 정보와 자료를 제공해주는 일본인 통신원과 일본에 협력적인
조선인과 역관, 관료급 인물들이 있었던 것으로 짐작된다. 이외에도 거
류민들의 안전과 한일 상인들 간에 갈등이 발생했을 때 동래부와 일본
영사관이 상호 협력[11] 속에서 해결해야 하는 당시 정황상 동래부 관리
들과의 교류를 통해 얻은 소식들도 꽤 있었던 것 같다.

정보 제공자이자 투고자로서의 독자의 역할 또한 간과할 수 없다.
객관적 지표인 발행 부수가 아직 확인되지 않아 독자의 양적 규모는
정확히 알 수 없으나 다음과 같이 부산항 이외의 지역에도 독자가 존재
했음을 알려주는 단서들이 있어 한국 내 일본인 독자층은 어느 정도
파악이 가능하다.

> 청수관(淸水舘)과 하도감(下都監)에 있는 일본인은 인원이 적은 까닭에
> 나날의 이야깃거리도 떨어지고 심심함을 풀 방법이 없어 부산에서 오는
> 우편배달을 고대하는 마음, 실로 사랑에 빠진 여인이 정인을, 사랑에 빠
> 진 남자가 연인을 기다리듯 신문을 몇 번이고 되풀이해서 읽는다.
>
> 제11호

11호 〈잡보〉란에 실린 '한성에서 온 통신' 중 하나이다. 청수관과 하
도감에 소속된 일본인들이 부산에서 오는 『조선신보』를 마치 정인(情
人)을 기다리듯 애타하는 모습이 그려져 있다.

이들은 1880년 하나부사 요시모토(花房義質, 1842~1914)의 조선 공사
부임과 함께 제공된 최초의 외국 공관 건물인 청수관, 즉 경기중군영(京
畿中軍營)에 기거하기 시작한 40명[12]으로 보인다. 청수관과 같이 언급된

---

11 『조선신보』의 기사로만 판단하면 동래부와 일본영사관과의 관계는 꽤 좋았던 것으로
보인다. 일례로 동래부사 김선근을 개화된 관료로서 높게 평가한 기사들을 들 수
있다. 김선근이 영사관의 도움을 얻어 백성을 위하여 시행한 가뭄 대책과 우두 접종(5
호), 빈민구제를 위하여 곳간을 열고 쌀을 나눠준 선정(善政), 또 일본 공사가 내항했을
때 홍수에도 기꺼이 찾아와 축사를 한 일(11호) 등이 호의적으로 다루어지고 있다.

하도감[13]은 1881년 창설된 한국 최초의 신식군대 별기군[14]을 훈련하던 곳으로, 당시 호리모토 레이조(堀本礼造, 1848~1882)[15]가 교관으로 초빙되어 어학생 다케다 간타로(武田勘太郎)의 통역으로 조선 병사들을 훈련시키고 있었다. 『조선신보』8호에도 육군 중위 호리모토의 가르침으로 별기군의 능력이 크게 향상되었으나 그들의 옷차림은 종래 조선 옷을 개량하고 총 사용에 지장이 없도록 챙을 좁게 만든 벙거지 모양의 모자와 짚신이라며, 육해군법의 수행에는 걸림돌이 될 것이라는 투의 염려의 목소리가 실려 있다.

경성의 일본공사관 소속 이들이 『조선신보』의 독자이자 기삿감을 대주는 취재원이었을 것이다. 또 〈원산통신〉이 지속적으로 실리고 있어 원산 개항장의 일본인[16]도 부산 바깥의 현지 사정을 전해주는 구독자 겸 통신원 역할을 했던 것 같다. 매호 마지막에 실린 구독 광고도 구독자 범위가 부산에 한정되지 않았음을 뒷받침한다. 구독료 안내와 함께 부산항 "이외의 지역은 별도의 우편료"를 받을 것이며, 구독 중지 요청을 알려오기 전까지는 계속 보내겠다고 알리고 있기 때문이다.

조선인 독자를 어림해볼 수 있는 단서도 있다. 급진 개화파의 지도자로 갑신정변(1884)을 주도한 김옥균이 정정 보도를 요청했다는 다음 기사가 그 예이다.

---

12 경찰 관계자 9명, 군 관계자 8명, 외교관 8명, 어학생 7명, 공사관 고용인 6명, 공관 소사 1명, 서기 소사 1명. 참고 다카사키 소지 지음, 이규수 옮김(2006), 『식민지 조선의 일본인들』, 역사비평사, p.31.

13 조선시대 훈련도감에 속한 분영.

14 이때 별기군에는 교련소 당상(堂上) 민영익(閔泳翊), 정령관(正領官) 한성근(韓聖根), 좌부령관(左副領官) 윤웅렬(尹雄烈), 우부령관(右副領官) 김노완(金魯莞), 참령관(參領官) 우범선(禹範善)이 임명된다. 『조선신보』에서도 이들 관련 기사가 종종 보인다.

15 육군 출신으로 조선 일본공사관에 소속되어 호위를 맡았다. 조선 정부의 요청과 하나부사의 추천으로 별기군을 지도하다 임오군란 때 살해된다.

16 1880년 5월 개항한 원산진에는 1881년말 영사관 관계자 및 상인, 직인, 매춘 여성 등 총281명이 재류했다. 참고 高尾新右衛門編(1916), 『元山發展史 上』, pp.35-36.

김옥균 씨는 이번 달 17일 출범한 千年丸로 일본으로 도항하였다. 지난
호[6호] 잡보에서 이 일행 두서너 명이 뒤따라 경성에서 온다고 운운하
고, 또 어떤 상회에 여비 2만 원의 차입을 의뢰하였다고 운운하는 이야기
를 실은 바 김옥균 씨는 두 항목은 사실과 다르다며 우리 영사관으로 취
소를 알려왔다. 영사관에서는 편집자에게 [위] 두 항목을 취소하라고 구
두로 알려왔는데 전혀 사실이 아니라면 취소하는 게 마땅하다.

제7호

6호(1882.3.15.)에 실린 김옥균과 관련한 내용 중 두 사항, 즉 일본으
로 도항하기 위해 부산에 먼저 와 있는 김옥균을 뒤따라 경성에서 두세
명이 내려올 것이며, 방일 자금 2만 엔을 어떤 상회에 꾸어달라고 의뢰
했다는 기사 내용은 사실이 아니니 취소하라고 부산 주재 일본영사관
을 통해 요청했다는 것이다. 편집자는 사실 무근이라면 "취소하는 게
마땅하다"는 말로 정정 보도를 갈음하고 있다.

정황으로 보면 1882년 3월 17일 일본으로 도항하기 직전 김옥균이
6호를 직접 읽었거나 또는 누군가의 귀띔으로 알게 되었을 것이다. 영사
관 일본 관원들과의 교류를 통해 우연히 전해 들었을 수도 있겠지만
동래부 관료에게 전해 들었을 가능성이 더 커 보인다. 동래부가 『조선신
보』의 정기구독자였을 개연성은 상당히 높아 보이기 때문이다. 2회에
걸쳐 〈조선신보〉란에 연재한 '조선국 지방장관에게 고한다(告朝鮮國地方
長官各位)'[17]라는 한문 사설을 보더라도 편집자가 동래부를 실제 둘러보
며 느꼈던 문제점을 예시하고, 조선의 부국강병을 위해서는 해변과 하천
제방을 보수해야 한다며 토목공사의 필요성을 역설한 것도 동래부라는
정기구독자가 실재했기 때문에 가능한 제언으로 보이기 때문이다.

물론 『조선신보』의 한문 글들이 내용상 동래부 관료만을 대상으로

---

17 『조선신보』제5호(1882.3.5.)~제6호(1882.3.15.).

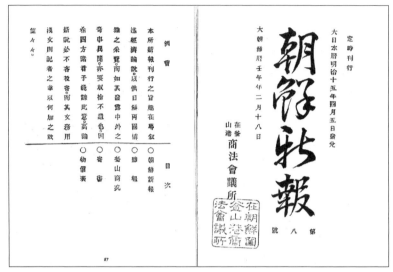

〈자료1〉『조선신보』 8호. 매호마다 창간 취지를 밝힌 〈예언〉과 〈목차〉가 표지 다음 장에 실려 있다.

했다고는 볼 수 없다. 경성의 조정 관료들까지 시야에 넣고 있었을 수 있으며, 어쩌면 그들로부터 신문지상을 활성화시킬 논쟁적 원고 투고까지도 기대했는지 모른다. 『조선신보』에는 〈자료1〉에서처럼 한문으로 된 〈예언〉을 매번 실어 창간 취지가 "경제 논설을 서술(專叙述経濟論說)"하는 데 있음을 밝히는 한편 사방 "군자"들에게 "탁월한 논설과 새로운 학설"이 있다면 "한문"으로 투고해주기를 종용하고 있기 때문이다. 그렇다고 조선 지식인층이 글을 투고한 것 같지는 않다. 대신 일본 식자층 독자가 문자적 소통이 가능한 조선의 지식 관료층을 향해 쓴 '계몽성' 글은 발견된다. 이들 글이 긍정적이든 부정적이든 조선 지식계를 자극하고 논의를 촉발시킬 만한 내용을 담고 있다는 점에서 조선과 일본의 한문 식자층을 신문 지면 구성에 적극 끌어들이고자 한 『조선신보』의 의도를 일정 부분 담당하고 있다고 봐도 좋을 것이다.

이상으로 『조선신보』의 서지사항을 간략히 짚어보고, 이중(二重) 언어 사용에 따른 기사 성격과 독자층의 범위, 그리고 조선 사정 관련 기사의 출처 등을 몇 가지 실마리를 토대로 추량해보았다. 『조선신보』에 게재된 조선 관련 기삿글의 원천은 직접적으로는 동래부 관료를 비롯하여 거류지를 드나드는 조선(상)인과 그들 사이에 떠도는 소문, 그리고 경성에 있으면서 필요에 따라 정보와 자료를 제공해주는 일본인과 일본에 협력적인 한인과 역관, 관료급 인물이 있었을 것이라는 상정이 가능하였다. 독자층과 관련해서는 일본어 기사가 거류지의 일본(상)인을 대상으로 했다면 한문 기사는 조선의 관료와 지식인 계급은 물론 이들과 글자적 소통이 가능한 일본의 지식인층까지 염두에 두고 있음을 살필 수 있었다.

3. 야만·미개·완고함의 표상, 조선: 일문 기사의 담론

그렇다면 『조선신보』가 관심을 가진 조선 사정에는 어떤 것들이 있었을까? 『조선신보』에는 근대적 합리주의에 기반한 이성 대 비이성, 합리 대 비합리, 문명-개화 대 야만-미개, 과학 대 미신이라는 우열적 도식 속에서 후자는 타파되고 전자로 발전 진보해 나아가야 한다는 기본적 지향점이 곳곳에서 발견되는데, 일본(상)인을 대상으로 한 조선의 정치·사회·문화·카더라 통신을 잡탕처럼 뒤섞어놓은 일문 기사에서 이는 좀더 노골적으로 드러나는 경향이 보인다.

"문명·개화"된 일본인의 시선이 '노골적' 또는 '직접적'으로 간취되는 사례를 중심으로 살펴보면, 먼저 5호에는 어느 일본인의 말을 인용하여, 조선인을 완고하게만 여겼으나 의외로 개화된 사람이 있다는 기사가 보인다. 일본 옷을 입고 단정히 자른 머리에 일본어를 대단히 잘하는 조선인을 만났다며, 조선인들 중에도 의외로 개화된 사람들이 상당히 있는 것 같다며 앞서간 일본을 따라오는 조선인의 모습에서 흡족해하는 심리가 읽힌다. 제주도민들의 야만성과 어리석음이 짐승에 가깝게 묘사된 다음 기사는 어떤가?

> 이 땅의 인민은 원래 모두 완우몽매(頑愚蒙昧)하여 금수와 거의 지척지간이다. … 서양인이 상륙하는 것을 보고 한 명을 때려죽인 모양. … [조선 정부가] 크게 놀라 재빨리 추포사(追捕使)를 파견하였으나 또다시 제주 인민들이 그 추포사를 타살했다는 것. 어떤 조선인의 이야기를 그대로 옮긴 것이니 그 신의(信疑)는 보장하지 못한다.   제6호

서양선이 제주도에 닻을 내렸다가 아직 금수의 상태에서 벗어나지 못한 섬사람들의 "완우몽매(頑愚蒙昧)"로 인하여 1명이 맞아죽어 외교 마찰을 야기한 내용을 다루고 있다. 서양 선박은 즉각 한성부로 올라가 일본공사관을 경유하여 그 죄를 물었고, 놀란 조선 정부도 재빠르게 추포사를 파견하였으나 제주도인들은 이마저도 타살해버렸다고 쓰고 있다. 물론 기사의 신빙성 여부는 담보할 수 없다고 끄트머리에 덧붙이고 있으나 이 마지막 문장을 진지하게 받아들이고 판단을 유보하는 독자가 얼마나 있었을지는 의문이다.

소가죽과 개가죽을 먹는 조선의 식습관을 전하는 다음 기사에는 "토인(土人)"[18]이라는 어휘가 등장해 조선인들의 원시성이 부각된다. 조선의 주요 무역품은 가공품이 아닌 모두 천연 산물로 그 수도 고작 20여 가지 정도라며 그 중에서도 쌀·콩·소가죽 순으로 가격이 높다고 쓰고, 밀양의 어느 한국인의 말을 인용하여 다음과 같이 보도하고 있다.

---

18 『조선신보』의 '토인(土人)' 용례는 총6회 보인다. 모두 야만성과 폭력성, 비이성이 드러나는 내용에 특징적으로 쓰이고 있다. 일본어의 '토인'은 원래 그 토지에 사는 토착민을 의미하지만 근대 이후의 문건에서는 원시적 생활을 하는 미개 지역의 주민을 낮춰 부르는 말로 주로 쓰인다.

소가죽은 수년 전까지만 해도 한국인의 식용품이었다. 당시 무역이 열리고 가죽이 고기보다도 높은 가격이 매겨지면서 모든 토인(土人)들이 고기를 먹고 가죽을 팔게 되면서 마침내 오늘날처럼 많아진 것이라고 밀양의 어느 한국인이 와서 한 이야기이다. 또 다른 일설에는 요즘 빈번히 개가죽을 먹기 시작했다고 한다.   제6호

개항 이후 가죽 수량이 늘어나게 된 것은 가격 경쟁력에 따라 "토인"들이 모두 고기를 먹고 가죽을 팔게 되면서라며 그 이유를 전하고, 주제와는 그다지 상관 없어 보이는 개가죽 식용의 기사를 덧붙이고 있다. 혐오감을 직접적으로 드러내고 있지는 않지만 고기 가죽의 식용 풍습에 대한 일종의 거부감을 읽을 수 있다.

조선의 아동 교육과 관련한 기묘한 풍속을 전하는 다음의 연재 기사는 조선인 독자라면 일종의 모멸감을 느꼈을 법한 내용을 담고 있다.

대체로 중인(中人) 이하는 유아에서부터 6, 7세에 이르기까지 배설물을 개에게 핥게 한다. 또 들은 바에 의하면 왕궁의 환관은 모두 음경 없는 사람을 뽑는다고 한다. 어린아이 때 배설물을 개에게 핥게 할 때 자연 음경이 물어뜯기는 일이 있다고 한다.   제8호

이것으로 보건대 중인 이상도 배설물을 개에게 핥게 하는 것으로 보인다. 또 들은 바에 따르면 조선인들 사이에 남색을 즐기는 풍습이 성한 것은 팔도가 비슷한데, 소아 때부터 음부를 개에게 핥게 하니 자연 그 마찰이 습관이 되어 남자라 할지라도 음부를 다른 사람이 만져도 그다지 꺼려하지 않는다고 한다. 실로 기묘기태(奇妙奇態)의 풍속이다. 또 기내 지방 같은 곳에서는 특히 색욕이 성하여 간통하는 자도 대단히 많아 그 때문에 진짜 부모를 모르는 이도 많다고 한다.   제9호

글쓴이가 조선인의 어린이 교육 모습을 직접 관찰하고, 또 사람들로부

터 들은 이야기를 조합하여 자기 나름의 논리 전개를 꾀한 글이다. 내용에 따르면 중인 이하의 계층에서는 대체로 아이가 6, 7세 때까지 배설물을 개에게 핥게 하는데, 그 과정에서 "자연 음경을 물어뜯기는 일"이 있다며, 그것이 마치 조선의 환관 제도와 조선 팔도에서 성행한다는 "남색", 또 조선 남자들이 자신의 음부를 다른 사람이 만져도 꺼려하지 않는다는 "기묘기태"의 풍속과 어떤 인과관계라도 있는 양 자신의 생각을 발전시키고 있다. 독자의 호기심을 자극하려는 의욕이 앞서 급기야 기내지방에서는 색욕이 성행하여 간통하는 자들이 많고, 그 때문에 자신의 부모를 모르는 사람이 많다는 이야기로까지 비약시킨다.

거세된 남성 관료, 즉 환관은 동서 각국의 역사에서 특히 가깝게는 중국 역사에서도 쉽게 관측할 수 있는데도 마치 조선에서만 볼 수 있는 이국적인, 그래서 열등한 현상처럼 다루고 있는 점은 글쓴이의 무지에서 또는 일본 역사에서 "환관이 존재하지 않기"[19] 때문이라고 너그럽게 보아 넘길 수도 있을 것이다. "들은 바(聞〈所〉)"의 이야기를 단서로 조선 사회를 분석하려 한다는 점에서 억측의 영역을 벗어나기 힘든 한계를 가지고 있지만, 이를 직시하기보다 그 자극적 요소에 이끌려 결론을 이끌어내려는 의지가 앞서 있음을 알 수 있다. 일본인 독자 입장에서도 논리적 모순의 여부보다도 도덕 윤리가 전혀 작동하지 않은 미개한 조선 사회가 일종의 우월감과 함께 마음속에 표상되었을 개연성이 크다. 다음 두 기사도 그 점에서는 비슷하다.

> 서양형 풍범선에 … 사금 기계도 실어 보냈으나 그 사용법을 아는 자가 없어 뭍에 올려놓은 채로이다. … 부산에서 실을 때는 일본인의 힘을 빌린 까닭에 겨우 20명으로 충분하였으나 지금 200명의 인부를 필요로 하는 것을 보니 추측하건대 앞으로 이 기계를 사용하는 일 또한 그러할 것

---

19 星斌夫, 「宦官」, 『日本大百科全書(ニッポニカ)』.

이라고 한 것은 실로 명언이다.   제11호

요즘 노등(路燈)도 건설하여 그저께 밤부터 처음으로 등에 불을 켜니, 한
국 땅에서 이제껏 미증유의 불야(不夜)의 모습을 보는 것은 불경기 속에
우리 서푼도 없지만 돈이 필요 없는 유쾌함이다.   제11호

첫 번째 기사는 '한성에서 온 통신'을 인용한 것이다. 한강 삼포로
실어 보낸 물건 중 사금 기계가 있는데, 그 운반 및 사용법에 있어서
조선인이 얼마나 비효율적이고 무지한지를 선장의 말을 인용해 감탄하
듯 전하고 있다. 문면에 조선의 미욱함이 그대로 드러나 있다. 두 번째
기사에서는 부산의 변천정(현 광복로) 거리에 가로등을 설치하여 조선에
문명의 빛을 던져준 일본 국민으로서의 "유쾌"한 자부심이 간취된다.

일본인들 사이에 "유명한 개화당 참판"(5호)으로 알려진 민영익(명성
황후의 조카)이 조선 고위 관료들과 함께 일본 군함을 둘러보다가 함장
에게 무안을 당한 일도 보인다. 『조선신보』9호에는 국왕의 특별 명으
로 개화당의 일원인 민참판과 강화유수[20] 등 조선의 지체 높은 양반
7명이 와서 정박해 있는 세이키함(淸輝艦)[21]을 빠짐없이 둘러보고, 함대
의 조련과 병술의 정교함에 감탄하였다는 기사와 함께 이들 7명이 군
함에서 일으킨 해프닝을 별건의 특종기사처럼 처리해 요즘 말로 '웃프
게' 전하고 있다.

내용인즉 일본 측으로부터 융숭히 대접받은 이들 관료 일행이, 다시
시작된 긴 조련 시간에 지루해진 것인지 주로(酒爐)를 꺼내어 술을 데워
마시려다 들켜 곧바로 주로는 압수되고 바다에 내버려진다. 이에 크게
놀라고 화가 난 조선 관료들이 그 까닭을 묻자 함장은 "군함에는 상당

---

20 조선시대에 수도 이외의 요긴한 곳을 맡아 다스리던 정이품의 외관(外官) 벼슬. 개
    성·강화·광주·수원·춘천 등지에 두었다.
21 최초의 일본 군함. 일본 함선으로서는 처음으로 유럽으로 원정한 사실로도 유명하다.

량의 화약이 저장되어 있어 함부로 화기를 취급해서는 안 된다. 만일 불을 잘못 다뤘을 때는 공들은 물론 우리 사졸 모두 즉사하는 재앙을 야기할 것이다. 우리 병사들은 공들을 위하여 이처럼 장시간 조련을 하는데도 공들께서는 지겹다며 술을 마시니 어찌 된 일인가, 불경(不敬)이 해도 너무하지 않냐"며 호되게 질책한다. 기사는 일곱 선비가 한마디 말도 못하고 얼굴을 붉히는 모습이 우습기도 하고 가련하기도 하였다며, 전해들은 촌평으로 마무리하고 있다. 일본 함장에게 무안을 당하는 조선의 고위 관료들의 모습이 마치 스승 앞에서 훈계를 듣는 학생들처럼 어리숙하게 묘사되어 있어, 독자들에게 어떻게 각인되었을지는 짐작하고도 남음이 있다.

조선 사회의 끔찍한 형벌과 사건, 사고 관련 기사들도 비문명국 조선의 단면을 비추는 비평적 역할을 수행한다. 동래부가 정보원으로 보이는 5호 기사에 따르면, 사형 선고를 받은 죄수가 곤장 타살로도 죽지 않고 삼노끈으로 졸라매도 죽지 않아 결국 배 위에 뜨거운 불을 피워 마침내 사형에 처해진 일화를 "은나라 주왕의 포락지형에도 결코 뒤지지 않을 것"(5호)이라며 그 끔찍하고 처절한 양상을 묘사하고 있다. 만취한 40대 남성이 자기 부인을 타살하고 동래부 감옥에 갇힌 자극적인 뉴스도 이어진다.

조선인과 일본인 사이에 일어난 갈등과 자존심 대결 양상, 폭력·폭행사건으로 인한 민족 간 대립 양상도 확인된다. 타집단에 대한 상호배척은 쉽게 민족 간 대결의식을 조장하고 순식간에 유혈사태로 번질 수 있는 가능성을 배태하기 마련인데, 원산에서 일어난 다음의 폭행 살상 사건은 그 심각성을 잘 보여준다.

1882년 3월 31일(음력 2월 30일), 유보 조약 규정을 어기고 원산을 벗어나 안변까지 나갔던 일본인들이 조선인들에게 심하게 얻어맞아 1명이 죽고 2명이 중상을 입는 중대 사건이 발생한다. 『조선신보』는 이

사건에 지면을 넉넉히 할애하여 생생하고 사실적인 문체로 재현해놓는
다. 같은 동족이라면 연민과 분노가 일지 않을 수 없을 정도로 울분에
차서 "조선 정부의 참혹 무정함(朝鮮政府の慘酷無情)"(10호)과 일본인이
조선에서 얼마나 경멸당하고 있는지를 격앙된 어조로 보도하고, 11호
에서는『경보(京報)』를 인용하여 결국 이 살상사건의 책임을 지고 함경
도 감사, 덕원과 안변부사, 원산 판찰관 등이 파직[22]되었다는 소식을
한문 기사로 내보낸다. 또 조선이 만국 공법(公法)에 의거해 일본 국민
을 해친 데 대한 배상을 하지 않는다면 "전쟁을 초래하게 될지도 모른
다(是或訴兵火否 不可知也)"며 한국 논객과 일본인과의 대화체 형식의 한
문 글을 실어 겁박성 발언도 내뱉고 있다. 한성 길거리에서 떠도는 이
야기라며 '조선인과 일본인이 서로 이야기를 주고받는 식'으로 이 사태
가 심각한 한일 외교문제로 번질 수 있음을 시사하고 있다. 즉 '만국
공법'에 의거해 일본의 유족들을 위로할 배상금을 조선 정부가 지불하
지 않는다면 전쟁의 화를 불러올지 모른다며, 메이지유신 초기 일본인
들이 서양인들을 죽여 일본 정부가 배상한 일, 대만에서 류큐인(오키나
와인)이 죽임을 당했을 때 일본 군대를 보낸 일 등을 예로 들어 조선에
서 일본 자국민의 안전 보장의 중요성을 강조하고 있다.

계속해서 12호에서는 서쪽으로는 청나라가 있고 북쪽으로는 러시아
가 있으니 일본과 조선은 신의와 덕으로 그 관계를 두터이 하여 이 두
나라를 견제해야 한다는 취지의 독자 투고글이 실린다. 글은 일본인에
게 다음과 같이 반성을 촉구하고 있다.

---

22 하지만 실제 이들은 파직되지 않고 "유임"되었다고 한다. 조선 정부에서는 조약 규
정을 어기고 경계선을 벗어난 일본인들에게 일차적 책임이 있고, 그 와중에 사망자
가 발생한 뜻밖의 일이니 "관리들의 즉각 교체보다는 유임을 통해 앞으로 이와 유사
한 사건이 발생하지 않도록 단속"하는 선에서 마무리하였다는 것이다. 참고, 박한민
(2014),「개항장 '間行里程' 운영에 나타난 조일 양국의 인식과 대응」,『한국사연구』
165, p.156.

우리 장사치들이 저들과 접할 때 실로 말하지 않고는 배길 수 없는 경조
부박한 행동거지가 있다. 거의 약육강식의 모양새이다. 첫째는 신의가 없
고 둘째로 덕이 없어, 움직이기라도 하면 곧 사람대접을 하지 않고 금수
취급한다. 저들이 아무리 야만의 백성이라지만 어찌 목석이겠는가. …
[야만스런 사람들이라고 함부로 얕잡아보고, 신의를 가벼이 여겨서는 안
된다] … 저들이 무엇 때문에 폭행을 일삼았는지 그 연유를 따져보면 구
포에서든 원산에서든 우리 모두 규정 범위 밖으로 발을 내디뎌 일어난
일이 아닌가. 저들이 무리를 지어 우리를 살상한 일은 그들이 아직 공법
의 여하를 모르고 다만 떼거리의 기세를 타서 폭발한 것일 뿐이다. 이른
바 폭력으로 폭력에 되갚아준 것이다. 사람을 살상한 죄는 공법이 용서
하지 않겠지만 애초 저들이 공법을 범하게 한 것은 우리의 죄가 아니고
누구겠는가.   제12호

논자는 구포와 원산에서 일어난 한일 간 충돌은 모두 일본인이 이동
한계 규정을 어긴 데서 기인한 일이며, 저들이 떼거리로 폭력을 가한
것은 일본인의 폭력에 대한 보복일 뿐이라며 10호와 11호의 기사와는
다른 관점에서 사태를 바라보는 시선을 제공하고 있다. 『조선신보』의
언론으로서의 비판 기능에 대한 자각적인 측면을 보여주는 지점이기도
한데 이 같은 자세는 다음에서 살펴볼 한문 기사에서 좀더 두드러진다.
조선(인)의 문명·개화 정도를 가늠케 하는 이상의 일본어 기사들은
실질적으로 몇 가지 사실만을 제외하고 대부분 카더라 통신류이다. 물
론 '들은 이야기'라거나 '진위 여부를 알 수 없다'는 점을 덧붙여 언론으
로서 최소한의 객관성과 공정성을 유지하기 위한 장치를 두고 있기는
하지만 그 대부분이 일본인이었을 독자의 가치 판단에 제동 장치로 작
용했을 가능성은 낮아 보인다. 일본인 독자에게 중요한 것은 그 이야기
가 갖는 화제성이었을 것이며, 오히려 비교 우위에 있는 문명국으로서
의 일본(인)의 위상이 아니었을까.

4. 공의 여론의 형성: 한문 기사의 담론

그렇다면 한문 기사는 어떨까? 일본어 기사와는 얼마나 차이가 날까?『조선신보』의 한문 글은 〈조선신보〉와 〈잡보〉, 그리고 독자 투고란인 〈기서〉란에 들어 있으며, 내용은 〈표2〉와 같다.

한정된 신문의 지면 탓인지 단신 기사를 제외하고는 2~4회에 걸친 연재 기사가 대부분이며, 당시의 정치·경제·사회 문제와 진보적인 사상 또한 다루고 있음을 알 수 있다. 여기에서는 외부 인사 또는 독자가 공론 형성에 적극 개입하고 있는 〈잡보〉〈기서〉란의 한문 기사를 중심으로 살펴보겠다.[23]

〈잡보〉란은 일본인을 대상으로 한 일본어 기사가 주로 실리는 지면이지만, 한문 기사가 실릴 경우 〈표2〉에서처럼 그 글은 주로 외부 중요 인사의 문장이라는 것을 알 수 있다. 동양 각국이 서양과의 '약육강식'의 경쟁에서 벗어나고 싶다면 '부국강병'만이 살 길이라는 거상 오오쿠라 기하치로(大倉喜八郎, 1837~1928) 등의 제언과 서양과 일본을 경계하라는 '송병선의 상소'를 비중 있게 싣고 있어 '공론 형성의 장'으로서의 언론 역할에 대한 『조선신보』의 자기인식을 살필 수 있다.

5~7호(1882.3.5~1882.3.25)까지 3회에 걸쳐 연재된 오오쿠라 기하치로와 다카하시 헤이카쿠(高橋平格)[24]가 신사유람단의 일원인 홍영식과 어윤중[25]에게 보낸 편지글은 『조선신보』의 발행 주체가 부산항상법회의 소였기 때문에 입수 가능했으리라는 점에서 눈길을 끈다. 어떤 국내

---

23 한문 기사의 전반적인 논의에 대해서는 김소영(2019) 참조.
24 김소영(2019)에서는 "다카하시 헤이카쿠가 누구인지는 현재 특별히 알려진 바가 없다"고 주기(注記)하였으나, 원산 발전사를 정리한 다카오 신에몬(高尾新右衛門, 1916)의 앞의 책, p.22에 따르면 원산항에 진출한 여러 일본 상회 중 오오쿠라조(大倉組)의 지점장으로 파견된 인물이라는 것을 알 수 있다.
25 1881년 당시 두 사람은 신사유람단의 일원으로 일본을 방문했다.

〈표2〉 지면별 한문기사 항목

지면	호수	제목 또는 내용
조선신보 (朝鮮新報)	5호(1882.3.5)	告朝鮮國地方長官各位(1)
	6호(1882.3.15)	告朝鮮國地方長官各位(2)
	7호(1882.3.25)	關稅或問 第一(1)
	8호(1882.4.5)	關稅或問 第一(2)
	9호(1882.4.15)	關稅或問 第一(3)
	10호(1882.4.25)	關稅或問 第一(4)
	11호(1882.5.5)	民權論
	12호(1882.5.15)	回東策上(3)
잡보 (雜報)	5호(1882.3.5)	- 일본 거상 오오쿠라 기하치로와 다카하시 헤이카쿠가 조선 신사 홍영식과 어윤중에게 보내는 편지(1) - 조선 비단의 직조법 개량의 필요성
	6호(1882.3.15)	- 일본 거상 오오쿠라 기하치로와 다카하시 헤이카쿠가 조선 신사 홍영식과 어윤중에게 보내는 편지(2)
	7호(1882.3.25)	- 일본 거상 오오쿠라 기하치로와 다카하시 헤이카쿠가 조선 신사 홍영식과 어윤중에게 보내는 편지(3)
	9호(1882.4.15)	- 송병선 상소(1)
	10호(1882.4.25)	- 송병선 상소(2) - 청황제가 간신에게 사약을 내린 이야기 - 영국의 아일랜드 침공 - 원산에서 일어난 일본인 폭행사건에 대한 조선 관리의 회답 - 일본의 박물관 개관
	11호(1882.5.5)	- 송병선의 상소(3) - 원산폭행사건의 책임을 물어 조선 관리를 벌한 소식(『경보(京報)』 인용)
기서 (寄書)	5호(1882.3.5)	朝鮮國內地通行論
	6호(1882.3.15)	홍재학의 상소와 처형에 관한 부산 '東洋生'의 의견
	7호(1882.3.25)	朝鮮通貨論(1)
	8호(1882.4.5)	朝鮮通貨論(2), 朝鮮通貨論餘言
	9호(1882.4.15)	望于朝鮮政府諸公
	10호(1882.4.25)	回東策上(1)
	11호(1882.5.5)	回東策上(2)

선행연구도 오오쿠라에 대해 특별히 주목하고 있지 않으나, 오오쿠라 기하치로는 강화도조약이 체결되고 반년 후인 1876년 8월에 처음으로 부산에 진출해 상업활동을 했던 인물로, 메이지정부와 결탁해 재계의 거물로 성장한 정상(政商)이다.

그의 회고록에 따르면 부산항 개항 당시 일본에서는 "한국을 마치 호랑이가 숨어 있는 황야처럼 여겨, 누구 하나 모험적으로 나서서 한국과 통상무역을 맡으려는 자가 없"[26]었다며, "오오쿠보 [도시미치] 내무경한테서 수호조규의 체면, 국가 체면에도 관련된 문제이니 한국과의 무역을 서둘러 달라는 부탁"을 받고 한일무역에 나서게 됐다고 쓰고 있다. 수호조약 폐기와 다름없는 상황에 이르러 정부의 부탁을 받고 "메이지 9년 8월 우리 국산품과 나란히 잡화들을 가득 싣고" "처음으로 부산에 도항했다"며 1876년 당시 거류지에 "재류 일본인은 노소 합해 90명에 지나지 않았고 모두 쓰시마 사람뿐"이었다는 점도 덧붙이고 있다.

부산으로 건너가 최초로 한일무역의 단초를 마련했을 뿐 아니라 같은 해에 "일본 자본주의의 아버지"라 불리는 시부사와 에이이치(澁澤榮一, 1840~1931)와 함께 "조선에 은행을 설립"[27]한 사실 또한 언급하고 있어, 부산항상법회의소 설립에도 그의 영향력이 미쳤으리라는 점을 짐작할 수 있다.[28] 전술한 오오쿠라의 편지가 쓰여진 것은 1881년 6월 17일로, 그로부터 거의 9개월이 흐른 시점에서 이 편지가 『조선신보』에 실릴 수 있었던 것도 오오쿠라가 부산항상법회의소의 중요 일원이었기 때문에 가능했을 것이다.

---

26 大倉喜八郎, 「釜山開港五十年之回顧」, 龍門社編, 『澁澤榮一伝記資料』16, 澁澤榮一伝記資料刊行會, 1957, pp.8-9.

27 훗날의 제일은행. 오오쿠라 기하치로, 앞의 책, p.10.

28 오오쿠라는 이미 1878년에 메이지정부의 대장경 오오쿠마 시게노부(大隈重信, 1838~1922)의 제안으로 시부사와와 함께 도쿄상법회의소를 발족시킨 바 있다.

『조선신보』의 편집자는 오오쿠라와 다카하시의 편지가 "조선과 일본의 무역 및 상업과 크게 관련(大有關日鮮貿易商業)"되어 있을 뿐 아니라, "조선이 나라를 다스리는 법에 있어서 유익(朝鮮經國之法有益)"하여 "국내외 군자들이 두루 볼 수 있도록" 게재한다고 밝히고 있다. 오오쿠라와 다카하시는 조선이 영국과 러시아처럼 부강해지려면, 사금의 채굴·제련법과 소가죽·도자기 제조법의 개선, 농업의 개량, 화륜선의 제조, 양잠업 확장을 위한 증기기 사용 등 6가지를 "부국강병의 기본"으로 삼고 힘써야 한다며, "스승을 택하여 그 방법을 강구"할 것을 촉구하고 있다. 글 전체에 일본이 이미 이 분야에서 앞서 있으니, 한국이 일본의 방식을 본받는다면 효율성은 높아지고 물산은 늘어나 그 이익은 배로 증가할 것이며, 두 나라에도 큰 이익이 될 것이라는 점을 직간접적으로 표출하고 있다. 동아시아 어느 나라보다 빠르게 근대화에 착수하고 있던 일본의 거상이 아직 세계정세에 눈뜨지 못한 조선에서 온 선비를 계몽시키려는 강력한 의지가 편지글 행간 곳곳에서 배어나온다. 오오쿠라와 다카하시의 편지글이 실릴 때, 〈조선신보〉란에는 '조선국 지방장관에게 고한다'라는 사설도 같이 게재된다. 이러한 배치는 두 논평을 상호작용시켜 조선 독자에게 '부국강병'의 필요성을 자연스레 강조하고 부각시키는 효과를 가져왔을 것이다.

위의 논점과는 충돌하는 9호~11호(1882.4.15.~1882.5.5)의 '송병선(宋秉璇, 1836~1905)의 상소문'의 게재는 "논의의 촉발" "공의 여론"의 형성이라는 관점에서 눈길을 끄는 언론 행위라 할 수 있다. 이미 5호와 8호 〈잡보〉란에서 일본어 단신 기사[29]로 다룬 내용을 상소문을 입수해 싣고 있는데, 이는 메이지정부의 좌원에 제출된 각계의 건백서(일종의 상소문)

---

29 1881년 신사척사운동(辛巳斥邪運動) 때 수구파 홍재학(洪在鶴, 1848~1881)이 올린 상소문이 과격하여 처형된 사실과 이후 송병선도 같은 취지의 '척왜(斥倭)'를 주장하는 상소문을 올렸으나 각하된 소식을 전하고 있다.

를 신문에 게재해 공론을 형성하고 독자들의 토론을 이끌어내던 자유
민권운동기 신문의 언론 행위와 닮아 있다.

송병선의 상소는 강화도조약은 "나라의 치욕"이며, "왜국을 배척"하
고, 서양의 "사교"를 단절해야 한다는 비판을 담고 있다. "서양 선박이
침입하여 나라를 어지럽히더니 그게 겨우 진정되자 왜국 사신이 갑자
기 나타나 맹약(洋舶之侵撓才[纔]息 而倭使之尋盟勿[忽]至)"을 요구하고 있
다며, 서양과 일본은 "얼굴 형태만 바꾼(頭面改形)" "오랑캐(戎狄)"이니,
반외세 반일본을 견지하지 않으면 그들의 술수에 넘어가 "우리의 화
폐·곡식·날짐승 등의 자원을 갉아 먹어치워 마치 큰 나무 속이 썩어
(竭我貨泉·米粟·美禽之源 將使如大木中朽)"들어가듯 결국 전복되고 말
것이라고 예견하고 있다. 외교의 중요성을 인식하고 있으면서도, 현안
조약의 부당성과 그로 인해 야기될 "재앙과 해독"을 곳곳에 중국 고사
를 빗대거나 비유를 들어 예시하고 있다. 일본의 의도대로 화친을 맺는
다면 "집 울타리를 거두고 도적에게 아첨하여 그 도적이 나를 아껴 공
격하지 않기만을 바라는 것(撤籬以媚盜 而望盜之愛我而不攻者)"과 다름없
다며, 한국이 처한 상황을 꼬집는 강건한 문체에서는 현실정치 참여를
사대부의 의무로 여겼던 조선의 유학자다운 사명감과 품격마저 묻어난
다. 그 날선 판단력이 당시 세계정세를 보는 데로까지 나아가지 못하
고, 또 당시 중국에서 발행되던 신문지『만국공보(萬國公報)』등의 내용
을 활용하지 못한 완고함은 결과론적 시각에서 보면 안타깝지만 이후
한일관계의 파장에 대한 안목은 대단히 뛰어났다고 보여진다.

『조선신보』가 이렇듯 일본 정부의 의도에 반하는 비판 글을 비중 있
게 다룬 것은, 시대의 흐름을 읽지 못한 조선 유생들의 완고함을 보여
주려는 의도도 있었을 것이며, 다른 한편으로 신문이 "토론의 장"으로
기능하고 있던 당시의 상황과도 무관치 않을 것이다. 메이지정부는 출
범 이후 입법심의기관이라 할 수 있는 좌원을 두어 누구나 자유롭게

의견을 제출할 수 있도록 하였고, 전국 각지의 지사들이 민선의원 설립 등을 요청하는 건백서를 제출해 의견을 개진했다. 신문은 이를 실어 각계각층의 격렬한 토론을 이끌어냈고, 이러한 경험이 『조선신보』의 언론매체로서의 자각적 역할에 일정 부분 기여한 것으로 보인다.

실제 통상 개국에 대한 조선 사대부의 완고한 태도에 대해서는 일본 독자의 비판적 투고글이 〈기서〉란에 실린다. "그 내용의 가부나 신빙성에 대해 편집자가 책임지지 않는다"는 단서가 달려있지만, 이 또한 자유로운 의견이 오갈 수 있도록 장을 마련하고 있다는 점에서 『조선신보』가 당시 언론의 역할에 상당 부분 자각적이었음을 보여준다.

이미 6호에서도 '부산에 사는 동양생'이 '홍재학의 상소와 처형'에 관한 자신의 견해를 투고한 바 있다. 동양생은 홍재학의 상소글이 "완고하고 편협해 비록 시대에 부합하지 않는다" 하더라도, "언로를 열고 공의를 넓혀"야 진정한 인재를 얻을 수 있다며, 홍재학의 말이 국시와 어긋난다 해서 "그 죄가 사람에게 미치지 않아야" 하며, 오히려 "그 의견을 물리쳐 사람을 깨우치는 게" 낫지 않겠냐고 주장하고 있다. '언론의 자유'를 주고 다양한 의견을 수렴하여 '꽉 막힌 정신을 일깨우는 것'이야말로 정치적 변혁을 앞에 둔 조선이 마땅히 해야 할 일이라고 지적하고 있다.

비슷한 취지에서 우메노 겐이치로(梅野建一郎)도 9호에 '조선 정부 여러분께 바란다'라는 글을 투고한다. 우메노에 따르면 조선의 수구 세력이 세계의 형세를 알지 못하고 외교를 거부하고 쇄항을 주장하는 것은 마치 메이지유신기에 일본의 우국지사들의 행동과 비슷하다며, 나라를 걱정하는 그들의 행동은 세계의 큰 흐름을 깨닫지 못한 데서 기인한 것이니 그들의 식견을 열어준다면 "국가의 큰 이익"이 될 것이라고 주장하고 있다. 이는 『조선신보』가 한문 기사에서 일관되게 주장해온 '부국강병'과 '국민의 계몽'이라는 메이지시대의 국가적 사명과도 일맥상통해 있다. '부국강병'은 메이지유신을 주도한 막부말 지식인들의 이념이었고, 메이지정부가 전념한 경제정책이자 국가 목표이기도 했다. 물론 이는 이제 막 세계정세에 눈뜨기 시작한 약소국 조선의 과제이기도 했다는 점을 간과해서도 안 될 것이다.

〈잡보〉와 〈기서〉란의 한문 기사에 한정해 살펴본 이상의 고찰을 통해, 『조선신보』가 시사 문제를 논하고 이를 비평하고 해설하는 과정에서 '지적인 독자'를 설득 계몽하고, 이들을 공론의 장으로 끌어들이려는 역할에 일정 부분 무게를 두고 있음을 확인할 수 있었다. 여기서 말하는 '지적인 독자'란, 한문 식자층으로 여론 형성층이라 할 수 있다. 조선에서는 상소라는 형태로 적극적으로 국정에 개입한 전국의 유생들과 정치 관료, 메이지 일본에서는 막부말부터 정치의식을 배양해온 하급사무라이와 부유한 서민들을 포함한 광범위한 계층이 여기에 포함될 수 있겠다. 이들을 끌어들이고 설득하기 위해서는 그 수준에 맞는 내용과 논조가 필요했을 것이다. 이 때문에 『조선신보』의 한문 기사 배치에는 적어도 한일 양국의 이해를 충족시키고 당대의 문제의식을 공평하게 드러내려는 언론의 공적 기능에 대한 편집자의 인식이 일문 기사에 비해 훨씬 의식적으로 작용할 수밖에 없었을 것이다.

5. 맺음말: 담론의 간극, 중층성의 확보

이상으로 『조선신보』의 기본 서지사항과 취재원, 두 언어 간 독자의 차이를 비롯해, 일본어 기사와 한문 기사의 특징을 살펴보았다. 몇 가지 단서를 통해 조선 사정 관련 일본어 기사들의 진원지는 직접적으로는 동래부 관료를 비롯하여 거류지를 드나드는 조선(상)인과 그들 사이에 떠도는 소문, 그리고 경성에 있으면서 필요에 따라 정보와 자료를 제공해주는 일본인 통신원과 일본에 협력적인 조선의 관료급 인물들이었을 것이라는 추측이 가능하였다.

독자층에 있어서도 일본어 기사가 개항장의 일본 상인을 대상으로 경제 뉴스 또는 흥미위주의 기삿거리나 조선 정계의 소식과 비문명화된 조선(인)에 대한 폄하성 기사를 다루었다면, 한문 기사는 조선의 양반 관료와 지식인 계급을 독자층으로 상정하고 있으면서도, 일본의 지식인과 정치인까지도 의식한 현안 논평 등을 싣는 등 그 구분이 상당히 뚜렷했다는 점도 검토하였다.

문명 대 반문명이라는 이분법적 도식 속에서 일본인에 의해 응시된 조선 관련 일본어 기사들은 미몽의 상태에서 벗어나지 못한 조선의 미개・야만성이 직접적 또는 은연중 드러나는 경향을 보였다. 예컨대 개화된 일본인의 스타일을 따라하고 일본어를 자유자재로 구사하는 조선인의 모습을 대견스러워하거나 금수에 가까운 제주도인들의 야만성이 일으킨 미국과의 외교 마찰, 소・개가죽을 먹는 식습관을 전하는 시선의 밑바탕에는 미개 민족이라는 가치 판단이 저류하고 있음을 살필 수 있었다. 조선의 아동 교육과 관련한 기묘기태가 마치 환관 제도와 문란한 성 관념에 어떤 영향이라도 미치고 있는 것처럼 분석을 시도한 기사에서는 도덕 윤리의식이 기능하지 않은 야만의 백성이 표상되었다. 미몽의 상태에서 벗어나지 못한 조선에 산업화와 과학 문명의 빛을 전해준 일본 국민의 자부심은 클 수밖에 없는데, 이는 사금 기계를 둘러싼 조선 인부들의 무지에 대한 은근한 야유와 부산 거류지에 처음으로 설치된 가로등 불빛 속에 드러나 있었다. 또 참혹한 형벌과 타살 사건 기사는 신문 사회면에서 흔히 볼 수 있는 자극적 성격을 띠면서도 동시에 비문명국에서나 있을 법한 사회 현상으로 처리되고 있었다. 본고에서는 생략한 조선인들에 대한 경쟁심에서 사원을 세운 쓰시마인들의 행동이나 3명의 사상자를 낸 원산 폭행 사건을 전하는 기사에서는 같은 일본인으로서 대결심과 분노가 느껴지는 동족 관념이 포착되기도 하였다.

　물론 언론으로서의 객관적 태도와 균형감을 견지하려는 장면들도 있었다. 본 해제에서는 다루지 않았지만 조선인을 도와주고 그걸 빌미 삼아 터무니없는 가격으로 미곡을 사들인 일본상인의 못된 술수를 나무라거나 조선인을 금수 취급하는 일본인의 행태를 질타하고 원산과 구포에서 일어난 폭행 사건의 일차적 책임을 일본인에게 묻는 자성적 논평들이 그 예이다. 공론 형성의 장으로서『조선신보』의 역할을 보여주는 이러한 태도는 한문 기사에서 좀 더 의식적으로 드러났다. 이는 이 시기에 일본 국내에서 고양된 '언론의 자유'에 바탕을 둔 '공론의 장'으로서의 신문에 대한 인식, 즉 공공적으로 중요한 사안을 공평하게 취급하고 비판적 토론의 장으로서 기능하려 한 저널리즘적 자세가 간여한 결과로 보인다. 결과적으로 이는 식민자 신문이라는『조선신보』의 특성상 그동안 "한국 침략의 기반 확보를 위한 수단"으로만 성격 지었던 기존 관점으로 수렴되지 않는 중층성을 담보하게 된다.

　일본어 기사와 한문 기사의 독자 설정의 차이에서 오는 이 같은 담론의 간극에 대해서는 일차적으로는 일본인 경영신문이라는 태생적 한계, 그리고 독자를 가르고 구분 짓는 데서 오는 분열적 사고의 결과로 진단할 수 있겠지만 이에 대해서는 앞으로 좀더 깊이 있는 논의가 전개되어야 할 것이다.

• 일러두기 ───────────────────────────────────

1. 본서의 번역은 도쿄대학대학원 법학정치학연구과 부속 근대일본법정사료
   센터 메이지신문잡지문고(明治新聞雜誌文庫)에 소장되어 있는 『조선신보
   (朝鮮新報)』 5호(1882.3.5.)~12호(1882.5.15.)를 저본으로 삼았으며, 현
   대어화를 원칙으로 하였다.

2. 단락 구분은 원문의 형태를 따르는 것을 원칙으로 하되, 문맥과 가독성을
   위해 번역자의 재량으로 단락을 나눈 경우도 있다.

3. 본서의 원본은 일문, 한문 기사가 혼합되어 있다. 이를 구분하기 위해 한문
   인 경우는 漢을 기사 제목 옆에 표시하고, 표시하지 않은 기사는 일문
   기사이다.

4. 일본어 인명 및 고유명사 표기는 확인이 가능하거나 자명한 경우에만 한글
   음독을 달았고, 한 가지 이상의 음독이 존재할 경우는 한자명을 그대로
   두었다.
   예) 곤도 마스키(近藤眞鋤), 미야모토(宮本羆), 오이시(大石德夫), 古川猪太郎

5. 각주와 [   ] 안의 설명은 이해를 돕기 위해 번역자가 붙인 것이다.

6. 원문의 괄호는 번역문에서 '– –'으로 표기하였다.

7. 원문의 띄어쓰기 및 표점 등은 번역자가 붙인 것이다.

8. 판독이 어렵거나 알 수 없는 글자는 □로 표시했다.

국 역

조선신보

정기간행
대일본력 메이지(明治) 15년 3월 5일 발간 | 대조선력 임오년(壬午年) 1월 20일

조선신보 제5호

재부산항 상법회의소

일러두기 漢

본소 신보의 간행 취지는 오로지 경제논설을 서술해서 일본과 조선 양국에 박아(博雅)한 채람(采覽)을 제공하는 데 있다. 그리고 국내외의 기사(奇事)와 이문(異聞) 또한 남김없이 수습해서 드러내 보이고자 한다. 그러므로 사방의 여러 군자들은 이 뜻을 헤아려서 탁월한 논설과 새로운 학설을 아낌없이 투고해주시기 바란다. 그리고 문장은 한문을 주로 사용해준다면 기자들은 다행으로 여겨 더 바랄 것이 없을 것이다.

목차

• 영사관록사

위경죄목(違警罪目)[1] (전호에서 계속)

다음의 여러 건들을 범한 자는 1일 이상 10일 이하의 구류(拘留) 또는 5전 이상 1원 50전 이하의 과료(科料)에 처한다.

1. 토지에 관한 제반 규칙을 위배한 자
2. 「유곽 및 예기와 창기 영업규칙」을 제외한 기타 모든 거류인민영업규칙을 위배한 자
3. 도한(渡韓)·귀국·전거 및 왕래에 관한 신청 방식의 규칙을 위배한 자
4. 가옥 건축에 관한 규칙을 위반한 자
5. 시가 청소 규칙을 위배한 자
6. 부두 수운의 통행에 방해가 되는 장소에 선박을 묶어두거나 혹은 함부로 잔교에 밧줄 등을 펼쳐놓은 자
7. 나체 혹은 상반신을 드러내거나 허벅다리를 노출하고 그 외 추태를 부리는 자

• 조선신보

조선국 지방 장관 여러분께 고함 漢

세상에는 의사가 없을 수 없다. 만약 의사가 없다면 누가 민생을 보호할 수 있겠는가. 의사에게는 의술이 없을 수 없다. 만약 의술이 없다면 어찌 육신을 회생시킬 수 있겠는가. 의사이면서 사람의 질병을 고칠 수 없다면 오히려 쓸모없는 하루아침의 오진이 되어서 가볍게는 민생을 불구자가 되게 하고, 무겁게는 죽음에 이르게 하니, 어찌 두려워하

---

1   위경죄목(違警罪目): 중죄·경죄와 함께 범죄의 3분류 중의 하나로서 1880년 구형법에 규정된 죄로, 구류나 과료에 해당하는 가벼운 범죄를 말한다.

여 깊이 경계하지 않을 수 있겠는가.

대저 천하의 큰 근본은 농사보다 큰 것이 없고, 농사의 큰 근본은 토목보다 큰 것이 없다. 나라에서 토목관(土木官)[2]을 설치하는 것은 이른바 세상에 의사가 필요한 것과 다르지 않은 것이다. 만약 나라에 토목관을 설치하지 않는다면, 불행히도 비상시의 천재지변을 만나 사람을 잃을 뿐만 아니라 세상에서 귀중히 여기는 경작지로 비옥한 땅이 걸핏하면 사람이 살지 않는 황무지가 될 수 있으니, 이 어찌 깊이 살피지 않을 수 있겠는가.

대저 토목에서 가장 우선할 것은 해변과 크고 작은 하천의 제방을 수선하여 비상시의 해일과 홍수의 우려에 대비하여 경작지가 그 피해를 입지 않도록 하는 것이다. 또 도로와 교량을 수선할 때 간혹 새로 축조하여 사람과 말의 왕래를 편하게 하거나, 혹은 웅덩이와 무너진 못을 메워 새 밭을 힘써 개척하거나, 혹은 연못을 파서 물을 저장하고 비상시 가뭄의 우려에 대비해야 한다. 간혹 강의 흐름에 따라 수차(水車)[3]를 설치하고 물을 퍼 올리는 것 등은 모두 그 편의에 따라 시행해야 한다. 그러면 조수와 물살이 제방을 넘어서 경작지에 들어가지 못할 것이고, 사람과 말이 도로가 험준하고 하천이 끊어질까 하는 근심을 모르게 될 것이다. 만약 비상시의 재난을 만나서 조수가 제방을 넘더라도 제방이 견고하면 토사가 침입할 걱정이 없을 것이고, 이로써 경작지도 그 피해를 입지 않을 것이다.

또 비상시의 재난을 만나 국토에 손해를 입는 것은 사람이 비상시의 질병에 걸리는 것과 다르지 않다. 크고 작은 하천의 물길이 민생에 불편한 것은 사람의 몸에 혈액이 순환되지 않는 것과 다르지 않다. 도로가 막히거나 혹 하천에 교량이 없어서 사람과 말의 왕래가 끊기는 것은

---

2 토목관(土木官) : 토목공사를 담당하는 관청이다.
3 수차(水車) : 논에 물을 대는 양수기이다.

손과 발이 자유롭지 못한 것과 다르지 않다. 그 불편함을 편하게 하는 것은 의사가 질병을 고치는 것과 다르지 않다. (미완)

• 잡보

○ 어느 조선인의 이야기에 따르면, 일본제의 부채는 아주 잘 만들어져 있어서 경성의 사대부도 모두 이것을 즐겨 쓴다고 하는데, 대체로 부채의 손잡이 끝이 뾰족하여 소매 안에 넣어서는 안 된다. 왜냐하면 본국처럼 소매를 흔드는 풍습이 있어서 소매가 손상될 염려가 있기 때문이다. 우리나라의 부채가 모두 손잡이 끝을 둥글게 하는 것은 오로지 이 때문이다. 또 부채면을 울긋불긋 그린 것은 기녀가 쓰는 물건이라 하여 사대부는 이를 쓰지 않는다고 한다. 이는 사소하지만 상가(商家)에 참고가 될까 하여 노파심에 알린다.

漢 편집자가 말하기를 "우리나라의 거상 오오쿠라 기하치로(大倉喜八郎)와 다카하시 헤이카쿠(高橋平格)[4] 두 사람이 작년 여름 우리 일본에 손님으로 온 조선 신사 홍영식(洪英植)[5]과 어윤중(魚允中)[6] 두 선비에게 보낸 문장을 얻어 보고는, 한번 읽고 세 번 탄복하였다. 그 내용이 일본과

---

4 일본 측 자료에 따르면 원산 개항(1880) 후 원산진에 개점한 오오쿠라조(大倉組)의 지점장으로 확인되는 인물이다. 해제 참고.

5 홍영식(洪英植) : 1855~1884. 1881년 조준영(趙準永)·어윤중 등과 일본을 시찰하였고, 1883년에 특사로 미국에 부임하여 해외 사정에 밝았으며, 박영효(朴泳孝)·김옥균(金玉均) 등과 함께 독립당(獨立黨)을 조직, 일본의 힘을 빌려 제정(諸政)의 개선을 기도하였다. 1884년 갑신정변(甲申政變)을 일으켰으나 실패하고 피살되었다.

6 어윤중(魚允中) : 1848~1896. 1881년 일본에 파견된 조사시찰단의 단장으로 일본의 문물제도를 시찰하였고, 1882년 청나라와 조청상민수륙무역장정을 체결하였으며, 갑오개혁 때 탁지부대신으로 재정개혁을 주관하였다. 경제개혁을 통해 부국강병을 이루고자 했던 조선 후기 최고의 재정전문가였다.

조선의 무역 및 상업과 큰 관련이 있고, 그 논지 중 여섯 항목은 실로 조선의 나라를 다스리는 법에 있어 유익한 바가 적지 않았다. 그러므로 본지에 게재하여 국내외 군자들의 열람에 두루 제공하고자 할 따름이다." 하였다.

　대일본국 상인 오오쿠라 기하치로와 다카하시 헤이카쿠는 머리 숙여 재배하고 글을 올립니다. 대조선국 홍영식·어윤중 존형께서 말씀하기를 "온고지신(溫故知新)"이라 하셨습니다. 요즘 세상의 운수가 일변하여, 온 세계 만국이 부국강병에 힘쓰고 있습니다. 영국처럼 부유하고, 러시아처럼 강력한 나라들이 다투어 일어나고 있습니다. 그러나 그 정사와 법제부터 각종 사업에 이르기까지 다 이른바 온고지신의 도에 근본하지 않음이 없습니다. 이것이 바로 저들이 융성함을 이룬 까닭입니다.

　우리 동양의 여러 나라의 경우 치화(治化)를 두루 미치지 않음이 없으나 문교(文敎)를 떨치지는 못하였습니다. 그러니 서양의 부국강병에 비하여 끝내 근소한 차이로 뒤처진 이유는 무엇이겠는지요. 아마도 구습에 얽매이고 고루한 견해만 고집하여 융통성이 전혀 없으면서 온고지신이 무엇인지 강구하지 않아서일 것입니다. 지금 계획을 세우지 않는다면 이른바 약육강식의 논리에서 조만간 모면할 수 없을 것이니, 어찌 한심하지 않습니까. 삼가 생각건대 존형들께서 박학하고 용감하여 일찍이 홍망을 짊어지고, 지금 힘차게 일어나 내유하셨거늘 그 뜻이 과연 여기에 있겠습니까.

　저희는 불초한 자로 장사꾼의 무리가 되어서 일찍이 귀국을 왕래하면서 여러해 동안 통상 무역을 하였습니다. 이에 한두 번 우의를 경험한 바 있기에 차마 묵과하지 못하고 감히 마음속 생각을 토로하고자 하니, 존형들께서 너그러이 받아주시기 바랍니다.

　첫째, 사금(砂金)은 진실로 귀국의 천연 자원으로 부국의 원천입니다. 그러나 채굴과 제련의 방법을 터득하지 못하였습니다. 이미 수고가 많으면서 수확이 적고, 완제품의 정도에 좋고 나쁜 것이 뒤섞여 있어서, 그 좋고 나쁨을 분류하기 어렵습니다. 그러니 제품의 질이 높지 않은 것도

이 때문입니다. (미완)

○ 저 수구당(守舊黨)의 유명한 홍재학(洪在鶴)[7]은 일찍이 나랏일과 관련하여 당시의 정치 체계를 헐뜯고 훼방한 과격한 건언(建言) 때문에 사형에 처해졌으나, 지금 또 같은 당의 송산림(宋山林)-산림은 학사의 칭호-이 지난번 무언가 건의한 그 주장도 홍재학과 거의 같은 내용이라고 어떤 한인으로부터 들었는데 다른 날 그 원고를 받으면 더욱 자세한 소식을 전하겠다.

○ 조선의 통화는 지금까지 공전(孔錢)[8]으로 상평통보뿐이었으나, 이번에 해당 동전의 글자를 새로이 고쳐 10전·5전·1전 세 가지 동화전(銅貨錢)을 주조할 것이라며 현재 착수중이라고 경성에서 온 한인이 말했다. 지금보다 더 나아가 금은 화폐를 발행하게 된다면, 조선 정부를 위해서는 소위 나라를 부유하게 하는 기초가 될 뿐만 아니라 우리와 저들과의 무역에도 진전이 있을 것이 틀림없다.

○ 예로부터 복제(服製)의 올바름은 청나라와 조선을 따라가지 못했는데, 저 정부에서는 곧 명을 내려 평민 의관 제도를 결정할 것이라는 소식이다. 옷은 일반 '두루마기'라고 하는 긴 통소매의 상의를 입게 하고, 관(冠)은 종전에 쓰던 오모(烏帽)의 3분의 1정도로 줄인다고 한다. 사실 우리나라에서는 독특함을 겨루고 새로움을 다투는 풍속인지라 서구의 옷을 입고 미국의 모자를 쓰거나 심하게는 남자가 여장을 하는 등 시대의 유행을 따라하는 것을 좋아하여, 특히 의관의 제도가 아직

---

7 홍재학(洪在鶴) : 1848~1881. 1880년 조선의 개화정책 추진을 위한 『조선책략』 배포에 맞서 상소를 올린 유생 중 한 명이다. 이 상소는 위정척사(衛正斥邪)를 모토로 정부에 반기를 든 것으로, 고종에 대한 직접 비판도 포함되었다. 이로 인해 고종은 홍재학에게 고문을 가했고, 범상부도(犯上不道)로 판단하여 서소문 밖에서 참형되었다.

8 공전(孔錢) : 구멍이 뚫린 엽전이다.

갖추어지지 않았는데 저들에게 면목 없는 일이 아닌가.

○ 시대가 변하고 사물이 변하는 시세의 변천을 따르는 것은 만국 일반의 통리로, 자연 야만국은 문명으로 진화하여 개화된 나라가 된다. 현재 영국 같은 곳도 처음부터 문명이라고 칭하고 개화라고 부른 나라는 아니었고 점점 인지(人智)가 열려 진보한 것이다. 지금 현명하게도 저 왕후는 지난번 시녀 한 사람, 승려 한 사람을 불러 양산군 통도사- 이 절은 금강사·향산사·구월사 등과 마찬가지로 유명한 큰 절이다- 에 참배하여, 죄 없이 그만 사형에 처해진 자를 위해 지난달 말쯤부터 천등불사라고 하는 공양을 올리고 있다고 한다. 진정으로 백성을 사랑하는 왕후의 배려야말로 훌륭하다.

○ 동래부사 김선근(金善根)[9] 씨는 지금까지의 부사 중에서 미증유의 선량한 사람으로 작년 여름 심한 가뭄이 들었을 때도 관하 인민의 가난을 아파하고, 우리 영사에게 의뢰해 물을 긷는 기계를 요청하니 영사가 곧장 관원 모 씨를 파견하여 함께 그 일에 진력을 다하였다고 한다. 또 김 씨는 그해 봄부터 우두(牛痘)를 접종하려고 소를 사들여 그 시술을 우리 제생의원의 의관에게 의뢰하였다. 실로 그 이름 '선근(善根)'의 두 글자가 헛되지 않는 사람이다.

○ 부산 영사재판소에서 작년 하반기 중에 처분이 내려진 형사 사건 중에 권해(勸解)[10], 심리 벌칙 위반자 및 경찰소에서 위경죄 처분 등의 여러 자료를 얻었는데, 그 요점을 다음에 간추려 싣는다.

---

9 김선근(金善根) : 1823~?. 1880년 동래부사로 부임해서 선정을 베풀어 백성들로부터 칭송을 들었다. 하지만 1883년 5월 유민 수백 명이 관아에 몰려와 행패를 부리고 옥문(獄門)을 부수고 죄수들을 풀어주는 사건이 일어나자 그 책임을 물어 파직 당했다. 이후 원주 안핵사(按覈使), 해방총관(海防總管), 개성유수, 공조판서 등을 역임했다.

10 권해(勸解) : 타일러서 화해시키다.

- 형사범칙자 36명 벌금 20원 50전, 그 중 속죄금(贖罪金) 11원 25전 취속금(取贖金) 1원 25전.
- 권해 기각 15, 원하(願下) 119, 조(調) 2, 부조(不調) 30, 미제(未濟) 36, 총계 202, 그 외 지난 시즌부터 조재(操裁) 건 48, 심리 건 17, 신수(新受) 17, 각하 3, 원하 1, 미제 2건이다.
- 벌칙위범자 64명(죄명 지각, 불참) 벌금 22원 60전이다.
- 위경범자 26명 중 고의범 13명, 과실범 13명, 과료금 7원 96전이다. 이외에도 나가사키 상등재판소로 송부된 이가 1명 있다.

○ 지난달 26일 밤 이 거류지 칠복정(七福亭)에서 어학생(語學生) 여러 명이 해화회(諧和會) 1주년 축하연을 개최한 소식을 들었다. 회원은 육군중위 海津三雄 씨를 비롯해 참모본부 어학생 여러 명과 영사관 역관 조선인 외에 객원 나카노 교타로(中野許太郎), 우라세(浦瀬裕) 두 사람 외에 4, 5명이 더 와서 참석한 자가 모두 20명 정도였으며, 회장은 다케다(武田) 모 씨, 간사는 赤羽 모 씨라 한다. 회장은 좌중이 어느 정도 정리된 것을 보고 자리를 마련한 데 대한 축사를 마치고, 일본인과 조선인의 교류도 갖고 연설 등도 하면서 각자 마음껏 즐기고 돌아갔는데, 실로 성대한 모임이었다고 한다.

○ 초량 사는 이철원(李喆元) 등이 경범죄로 사형에 처해졌을 뿐 아니라, 그 혹독한 이야기의 대강은 지난호에도 기재하였다. 그 심한 사고를 한층 더 정탐해본 바, 다행히도 인연 있는 사람이 그 형장에 있어서 실제로 목격한 걸 들을 수 있었다. 곤장 타살로도 죽지 않았고 또 삼노끈으로 졸라매는 것 또한 거는 법이 정교하지 않아 비명만 지르고 죽지 않은 까닭에 배 위에 활활 타는 불을 피워 간신히 세상을 뜨도록 했다고 한다. 실로 은나라 주왕의 포락지형(炮烙之刑)에도 결코 뒤지지 않을 것이다.

○ 지난 1일의 일이다. 동래 사는 황 모-40세- 씨가 부산에서 실컷

술을 마시고 몸을 가눌 수 없을 정도로 만취해 집으로 돌아갔는데 무슨
생각이었던 것일까, 갑자기 그 부인-25세- 을 때려죽였다. 그 때문에
동래부의 감옥에 붙잡혀 지금 취조 중이다. 아마 방심해서 구타 살해한
것 같으니 사형까지는 가지 않을 것이다.

　○ 들은 바에 따르면, 일찍이 우리 상인이 조선인을 상대로 낸 빚
독촉장과 관련하여 최근 동래부에서 우리 영사관으로 보낸 조회 공문
에 파산이 대단히 많아 당국에게는 상당한 걱정거리라고 한다.

　○ 저번날 떠난 사람의 이야기에 따르면, 조선인은 모두 완고하다고
여겼는데 의외로 단정히 자른 머리에 일본 옷을 입고 일본어도 대단히
잘하는 사람이 있다고 한다. 자기들도 처음에는 완전히 일본인이라고
생각했으나 다른 사람에게 이야기할 때 일본인을 가리켜 나그네가 이
랬다는 둥 저랬다는 둥 해서 처음으로 조선인임을 알게 되었다고 한다.
이것으로 조선인들 중에도 상당히 개화된 사람들이 있음을 알 수 있다.

　○ 고래가 많기로 아마 조선 지방만 한 곳은 우리 북해도에도 드물
것이다. 2, 3년 전부터 고래잡이를 청원한 사람이 있어 이미 저 정부에
도 조회가 다 끝났으나 아직까지 이 일에 착수하는 사람이 없으니 어찌
된 일인가.

　○ 경성에서 어떤 사람에게 온 통지에, 유명한 개화당의 참판 민영익
(閔泳翊)[11]-25세-[12] 군은 올 봄 일찍 우리 일본으로 도항(渡航)할 예정이
었으나 일이 생겨 저들 달력 3월 무렵으로 늦춰진다고 한다.

　○ 전호에 九十九丸 호의 승조원 후지마츠 사쿠지로(藤松作次郎) 외

11　민영익(閔泳翊) : 1860~1914. 명성황후의 친정 조카로, 윤웅렬(尹雄烈) 등과 별기군의
　　실질적인 운영 책임자였다. 1882년 임오군란이 발생하고 진압된 후 박영효를 정사로
　　하는 사죄사절이 일본으로 파견될 때, 비공식 사절로 일본을 시찰하였다. 1883년
　　친선사절 보빙사(報聘使)의 정사로 미국을 방문하였다. 한성부판윤, 병조판서, 판의금
　　부사, 선혜청당상 등을 역임했으며, 1905년 을사조약이 체결되자 상해로 망명하였다.
12　25세 : 생몰연도를 감안하면 당시 민영익의 나이는 23세로, 25세라 한 것은 착오인
　　듯하다.

1명이 조선 배가 뒤집혀 가라앉은 것을 구조하여 상금을 받은 일을 실었는데, 호텐마루(報天丸) 호의 승조원 와타나베 젠기치(渡邊善吉)와 더불어 총 3명이라고 하여 여기에 덧붙여 적는다.

○ 재부산항 일본영사관에 있는 늙은 소나무에 담쟁이덩굴이 휘감긴 걸 보고 읊는다.

ー 中臣の紅琴

늙은 소나무	老松の
겹겹이 입은	重ねて着たる
비단 같은 담쟁이덩굴	蔦にしき
지난해보다 올해	去年より今年
빛깔이 더 곱구나	色まさりけり

漢 조선의 비단은 국내산 중의 하나이다. 직조가 극히 정교하여 외국인의 수요에 힘써 제공하니 나라를 경영하는 일단이 된다. 다만 애석한 것은 그 제품이 아직 정교하지 않고, 또 그 바탕이 천박하여 일본인의 옷 제작도 감당하지 못한다는 것이다. 걸핏하면 번번이 그 흔단이 있으니, 부스러기 실을 짜는 자는 1장 혹은 1척만 부족해도 더욱 사용을 감당할 수 없게 된다. 지금 제품 중에 정교한 것은, 그 실을 선별하고 그 바탕을 두텁게 하며 그 장(丈) 수가 조선척 44척-곧 일본척 57척 2촌에 해당한다- 으로 하기에 그 옷 제작을 감당할 수 있는 것이다. 또한 부스러기 실은 그 경직(經織)을 크게 하여 부스러기 실로 만든 것뿐이다. 일본인이 이를 칭찬하기를 "부스러기 베가 가장 좋다."고 하였다. 그러므로 그 가격이 비싼 것이고, 또 그 물건에 따라 감히 기피할 수 없는 것이다. 청컨대 지방관 여러분께서 이 일을 백성에게 가르친다면 참으로 다행이겠다.

○ 조선국 산물 중에 미경공업품(未經工品)은 둘째 치고 경공업품(經工品)에는 이거다 싶은 좋은 물건이 드문데 그 중에 부채, 휘갑친 돗자

리, 둥근 방석, 발 등은 품질이 좋아 능히 좋아할 만하다. 다만 안타깝게
도 아직 기계가 설치되어 있지 않아 대부분 사람 손으로 만들어야 해서
그 값이 저렴하지 않을 뿐이다.

○ 본지 오탈자 정정. 1쪽 앞 마지막행 'ナシタル者'(이하 다음호에) 아
래 네 글자 빠짐. 3쪽 뒷면 7행 'はずる'는 'はづる'의 오기임.

○ 어제 기온은 정오에 53도[11.7℃]였고, 이전 10일 간의 평균 기온
은 52도[11.1℃]였다.

•부산상황

○ 당항(當港)[13]의 무역은 최근 10일 간 차이나는 변동은 없지만 우선
불경기라고 말할 수밖에 없을 것 같다. 이처럼 단지 불경기라고만 해서
는 도저히 이해하기 힘들어 그 원인을 조금 서술하고자 한다. 애초 당
항 무역의 진작 여부는 대부분 한국돈(韓錢) 시세의 고저와 관련되어
있으니 시험삼아 그러한 이유를 설명해보겠다. 한국돈의 가격이 심하
게 저렴할 때는 물건을 팔아도 이익을 보기 어려우니 자연히 파는 쪽이
줄어들게 되는 것은 주로 이 때문이다. 그리하여 지금 당항이 불경기인
것도 한국돈 시세가 싸기 때문이다. 그리고 이처럼 한국돈이 하락한
것은 살 물건이 적은 탓이라고도 하지만 대개 이런 관계를 초래하는
것은 시장에서 지폐의 유통이 크게 막혀 실제 근래 미증유의 불용통이
라는 말이 결코 과언이 아닐 정도의 양상을 보이고 있다. 가령 은행이
몇만 원의 지폐를 쌓아두고 이를 대부(貸付)하는 것도 상업의 불경기로
인해 변제의 전망이 없어 자연히 지폐 부족을 알리기에 이른 것이다.

---

13 당항(當港) : 해당 지역의 항구를 가리키는 것으로, '부산상황'에서는 부산항을, '원
    산통신'에서는 원산항을 가리킨다. 본문에서는 원문을 살려 '당항'이라 표기한다.

그 때문에 시중의 불경기는 지폐 부족에 따른 것이며, 지폐 부족은 시중의 불경기에 기인한 것이다.

○ 요즘처럼 불경기에는 매매를 해도 이익은 없고 손실만 있으니, 오히려 손 놓고 장사를 쉬더라도 손해를 보지 않는 것이 낫겠다는 것이 각 점포들이 하나같이 하는 말이다.

○ 미곡이 요즘 약간 들어왔지만 가격 매매약정이 안 되어 보람없이 가지고 돌아갔다.

○ 일전에 한국 상인이 광삼(光蔘)[14]을 7, 8천 근 정도 가져왔지만 아직까지도 살 사람이 없다. 이것도 내지(內地)에 보내봤자 거래가 되지 않기 때문이다.

○ 여전히 조선인이 많이 수출하는 것은 목면(木綿)뿐이다.

○ 사금과 은(銀)은 드물게 보이지만 극히 적다.

○ 근래 당항으로 들어오는 한국 상인은 근방의 소상인뿐이다. 서울 주변의 거상 등이 들어오지 않는 것은 요즘 조선 내지에 산적이 심히 많아 우리 거류지로 가지고 올 물건과 돈을 약탈당할까 우려하여 그렇다는 이야기는 오로지 조선인의 소문이다.

○ 원산통신은 없다.

• 기서

논설의 가부(可否)와 신의(信疑)에 대해서는 편집자가 보장하지 않는다.

---

14 광삼(光蔘) : 광삼과에 속한 극피동물로, 얕은 바다에 살며 해삼과 비슷하다. 길이 15~20센티미터의 긴 타원형으로 몸은 회갈색에 갈색 무늬가 있다. 해삼과 같이 날 것으로 초고추장에 찍어 먹기도 하고 삶아서 건조시켜 먹기도 한다.

조선국 내지의 통행론 漢

부산에 거주하는 동양생(東洋生)

오고 가고 주고 받는 것은 교제상의 통의(通誼)이다. 『예기』에 이르기를 "오기만 하고 가지 않는 것은 예가 아니다[來而不往, 非禮也]."[15]라고 하고, 『시경』에 이르기를 "나에게 모과를 던져 주기에, 고운 패옥으로 갚았다[投我以木桃, 報之以瓊瑤]."[16]고 하니, 오는 것만 있고 가는 것이 없고, 주는 것만 있고 답례가 없다면 교제상의 통의를 잃게 된다. 무릇 일본국이 조선국과 서로 평등한 권리로 통교한다면, 마땅히 피차에 경중(輕重)과 후박(厚薄)이 없어야 한다. 그러나 지금 두 나라의 교제를 살펴보면, 그 후박한 바가 없지는 않은 듯하다. 청컨대 한 예시를 들고자 한다.

작년 조선국 신사 수십 명이 일본에 유람하러 왔을 때, 어떤 이는 해로를 경유하고, 어떤 이는 육로를 경유하여 내지를 통행할 수 있었다. 모두 그들이 원하는 대로 하지 않음이 없었고, 경유한 지방에서 정성스런 대우를 받은 것도 지극하지 않음이 없었다. 조선인으로 하여금 일본에서 자유롭게 다닐 수 있도록 함이 이미 이와 같았다. 하지만 우리 일본인 중에 조선에 배를 타고 가서 통상 무역하는 자들은 이러한 상황에 이르는 데 몇 년이나 걸리고, 일찍이 규정된 지역의 밖으로 행보하는 데 발꿈치도 들인 적이 없었다.

무릇 통상 무역의 요지는 물건의 성쇠와 운수의 편리함과 불편함, 인정과 풍속 등을 살피는 데 있으니, 그러한 이후에 그 이해득실을 도모해야 한다. 그러므로 우리 일본 정부가 특별히 조선국을 위해 이러한 자유를 주었을 것이다. 오호라! 조선인이 일본을 대함이 이와 같고 일본인이 조선을 대함이 저와 같으니 천지 차이일 뿐만이 아니다. 이는

---

15 오기만…아니다 : 『예기(禮記)』「곡례상(曲禮上)」에 나온다.
16 나에게…갚았다 : 『시경(詩經)』「목과(木瓜)」에 나온다.

마치 오는 것만 있고 가는 것이 없는 것이고, 주기만 하고 답례가 없는 것과 같은 것이니, 교제상의 통의에서 피차 간의 후박을 잃은 것이 아닌가! 생각건대 지금 조선에 현명한 지식인이 적지 않으니, 훗날 우리 일본국 국민으로 하여금 조선국 내지에서 자유롭게 통행할 수 있게 해야 할 것이다. 이는 일본국이 조선국에 대해서도 같을 것이니, 기대하고 또 기대할 만하다.

・물가표

輸出入物價表 [自二月卅一日至同卅八日]						
輸入賣品			輸出買品			
品名	量	時價 〆文	品名	量	時價 〆文	
内國産			米	一升	〇、〇二六七	
丁銅	百斤	一二、〇〇〇			〇、〇二五〇	
荒銅	〃	一〇、九〇〇	大豆	〃	〇、〇二〇〇	
甲斐絹	一ぴき	二、八〇〇	小豆	〃	〇、〇二五〇	
		三、〇〇〇	小麥	〃	、〇一四	
摺付木	百だーす	一、三五〇	砂金	十もんめ	一一、五〇〇	
		一、四五〇			〇六、〇〇〇	
素麺	一はこ	一、六五〇	金地	〃	一一、五〇〇	
		一、五〇〇			〇六、〇〇〇	
			銀地	一〆め	七〇、〇〇〇	
外國産					八三、〇〇〇	
一番義源	一反	二、〇七〇	紅參	一斤	三、二〇〇	
		二、〇五〇			五、〇〇〇	
二番 同	〃	一、九〇〇	尾人參	百斤	六、〇〇〇	
		一、九四〇	生糸	一斤	一、一〇〇	
三番 同	〃	一、八三〇	紬	一ぴき	、九〇〇	
泰和	〃	一、九〇〇			、八〇〇	
		一、九一〇	木綿	一反	、二八〇	
生源	〃	一、八三〇			、三二〇	
緋金巾	〃	〇、九五〇	ほしか	百斤	、八〇〇	
		一、〇〇〇	煎海鼠	〃	一五、八〇〇	
天竺	〃	一、二四〇			一〇、五〇〇	
		一、三〇〇	ふかひれ	〃	一五、〇〇〇	

品名		價	品名		價
綾木綿	、	二、五五〇	鯨骨	、	、六二〇
		二、七〇〇	布海苔	、	二、〇〇〇
更紗	、	一、四〇〇	天草	、	、六〇〇
澤井	、	二、四〇〇	牛皮	、	八、五〇〇
寒冷紗	、	〇、四五〇			九、二〇〇
		〇、五二〇	牛骨	、	、五〇〇
繻子吳絽	、	二、三〇〇	油粕	、	、四四〇
綿絽	、	二、二五〇	鷄糞	、	、五〇〇
絹吳絽	、	二、四三〇			
唐糸	一まる	一、六二〇			

韓錢每日相場　割	
二十一日	二七、六
二十二日	二七、八
二十三日	同
二十四日	二七、七
二十五日	二八、四
二十六日	二七、七
二十七日	二七、六
二十八日	同
平均	二八、〇

品名		價
		一、三二〇
白銅	一斤	、五二〇
錫	百斤	二三、八〇〇
亞鉛	、	五、三〇〇
紅粉	一斤	一、五五〇
靑粉	、	、四三〇
紫粉	、	一、五〇〇
靑竹粉	、	一、三五〇
黃粉	、	、六五〇
		、七〇〇
胡椒	、	、〇九五
明礬	、	、二二〇
甘草	、	、〇五五

이상의 매매물가표는 본지 매호 발행 전 10일간의 평균을 기록한 것이므로, 그 시가는 매일 매일의 한화 시세를 참조하여 산출하면 곧바로 일본 통화 및 원가 비율을 알 수 있을 것이다.

❖❖❖

본국 광고

○ 본지의 광고료는 4호 문자 1줄 25자 1회에 3전 ○ 2회에는 같은 조건으로 4전 ○ 3회 이상 5회까지도 같은 조건으로 5전. 단 25자 이하도 동일하며, 이상은 모두 선금으로 받습니다.

○ 본지의 정가는 1책은 4전, 10책은 선금(10% 할인) 36전 ○ 10책 이상 모두 10% 할인. 다만 부산항 이외의 곳은 별도로 우편요금을 선금으로 받습니다. 또한 선금 기간이 끝남과 동시에 [구독] 폐지 통지를 알려오기 전까지는 계속 우송합니다.

조선국 부산항 일본거류지 본정(本町) 2정목(丁目) 20번지
본국 상법회의소
감리 편집 겸 인쇄 오오이시(大石德夫)

부산항 변천정(辨天町) 3정목(町目) 3번지
대중개유통보급소 스즈키 다다요시(鈴木忠義)

정기간행
대일본력 메이지(明治) 15년 3월 15일 발간 ∣ 대조선력 임오년(壬午年) 1월 26일

조선신보 제6호

재부산항 상법회의소

일러두기 漢

본소 신보의 간행 취지는 오로지 경제논설을 서술해서 일본과 조선 양국에 박아한 채람을 제공하는 데 있다. 그리고 국내외의 기사와 이문 또한 남김 없이 수습해서 드러내 보이고자 한다. 그러므로 사방의 여러 군자들은 이 뜻을 헤아려서 탁월한 논설과 새로운 학설을 아낌없이 투고해주시기 바란다. 그리고 문장은 한문을 주로 사용해준다면 기자들은 다행으로 여겨 더 바랄 것이 없을 것이다.

목차

◆ 영사관록사 (전호에서 계속)

8. 남녀 꾸밈새가 어지러운 자
9. 신불 제전 등의 명절에 무리하게 비용을 내도록 촉구하는 자
10. 야간 12시 이후 가무 음곡 등 기타 시끄럽게 하여 다른 사람의 편안한 잠을 방해하는 자
11. 시가지에서 변소가 아닌 장소에서 대소변을 보는 자
12. 남녀 혼탕을 생업으로 하는 자
13. 목욕탕을 생업으로 하는 자가 입구를 활짝 열어놓거나 혹은 창 등에 가리개를 하지 않는 자
14. 화재 현장에 관계없이 승마를 하는 자
15. 항구 내 개골창 등에 쓰레기 더미를 투기한 자
16. 정어리를 말리는 건조장 외에 함부로 건조장을 설치하거나 건조장에 방해를 한 자
17. 변소를 청소한 후 뚜껑 없이 분뇨통을 운반하는 자
18. 억지로 금품을 베풀어달라고 트집을 잡거나 물품을 즉매한 자

◆ 조선신보

조선국 지방 장관 여러분께 고함 漢 (전호에서 계속)

조선국의 강과 바다에는 제방이 전혀 없어서 한 번 해일과 팽창을 당해도 강과 바다가 범람하여 도로가 막히거나 끊어지고, 심지어 모래와 돌이 경작지를 메우고 밭이랑이 물에 잠기는 지경에 이르기도 한다. 지난해 잘 경작된 밭이 올해 높은 지대의 벌판이 되기도 하고, 어제 기름진 밭이 오늘 갈대숲이 되기도 하니, 백성의 수고를 하루아침에 허사가 되게 하는 경우도 많다. 나는 여러 차례 동래부(東萊府)를 왕래하면서 창포(倉浦)를 살펴본 적이 있다. 호천(虎川)[1]의 제방이 붕괴되어 전포(田圃)가 황폐해지고, 또 동래부 중 강기슭에 갈대밭이 끝없이 펼쳐

져 있었다. 그러니 '하천에는 제방을 쌓고, 갈대밭을 개간하고, 척박한 땅을 파서 새로운 밭을 일구자'고 누누이 말한 것이다. 팽창한 물을 저장해두고 조금씩 틔워서 관개에 공급하고, 이미 메마르면 부추겨 거름을 준다면 족히 이 고을을 부유하게 하고 이 백성을 이롭게 할 수 있을 것이다. 오늘을 위한 계책도 오직 강과 바다의 제방에 달렸을 뿐이니, 지방관은 마땅히 이점에 주의해야 한다.

제방을 쌓고 보수하여 숙전(熟田)²을 높은 지대의 벌판이 되게 하는 근심이 없게 하고, 기름진 밭을 갈대숲이 되게 하는 피해가 없게 하며, 도로가 막히고 끊기는 장애가 없게 한다면, 한 해의 풍작과 흉작이 감히 눈비의 수량에 영향을 받지 않게 되고, 백곡이 다 무르익어 곡식창고와 관청창고에 가득찰 것이니, 해외의 수출에 힘써도 이루 다 쓸 수 없을 것이다. 이에 나라가 부유해지고 군대가 강성해져서 백성이 만세를 부를 것이다. 이것이 이른바 '천시(天時)를 따르고 지리(地理)를 따르는 것이 오로지 사람의 소행에 달려 있다'는 것이니, 어찌 다시 천지를 원망할 수 있겠는가.

만일 지방관이 말하기를 "조선국의 경비는 정부가 정한 한계가 있어서, 지금 토목공사를 일으키고자 하더라도 어찌할 방도가 없다."고 한다면, 나는 장차 이렇게 말하겠다. "(대외의) 수출입을 금하고, 업신여기던 앉은뱅이 농사꾼과 거느리던 우유부단한 병졸과도 이윤을 나누고, 말 모는 이와 서기 한두 무리로 하여금 낭비되는 비용을 힘써 줄이도록 하여 토목의 비용을 충당하고, 우유부단한 병사와 가마꾼들로 하여금 모두 민업(民業)에 나아가게 한다면, 조정에는 앉아서 놀고먹는 신하가

---

1   호천(虎川) : 오늘날의 동천을 범천 혹은 호천이라 부른다. 동천(東川)은 부산광역시 부산진구 초읍동 어린이대공원의 구 성지곡수원지에서 발원하여 동구 범일5동의 남해로 흘러드는 강이다.

2   숙전(熟田) : 해마다 농사짓는 땅을 말한다.

없어질 것이고, 거리에는 유리걸식하는 백성이 없어질 것이니, 토목의 경비 또한 즉각 갖추어질 것이다.

대저 농업은 천하의 큰 근본이고, 토목공사는 농업의 큰 근본이다. 그런데 그 보수하는 데도 방법이 있다. 만일 이 방법을 따르지 않고 함부로 시행한다면, 이는 국고를 탕진할 뿐만 아니라 도리어 그 해를 초래하게 될 것이다. 이는 마치 돌팔이 의사가 하루아침에 오진으로 사람을 죽게 하는 것과 같은 것이다. 그러므로 앞서 말하기를 "나라에 토목관을 설치한 것은 세상에 의사가 있는 것과 다르지 않다."고 한 것이다. 의사의 중요 임무는 질병을 치료함에 있고, 토목의 중요 임무는 복리를 증진함에 있다. 청컨대 지방관께서 단호히 그 계책을 행할 수 있다면 참으로 다행일 것이다." (끝)

• 잡보

○ 지금까지 별차(別差)[3]-漢 별차는 역관이다. 그러나 일본어에 능통한 자가 있다는 말을 일찍이 들은 적이 없다. 피차 간에 접견을 원할 때는 반드시 우리 역관이 나와서 그 말을 해석해야 한다. 이는 단지 별차뿐 아니라 판찰관(辦察官)도 그러하다. 이처럼 역관이 역관을 구하는 일을 따져보자면, 세계 만방 중에서 아마도 조선국 한 곳뿐일 것이다. 사람들로 하여금 포복절도를 일으키게 할 뿐만이 아니니, 이른바 '가만히 앉아서 놀고먹는 신하'라 함이 이를 두고 한 말일 것이다- 를 맡은 현(玄) 모씨의 임기가 끝나 후임으로 유(兪) 모씨가 동래부로 내려왔으나 그의 나이 겨우 18세로 그 임무에 맞지 않아 다시 여름에 경성으로 계문(啓文)[4]을 올리고 유 모씨는 그대로 일본어 학생이 되었다. 그

---

3 별차(別差): 왜관 개시 때 중앙에서 내려보냈던 별정직의 통역관이다.

런 이유로 현 모씨가 근무하게 된 것인데 과연 소년배에게는 벅찬 직무라 생각된다.

○ 조선의 무역품은 아직 가공된 제품이 아닌 모두 천연 산물로, 그 수도 고작 20가지 남짓 정도이다. 그 중에서도 쌀·콩 종류가 가장 가격이 높고, 그 다음으로는 소가죽 등이다. 그런데 이 소가죽은 수년 전까지만 해도 한국인의 식용품이었다. 당시 무역이 열리고 가죽이 고기보다도 높은 가격이 매겨지면서 모든 토인(土人)들이 고기를 먹고 가죽을 팔게 되면서 마침내 오늘날처럼 많아진 것이라고 밀양의 어느 한국인이 와서 한 이야기이다. 또 다른 일설에는 요즘 빈번히 개가죽을 먹기 시작했다고 한다.

○ 동래부사 김선근 씨는 노인으로는 드문 탁견을 갖고 개화를 바라였으나 완고당(頑固黨) 때문에 모함을 당해 완전히 교체될 분위기였으나 정부에서도 그 인재를 아까워하여 결국 남아서 업무를 보게 되었다.

일본 거상 오오쿠라 기하치로 등이 조선 신사 어윤중 등에게 준 서신

漢 (전호에서 계속)

우리나라의 채광업은 관청이 광산국(鑛山局)을 두고 이를 감독하고 있습니다. 국민에게 차구제(借區制)[5]를 허가하고 그 채굴을 맡기고 있습니다. 지금 정부와 민간의 갱도는 무려 수십 수백에 이릅니다. 그리고 사금의 경우 기기를 사용하여 채굴하니 그 방법이 간편합니다. 또 절충의 분류가 있어서 정련된 것과 조잡한 것을 가려냄도 매우 분명합니다. 귀국(貴國)이 만일 이 기술을 사용한다면 묵은 폐해를 한 번에 씻어내어 평판을 높일 것이고, 장래 국가에 도움이 됨을 실로 헤아릴 수 없을 것입니다.

둘째, 소가죽은 마땅히 무두질하여 가죽제품을 만들어야 합니다. 우리

---

4 계문(啓文) : 임금에게 상주(上奏)하기 위해 작성한 문서이다.

5 차구제(借區制) : 원문은 차구지법(借區之法)으로, 정부에 임차료를 지불하고 어장을 차용하는 제도이다.

나라가 귀국에서 가져오는 것이 매년 1만여 근 미만이라, 수용자(需用者)가 종종 그 제품을 얻지 못함을 서운해 합니다. 만일 우리의 방법으로 제조한다면 그 이익이 지금의 배가 될 것임은 틀림없습니다.

셋째, 도자기는 정교함이 반드시 필요합니다. 우리나라 도자기는 근래에 서양 여러 나라의 찬사를 받아서 현재 수출품의 하나가 되었습니다. 그 근원을 따져보면, 옛날에 귀국에서 제조법을 취하여 마침내 지금의 정교함을 이룬 것입니다. 듣건대 미국은 그 땅이 척박한 탓에 본래 제조할 수 있는 토양이 없다고 합니다. 그럼에도 능히 좋은 품질의 그릇을 생산할 수 있는 것은 다름이 아니라 제조법이 마땅함을 얻었기 때문입니다. 우리 동양의 여러 나라는 그 토질의 적합함이 실로 천부적입니다. 귀국이 이제 이 방법을 정교히 행할 수 있다면 곧 큰 찬사를 받고 큰 이익을 얻을 것이니 가히 도모하고 기대할 만합니다.

넷째, 농사는 마땅히 개량을 도모해야 합니다. 대저 농업은 나라의 근본이고, 또 동양 여러 나라의 이용후생의 수단으로 이만한 것이 없습니다. 우리나라는 종래에 토지의 개척과 산물의 증산으로 백성에게 권장하니 불모지를 개척하면 기한 내로 세금을 면제하는 법이 있어 보상으로 충당하고 만기 후에 비로소 그 조세를 징수하였습니다. 그리고 근래에 또 개척사(開拓使)를 신설하여 이를 감독하고 양식과 기장을 지급하여 그 사업을 지원하고 있습니다. 또 농학교를 설치하여 농사법을 가르치고 있습니다. 이러한 까닭에 예전의 황폐한 무인지경이 지금 양전으로 변하여 물산의 증식이 나날이 늘어나고 있습니다. 귀국도 스승을 가려서 그 방법을 강구해야 할 것입니다.

○ 한인 구전(口錢)[6] 수수료와 관련하여 매매상 방해되는 일이 적지 않아 전에 상법회의소에서 그 교정방법을 마련하여 이미 실행하고 있다. 그런데도 아직 충분한 효과가 없을 뿐 아니라 이래저래 불편을 초래하는 일이 간혹 많았는데, 그 폐해가 지금에 와서 더 심각한 양상이

---

6   구전(口錢) : 흥정을 붙여주고 그 대가로 받는 돈을 말한다.

다. 그도 그럴 것이 목면 한 필을 사면 구전 10문씩을 탐하니 주어지는 게 좀 과분하지 않은가. 해당 물품의 대가는 겨우 280~90문이다. 당목에 비하면 실로 배가 넘는 고가이다. 당목은 한 단 가격 2050~60문에 구전 5~6문인데 실로 지나친 불균형이라 해야 할 것이다. 이것들은 사소한 예이지만 파리떼처럼 달라붙어 구전을 떼려는 자들 때문에 정말 죽을 맛이라고 어느 상인이 한 말은 지극히 당연하니, 차라리 사고파는 물건 모두 구전 지불에 대한 규정이 있는 게 좋을 듯하다.

○ 저 정부가 차츰차츰 개방을 하면서 바야흐로 정책이 일변하려는 모양새이지만, 들은 바에 의하면 원래 저 나라 정치는 일부일군(一府一郡)에 장관을 4, 5명 두던 것을 이번에 이러한 제도를 폐지하고 부사 · 군장만을 남겨둔다고 한다.

○ 요즘 일이라던가, 전라도 제주에 서양 배가 들어왔는데 이 땅의 인민은 원래 모두 완우몽매(頑愚蒙昧)하여 금수와 거의 지척지간이라 한다. 특히 이 땅은 조선 내지를 벗어나 멀리 떨어진 하나의 큰 섬으로, 조선 바깥에 나라가 있는 줄도 모르는 도민들도 많아서 서양인이 상륙하는 것을 보고 한 명을 때려죽인 모양이다. 그래서 양인들이 일시에 이 땅에서 철수하여 직접 한성부를 향해 출범하여, 우리 일본공사관의 손을 거쳐 저 정부를 향해 죄를 물으니, 그들이 크게 놀라 재빨리 추포사(追捕使)를 파견하였으나 또다시 제주 인민들이 그 추포사를 타살했다고 한다. 어떤 조선인의 이야기를 그대로 옮긴 것이니, 그 신의는 보장하지 못한다.

○ 지금으로부터 205년 전-엔포(延宝)[7] 6년[1678]-, 지금 구관이라 부르는 곳에서 우리 영사관을 현재의 자리로 옮긴 후에도 여전히 일본인이 출입하자, 조선 정부가 구관 앞쪽에 설문(設門)[8]이라고 칭하는 한 곳

---

7 원문에는 엔포(延保)로 잘못 표기되어있다.
8 설문(設門) : 일본인의 무단출입을 막기 위해 조선인 마을과 일본인 거류지인 초량

을 세워 일본인이 함부로 드나들지 못하도록 출입을 금지하는 푯말-비석으로 가로 곱자 2척 5촌 정도, 세로 6척 정도 된다- 을 세웠다. 그것이 지금도 남아 글자 모양을 희미하게나마 알아볼 수 있어 필사하여 그 옛날의 일반을 알아보는 것도 무익(無益)하지 않을 것이라며 지난번 동래에 다녀온 사람이 여행 기념으로 글을 보내왔다. 그 푯말의 글은 다음과 같다.

漢

하나. 출입금지 구역의 경계 밖으로는 크고 작은 일을 막론하고 함부로 담을 넘어 나오는 자는 죄로 다스릴 것

하나. 노부세(路浮稅)⁹를 주고받다가 현장에서 붙잡히게 되면, 준 자와 받은 자 모두 죄로 다스릴 것

하나. 장이 서는 날, 각방에 몰래 들어가 비밀리에 서로 물건을 사고파는 사람은 피차 모두 죄로 다스릴 것

하나. 5일마다 잡물들을 공급할 때 색리(色吏)¹⁰·고자(庫子)¹¹·소통사(小通事)¹²들은 일본인을 끌어내어 구타하지 말 것

하나. 피차 양측의 범죄인은 모두 왜관문 밖에서 형을 집행할 것

왜관에 있는 사람들 중에 만일 일용품을 마련하고자 한다면, 왜관의 사직(司直)¹³에게 알린 다음 특별히 통찰(通札)을 가지고 훈도(訓導)¹⁴와 별차가 있는 곳에 왕래할 수는 있다.

왜관 사이에 설치한 6간(間) 규모의 문이다. 설문은 강화도조약이 체결된 1876년에 무너졌다.

9 노부세(路浮稅) : 조선시대 부산 왜관을 통해서 조선과 일본이 무역 거래를 할 때 조선 상인이 일본 상인에게 진 빚, 즉 왜채(倭債)를 말한다.

10 색리(色吏) : 일정한 일을 맡았거나 또는 책임을 맡은 아전이다.

11 고자(庫子) : 조선시대 창고를 지키고 출납을 맡아보던 하급 관리이다.

12 소통사(小通事) : 조선시대 역관 가운데 하급 통역관이다.

13 사직(司直) : 조선시대에 오위(五衛)에 속하는 정5품의 무관직 벼슬이다.

14 훈도(訓導) : 조선시대 종9품의 벼슬로, 사역원 등의 관청이나 지방에 소속되어 일본어 통역을 담당하였다.

각 조목의 제찰을 기록하여 이를 왜관 내에 세운 것은 이를 본보기로 삼기 위함이다.

계해년[癸亥年, 1683] 8월 일

○ 조선 동공전은 운반에 불편할 뿐 아니라 손이 많이 가 실로 곤란하기 그지없다 하여 이래저래 편의를 계획하려고 먼저 한전거래소를 설치하고 큰 양법(良法)을 세워 운영한 지 벌써 꽤 되었는데, 지금 또 무역상은 합의를 거쳐 한국인과 1관문 이상의 모든 거래는 동처(同處)의 보관증을 가지고 하자고 이번달 3일 상법회의처 임시회에서 의결하였다. 이것이 약속을 완수하는 데 이르러서 그 불편과 곤란 2가지를 줄일지 기대해 볼 일이다.

○ 조선 개화당의 유명한 김옥균 씨는 이번에 왕명을 받들어 우리나라에 도항할 준비로 경성에서 내려와 지금 현재 구관의 여관에 머물고 있다. 그 왕명의 여하는 조금 들은 바가 있으나 좀더 상세한 이야기를 얻은 후에 기록하겠다. 또 김옥균 씨의 일행은 수십 명이라고 하는데, 머지않아 경성에서 육로 혹은 우리 군함 세이키(淸輝)호를 타고 올 것 같다.

이상 일행의 여비는 대략 2만 엔 정도 예정하고 있으며 한 상회에 차입을 의뢰하였으나 그 상회는 진작부터 빌려준 돈이 있는데다 아직껏 밀려 있어 이번에는 아마 그 의뢰에 응하지 않을 것이라는 말이 있다.

○ 당항에 거류하는 인민은 대략 2천여 명 된다. 그 과반수는 쓰시마(對馬) 사람으로 개중에는 관원이 있는가 하면 서생도 있고, 무역상이 있는가 하면 중매상도 있다. 자연 다른 거류민들과는 달리 동향의 형제가 많은 까닭에, 그 결과 여러 면에서 단결의 기상이 있음은 실로 상탄할 일이다. 그런데 이번에 아사야마(淺山) 모 씨의 발기로 쓰시마대친목회-쓰시마회포회라고도 들었다- 를 열어 귀천빈부 구별 없이 모두 일

치협력의 정신으로 장래의 목적과 관련해 크게 계획하는 바가 있어야 한다며 이번달 제1, 제2 일요일에 수제학교(修濟學校)에서 중의하였다고 한다. 그 상세한 내용은 다음호에 실어 자세히 보도할 것이다.

○ 간섭의 폐해만큼 세상에 심각한 것은 없다. 설령 친절은 친절이라 하더라도 함부로 사람의 자유를 간섭하고 사람의 권리를 침해하는 듯한 행위는 정부의 명령이라도 결코 수긍할 수 없는 일이다. 최근 당항의 경찰소에서 호구 조사 때 고용인의 월급을 조사하였다. 우리는 실로 비천한 고용인 신분이니, 본디 관원 나리들과는 달리 쥐꼬리만한 급료를 받고, 주야 순찰은 없다 하더라도 어떤 밤에는 불침번을 서야 하는 노고도 적지 않는 부역자임에도 불구하고 급료는 겨우 6엔에서 10엔 정도이니 사람들에게 이야기하는 것도 부끄럽다. 이러한 때에 순사의 조사에 깜짝 놀라 아니 정확히 말하면 무색하여 대답하지 아니하였더니, 지장이 없으면 말하라고 하여 얼굴을 붉히며 결국 말하게 되었다. 필경 이들 조사는 뭘 하려는 것인지. 역시 우리 고용인들의 급료 증감, 그 보호인 것인가.

○ '배움 속에 봉록이 있다[學也祿在其中].'[15]를 옮겨 써보니 조금 딱딱하지만 '녹(祿)'자를 '염(艶)'으로 고친다고 해서 그렇게 신경에 거슬리는 일은 아니리라. 그런데 당항에 유명한 동경루(東京樓)에는 일본에서 돈벌이하러 온 예·창기를 교육하기 위해 기루에 일대 학교를 열어 본업의 여가에 습자, 독서 연습을 시키겠다며 기루의 주인 구와타(桑田) 부부는 크게 힘써 일전에 개교식도 끝내고 이미 수업을 받는 중이라고 한다. 지금 그 모양을 들으니 독서 과목은 『여대학(女大學)』[16], 습자는 먼저 이로하(いろは)부터 시작해 수업시간은 매일 아침 7시부터 9시까

---

15 배움 속에 봉록이 있다[學也祿在其中] : 『논어』「위령공」에 나온다.
16 여대학(女大學) : 에도시대 중기 이후 널리 보급된 여성용 교훈서로서, 여성의 수신·제가의 마음가짐이 가나문으로 기록되어 있다.

지, 교원은 쇼지(庄司) 모 씨로 정말이지 가르침이 두루 미쳐있다고 한다. 또한 그 생도의 우열은 상등생 예기로 고나츠(小なつ)·고미네(小みね)·이로하(いろは)·고하마(小はま)·고나카(小なか)가 있으며, 창기로 오모토(おもと)·오카네(おかね), 하등생으로는 마찬가지로 고히로(小ひろ)·오킨(おきん)·치요하루(千代治)·오타마(おたま)·오모리(おもり)·오치카(おちか)·오야스(おやす) 등 14명이다. 모두 공부에 열심이라고 한다. 동경루를 따라 이즈미야루에서도 곧 개교할 것이라 들었는데, 이리 되면 아마 스스로 글을 써서 물건을 조르는 편지나 운치 있는 연애편지가 가능하지 않을까.

○ 어제 기온은 정오에 54도[12.2℃]였고, 이전 10일 간의 평균 기온은 53도[11.7℃]였다.

• 부산상황

○ 한편 당항의 상황은 매번 여전히 시세 변동 없는 모양새로 시장 변동이 없다.

○ 요즘은 매매 둘다 소소하게 있을 뿐 한국돈 시가의 고저도 이렇다 할 게 없다. 그렇기는 하지만 오늘 모양새는 자연 하락 낌새이다.

○ 당항에서 백미 소매는 1되에 10전에서 15전 5리(釐)까지이다.

○ 금리는 일보(日步)[17] 15~6문, 소액 전당물은 3할 이상 즉 100엔당 30엔부터 40엔 정도까지라고 한다.

○ 이달 1일부터 10일까지 각 선박의 출입 합계 13척 중 입항은 기선 1척, 범선 5척, 일본재래선[和船] 1척, 출항은 기선 1척, 범선 3척, 일본재래선 1척이다.

---

17 일보(日步) : 날수로 셈하는 이자를 말한다.

○ 이상의 출입 선박에 의해 수출입한 화물의 원가 총계는 3만 3,907엔 45전 5리 중 수출은 7,121엔 95전 5리, 수입은 2만 6,185엔 50전이다.

• 원산통신

○ 당항의 상황은 육로편으로 알려드린 대로 각 점포들 모두 팔 물건이 떨어진 지 꽤 된다. 다만 헛손질만 하고 들어오는 배만을 서로 기다리고 있던 차, 지난달 27일 날씨가 쾌청하여 쓰루가마루(敦賀丸)가 입항하는 검은 연기를 보자마자 토상(土商)[18]들이 연이어 관(館)으로 들어와 날마다 늘어났다. 작년 음력 12월부터 버티며 가지고 있던 사금과 은, 기타 소가죽은 우리 예상보다 훨씬 많았다. 그 때문에 우리 장사치[商賈]들은 크게 서로 배려하였으나 토상들은 기선이 정박해 있는 동안 여느 때처럼 강경하게 밀어붙인 기세와 달리 이번에 드세게 밀어붙인 10건 중 매매 결착을 본 것은 2~3건에 지나지 않는다. 다만 사금만은 다른 나라 것과 비교해 다소 상태가 좋아 10건 중 절반이나 협상에 이르렀다.

○ 기선 입항 전날 우리 장사치들은 협의를 거쳐 상인들 사이에 매매 경쟁이 일어나지 않도록 서로 간의 물품 가격을 다음과 같이 결정하고, 오늘에 이르러서는 이를 위반하는 상인들이 없는 까닭에 매매 대처가 일시 미숙하더라도 자연 이 결합력이 이루어진다면 각 점포의 이익도 적지 않을 것이다. 1번 義源[19] 2관 4백문, 사금 14관문, 소가죽 8관문 (이하 다음호에)

---

18 토상(土商) : 원래 토상은 토사 매매상을 가리키지만, 여기에서는 원산 현지 상인을 가리키는 것으로 보인다.

19 1번 義源 : 수입산 옷감 종류로 보이며 등급에 따라 번호를 매긴 것 같다. 매호 마지막에 게재된 물가표 참조.

• 기서

논설의 가부와 신의에 대해서는 편집자가 보장하지 않는다.

조선국 내지의 통행론[20] 漢 (전호에서 계속)

부산에 거주하는 동양생

속담에 이르기를 "금옥을 캐고자 하는 자는 반드시 토사(土砂)로부터 먼저 한다."고 하니, 참으로 그러하다, 이 말이여! 만일 토사를 싫어한다면 어찌 금옥을 얻는 이치를 얻을 수 있겠는가. 또 듣건대 "천리마를 구하는 자는 죽은 말 뼈부터 먼저 산다."고 한다. 이 두 가지는 진실로 천하의 공통된 이치이다. 그러므로 현명한 군주는 인재를 등용할 때 반드시 언로(言路)를 가로막는 폐단을 물리치고, 천하의 공의(公議)를 널리 받아들이는 것이다. 설령 그 말이 채택되지 않는다 하더라도 그 죄가 그 사람에게 미치지는 않으니, 이에 간언하고 직언하는 신하들이 서로 다투어 지성을 드러내고, 먼 변방의 은사(隱士)들과 창랑(滄浪)[21]의 식객들도 천 리를 멀다고 여기지 않고 다 나와서 국왕에게 귀의하니, 두 손을 모으고 가만히 있어도 되는 교화를 이룰 수 있는 것이다.

근래에 조선의 홍재학이란 자는 이 백성을 깊이 사랑하여 국시(國是)를 통렬히 논하였다. 그 상소 하나가 국왕 전하에게 이르니 마침내 사형을 받아 죽었다. 우리도 역시 그 글을 읽을 수 있었으니, 대개 완고하고 편벽된 의론으로 과연 당세에 부합하지 않음을 알 수 있었다. 그렇지만 그 정성만은 그와 같을 따름이었다. 옛사람이 말하기를 "큰 간신

---

20 본호에 제목은 없지만 전호에서 이어지는 내용이므로 동일 제목을 붙여 일관성을 꾀하였다.

21 창랑(滄浪): 강물 이름인데, 「어부사(漁父辭)」에 "창랑의 물이 맑을 때는 내 갓끈을 씻고 창랑의 물이 흐릴 때는 내 발을 씻으리."에서 나온 것으로, 은자가 사는 강변을 뜻한다.

은 본디 충신이다."라고 했거늘, 하물며 조선국이 천재불우의 정변을 만남이야 말해 무엇하겠는가. 다행히도 현명한 군주가 위에 있고 어진 재상이 그 아래에서 돕고 백성이 일체가 되니, 장차 꽉 막힌 정신을 다 떨쳐낼 것이다.

이러한 시기에 처하여서는 마땅히 언로를 열고 공의를 넓혀서 하찮은 개혁에 이르기까지 즉각 하나로 모으고 즉각 절충하여 그 채택할 수 없는 것을 버리고 그 폐기할 수 없는 것을 취하여, 환연히 그 국시가 귀의할 바를 넓혀야 한다. 그러면 백성 중에 누가 감히 어길 수 있겠는가. 비로소 그 사람됨을 이룰 것임이 분명하다.

지금 홍재학의 일은 진실로 국시가 지향하는 바와 어긋난 것이다. 그러므로 한 사람을 참수하여 천하를 징계하는 것도 사리에 맞는 것 같다. 그러나 그 논의를 물리치고 그 사람을 회유함에 어찌 불가함이 있겠는가. 대저 초야의 일개 선비가 처신함이 이와 같거늘, 어찌 그 토사를 싫어하는 자를 선택하겠는가. 우리는 적이 조선국을 위하여 감히 그럴 수 없도다. 아!

• 물가표

輸出入物價表 [自三月一日至同十日]					
輸入賣品			輸出買品		
品名	量	時價 〆文	品名	量	時價 〆文
内國産			米	一升	〇、〇二六七
丁銅	百斤	一二、〇〇〇			〇、〇二五〇
荒銅	〻	一〇、九〇〇	大豆	〻	〇、〇二〇〇
甲斐絹	一ぴき	二、八〇〇	小豆	〻	〇、〇二五〇
		三、〇〇〇	小麥	〻	、〇一四
摺付木	百だーす	一、三五〇	砂金	十もんめ	一一、五〇〇
		一、四五〇			〇六、〇〇〇
素麵	一はこ	一、六五〇	金地	〻	一一、五〇〇

外國産		
		一、五○○
一番義源	一反	二、○七○
		二、○五○
二番 同	〻	一、九○○
		一、九四○
三番 同	〻	一、八三○
泰和	〻	一、九○○
		一、九一○
生源	〻	一、八三○
緋金巾	〻	○、九五○
		一、○○○
天竺	〻	一、二四○
		一、三○○
綾木綿	〻	二、五五○
		二、七○○
更紗	〻	一、四○○
澤井	〻	二、四○○
寒冷紗	〻	○、四五○
		○、五二○
繻子吳絽	〻	二、三○○
綿絽	〻	二、二五○
絹吳絽	〻	二、四三○
綛糸	一まる	一、六二○
		一、三二○
白銅	一斤	、五二○
錫	百斤	二三、八○○
亞鉛	〻	五、三○○
紅粉	一斤	一、五五○
靑紛	〻	、四三○
紫紛	〻	一、五○○
靑竹紛	〻	一、三五○
黃紛	〻	、六五○
		、七○○
胡椒	〻	、○九五
明磐	〻	、二二○
甘草	〻	、○五五

		○六、○○○
銀地	一〆め	七○、○○○
		八三、○○○
紅參	一斤	三、二○○
		五、○○○
尾人參	百斤	六、○○○
生糸	一斤	一、一○○
紬	一ぴき	、九○○
		、八○○
木綿	一反	、二八○
		、三二○
ほしか	百斤	、八○○
煎海鼠	〻	一五、八○○
		一○、五○○
ふかひれ	〻	一五、○○○
鯨骨	〻	、六二○
布海苔	〻	二、○○○
天草	〻	、六○○
牛皮	〻	八、五○○
		九、二○○
牛骨	〻	、五○○
油粕	〻	、四四○
鷄糞	〻	、五○○

韓錢每日相場 割	
一日	二七、八
二日	二七、五
三日	同
四日	同
五日	二七、四
六日	同
七日	二七、五
八日	二七、五五
九日	二七、五
十日	二七、○
平均	二七、四

이상의 매매물가표는 본지 매호 발행 전 10일간의 평균을 기록한 것이므로, 그 시가는 매일 매일의 한화 시세를 참조하여 산출하면 곧바로 일본 통화 및 원가 비율을 알 수 있을 것이다.

◆◆◆

본국 광고

○ 본지의 광고료는 4호 문자 1줄 25자 1회에 3전 ○ 2회에는 같은 조건으로 4전 ○ 3회 이상 5회까지도 같은 조건으로 5전. 단 25자 이하도 동일하며, 이상은 모두 선금으로 받습니다.

○ 본지의 정가는 1책은 4전, 10책은 선금(10% 할인) 36전 ○ 10책 이상 모두 10% 할인. 다만 부산항 이외의 곳은 별도로 우편요금을 선금으로 받습니다. 또한 선금 기간이 끝남과 동시에 [구독] 폐지 통지를 알려오기 전까지는 계속 우송합니다.

조선국 부산항 일본거류지 본정(本町) 2정목(丁目) 20번지
본국 상법회의소
감리 편집 겸 인쇄 오오이시(大石德夫)

부산항 변천정(辨天町) 3정목(町目) 3번지
대중개유통보급소 스즈키 다다요시(鈴木忠義)

정기간행
대일본력 메이지(明治) 15년 3월 25일 발간 | 대조선력 임오년(壬午年) 2월 7일

조선신보 제7호

재부산항 상법회의소

일러두기 漢

본소 신보의 간행 취지는 오로지 경제논설을 서술해서 일본과 조선 양국에 박아한 채람을 제공하는 데 있다. 그리고 국내외의 기사와 이문 또한 남김 없이 수습해서 드러내 보이고자 한다. 그러므로 사방의 여러 군자들은 이 뜻을 헤아려서 탁월한 논설과 새로운 학설을 아낌없이 투고해주시기 바란다. 그리고 문장은 한문을 주로 사용해준다면 기자들은 다행으로 여겨 더 바랄 것이 없을 것이다.

목차

• 영사관록사 (전호에서 계속)

　19. 신문・잡지・잡보류를 노상에서 들려주면서 팔고 다니는 자
　20. 인가와 가까운 곳에서 총포를 발사하는 자
　21. 모든 사람의 자유를 방해하고 또 경악할 정도로 떠들썩하고 요란스
　　　러운 자 (끝)

　종래 조선인을 상대로 낸 빚 독촉과 관련하여 동래부로 조회서류를
내는 자들의 문례(文例)가 일정치 않아 조사할 때마다 번거롭고 복잡한
일이 생기니 이후부터는 다음의 양식에 의거해 서류를 제출하도록 한
다. 이러한 취지를 싣는다.
　메이지 15년[1882] 1월 14일　　　　　　영사 곤도 마스키(近藤眞鋤)[1]

　　　[서류 양식]

조선인을 상대로 내는 빚 독촉에 관한 서류

무슨 부현, 무슨 지방, 무슨 군, 무슨[정][촌], 몇 번지
거류지 제몇 구, 몇 정, 몇 번지 기류[사족][평민]
　　　　　채주(債主)[2] 성명 _____
조선국 무슨 부현주군 어느 곳 거주
　　　　　부채주(負債主)[3] 성명 _____
　　　　　　　이름 앞과 같음　담보인 상동
　　　　　　　이름 앞과 같음　소개인 상동

1　곤도 마스키(近藤眞鋤) : 1840~1892. 메이지 3년(1870) 외무성에 들어와 부산 영사
　를 거쳐, 메이지 20년(1887) 조선 대리 공사가 된다.
2　채주(債主) : 돈을 빌려준 사람을 말한다.
3　부채주(負債主) : 특정인에게 빚을 갚아야 할 의무가 있는 사람을 말한다.

> 금 얼마   { 우리 달력 몇 년 몇 월일   빌려줌
>   조선 달력 몇 년 몇 월일
>
> 　　단 이자 매월 몇 보로 정함 (이자 약정이 없는 자는 적지 않음)
> 　　　　몇 월 며칠부터 몇 월 며칠까지
> 일동 얼마 몇 월분 이자
> 　　　합계 금 얼마　　청구액
>
> 앞의 사정과 관련하여 당국에 조회를 해주시기를 이상과 같이 부탁드
> 립니다.
> 메이지　년　월　일　　　　　　　　앞의 채주 성명 _____
>
> 추후에 증서가 있는 자는 반드시 그 사본을 첨부할 것
> 　　이상

• 조선신보

관세혹문(關稅或問) 제 1 漢

　혹자가 물었다. "관세란 무엇인가?" 답하였다. "상화세(商貨稅)[4]이다."
물었다. "그것을 부과하는 이유는 무엇인가?" 답하였다. "국가의 비용
으로 쓰기 위함이다. 대개 문명국가는 과세에 여러 종류가 있다. 토지
에 부과하는 세금이 있고, 영업자에게 부과하는 세금이 있고, 재산을
상속하는 세금이 있고, 증인(證印)에 부가하는 세금이 있고, 우편물에
부과하는 세금이 있다. 그리고 상화(商貨)에 부과하는 세금은 그 가운데
하나이다. 세계 각국을 자세히 살펴보면 어느 나라를 막론하고 다 관세
가 있다. 그런데 그 액수가 많은 것으로 영국보다 더 한 나라는 없다.

4　상화세(商貨稅) : 물건을 팔고 살 때 부과하는 세금이다.

영국의 경우 1년 수입이 대략 3억 6~7천만 원인데, 그 가운데 관세가 100분의 25[25%: 90~92,500,000원] 정도를 차지한다. 프랑스의 경우 1년 수입이 대략 3억 7~8천만 원인데, 그 가운데 관세가 100분의 10[10%: 37~38,000,000원] 정도를 차지한다. 미국의 경우 1년 수입이 대략 2억 8천만 원인데 그 가운데 관세가 100분의 50[50%: 140,0000원] 정도를 차지한다. 우리 일본의 경우 1년 수입이 대략 6천만 원인데, 그 가운데 관세가 100분의 4[4%: 2,400,000원] 정도를 차지한다. 무릇 이 네 나라는 그 관세가 이처럼 차등이 있으니, 그 액수의 정도를 볼 수 있다. 그러므로 각국이 국가의 비용을 보충하는 방도로 관세보다 큰 것이 없는 것이다.-그 액수에 차등이 있는 것은 직세칙(職稅則)[5]의 경중과 무역의 정도에 따른 것이다.-"

물었다. "그렇다면 관세는 어디에 부과하는 것인가?" 답하였다. "해관(海關)[6]으로 출입하는 상화(商貨)에 부과하는 것이다."

물었다. "해관으로 출입하는 상화에 부과하는 세금은 무엇을 기준으로 하는가?" 답하였다. "상품의 가격을 기준으로 하는 세금이 있고, 상품의 무게를 기준으로 하는 세금이 있다. 그 가격을 기준으로 하는 세금을 '종가세(從價稅)'라고 하고, 그 무게를 기준으로 하는 세금을 '종량세(從量稅)'라고 한다. 그러나 그 이치를 상세히 따지면 종량세 역시 종가세이다. 무엇 때문인가. 종량세는 그 무게에 따라 세금을 부과하는 것이다. 그 애초에 우선 상품의 가격을 상세히 살펴볼 때 무슨 물건이고 몇 근(斤)이고 그 가격이 몇 원(圓)인지 계산하면 마땅히 몇 전(錢)을 세금으로 부과해야 한다고 정하는 것이다. 오직 그 종가세와 종량세의 차이점은 애초에 물건이 제조된 때에 세금이 정해지는지 아니면 가격이 정해진 뒤에 세금이 정해지는지의 차이에 불과하다. (미완)

5 　직세칙(職稅則) : 직업이 있는 사람에게 세금을 부과하는 법칙이다.
6 　해관(海關) : 개항장에 둔 세관을 말한다.

• 잡보

○ 동래부 관청에서 동북으로 불과 10정(町) 정도 떨어진 거리에 온천이 하나 있다. 토인들이 모두 신조약(神助藥)이라 칭하니 당연히 그 효험은 헛되지 않으나 요즘 일종의 기묘하고 터무니없는 억설이 퍼지고 있다. 지금껏 우리 공사(公使)는 바닷길로 경성으로 갔는데, 이제부터는 곧바로 육로로 간다는 것이다. 만약 일본인이 육로로 가게 되면 이 온천에서 반드시 목욕하게 될 것이니, 정부는 이참에 먼저 이 온천장을 없앤다는 것. 그 때문에 "우리들은 평생의 질병을 씻어내는 게 무엇보다 중요하다."며 갑자기 여기저기에서 남녀노소 할 것 없이 잇따라 찾아와 입욕한다고 하는데, 이것이 지금 현 조선국의 진면목인가.

○ 지난 14일의 일이라던가, 조선 상선 1척이 우리 관(館)에 들어오려다가 잘못하여 용미산(龍尾山)과 절영도(絶影島) 사이에 있는 얕은 여울에 좌초되어 이래저래 매우 곤경에 처해 있는 모습을 보고, 우리 상인들이 몇 사람을 모아 건너가서 그 뱃사람에게 같이 하자며 진심으로 다같이 힘을 합하여 어려움 없이 배를 저어 빠져나왔다. 한인들은 그 은혜에 감사하고 크게 기뻐하였다. 하지만 그와 달리 일본인은 그 싣고 온 미곡을 무법으로 싼 가격에 사들이려고 어거지를 썼다. 한인들은 입은 은혜도 있어 안 된다고 하기도 힘들어 할 수 없이 상륙 후 팔아넘겼다고 한다. 그 때문에 쌀 2백 60섬의 전체 가격 중 100관문 남짓의 손실을 입었다며, 지금은 오히려 은자를 원수라며 원망하고 있다는데 실로 그럴 만도 하다. 이러한 일은 보통 상인이 저질러서는 안 되는 일일뿐 아니라 우리 상업상에 큰 해를 가져올 것이므로 이후에는 결코 인(仁)으로써 불인(不仁)에 빠지는 나쁜 방법은 쓰지 않도록 주의했으면 한다.

일본 거상 오오쿠라 기하치로 등이 조선 신사 어윤중 등에게 준 서신

漢 (전호에서 계속)

다섯째, 화륜선은 마땅히 그 제조를 시작해야 합니다. 우리나라는 예로부터 선반을 만드는 방법이 귀국과 거의 같았습니다. 이러한 까닭에 하루아침에 성난 파도와 거친 물살을 만나면 번번이 남김없이 전복되어버렸습니다. 근래에 이르러 이를 근심하여 모조리 다 서양에서 그 제조법을 취하여 선반을 제조하였기에 선체가 견고하고 속도가 신속하니, 통상하는 상인들이 실로 여기에 투자하고 있습니다. 귀국이 만일 이에 의탁한다면 가격이 저렴해지고 물건이 실속 있어질 것이니, 이는 대개 양국의 이득이 될 것입니다.

여섯째, 양잠업은 마땅히 그 사업을 확장해야 합니다. 우리나라의 경우 견사의 제조에 증기기를 사용하니, 그 노고가 줄어들고 그 성과가 빨라져서 그 평판이 온 세계에 떨쳤습니다. 그러니 이 또한 귀국이 마땅히 유의해야 할 것입니다.

무릇 이 여섯 가지는 다 온고지신의 도리요 부국강병의 기초입니다. 그 기초를 온전히 여기 두고 점점 시행하며 끊임없이 정진한다면 반드시 그 요령을 터득할 수 있을 것입니다. 옛날에 범려(范蠡)가 강을 건너 백만의 부를 이루었듯이, 지금 존형들이 우리나라를 내유하고 귀국으로 돌아가 부강하게 한다면 어찌 도주공(陶朱公)[7]에 그치겠습니까? 실로 귀국 백성의 행복일 것입니다.

속담에 이르기를 "철인은 그 얼마나 간절히 바라는지 잘 안다." 하니, 존형들이 상세히 생각하고 면밀히 관찰하여 온고지신의 도에 부합하도록 힘쓴다면, 귀국에 이익을 더할 것이고, 이웃나라에 은택을 미칠 것입니다. 글로는 그 뜻을 다 아뢸 수 없사오니, 부디 헤아려 살펴주신다면 참으로 다행이겠습니다.

---

7 도주공(陶朱公) : 범려를 가리킨다. 범려는 춘추시대 월나라 왕 구천의 책사이자 중국 최초의 대실업가다. 말년에 도(陶)라는 고을에 살면서 도주공이라는 이름을 사용하였다. 도는 지리상 무역하기에 유리한 고장이었는데, 범려는 연로한 나이에도 지리 우세를 이용하여, 십여 년 간 상업과 무역을 통해 큰돈을 벌어들여 천하의 갑부가 되었다.

메이지 14년[1881] 6월 17일
어윤중·홍영식 존형께
오오쿠라 기하치로와 다카하시 헤이카쿠.

○ 당 부산항으로 말하자면, 우리 쓰시마와 해협을 사이에 두고 불과 10리 남짓의 뱃길로 배편 왕래도 그리 어렵지 않은 곳이다. 그런데 우리 관의 저쪽편으로 절영도라고 하여 하나의 섬이 있다. 원래 말을 기르던 목장이어서 흔히 목도(牧の島)라고 부른다. 이른바 절영도의 이름에 무색하지 않은 뛰어난 아름다움을 가진 그 산천의 형세는 적벽(赤壁)도 이와 흡사하지 않을까 싶을 정도로 괜찮은 곳이다. 그런데 이곳에 오래된 한 사원이 있다. 이게 어느 시대에, 누가 건립한 것인지 자세하지는 않지만 쓰시마 사람들 사이에 전해지는 이야기로는 우리 장군 아사이나(朝比奈)[8]를 모시는 곳이라며 여태껏 일컬어지고 있어서 다른 사람들도 모두 그렇게 여겼다. 그런데 뜻밖에도 조선인들의 설에는 저 명장 이순신(李舜臣)을 모시고 항상 일본관을 내려다보게 하여 일본인을 놀라게 하여 난폭해지지 않도록 하려고 세웠다는 것이다. 그렇다고 일본인이 그렇게 호락호락 놀랄 사람들인가. 이번에는 이 사원을 상대할 우리 관의 용미산 선창의 동남쪽에 해당하는 한 언덕, 지금 흔히 호기산(呼崎山)이라고 부르는 봉우리에 우리 귀장(鬼將)[9]을 안치하여 서로 그 위광을 드러내려는 경쟁심에서 마침내 쓰시마인 모 씨의 발기로 건립하였다.
○ 세 치의 붓으로도 천하 대세를 지배할 수 있는 이때에, 일신상의 사소한 일들은 내버려두고 망설이는 것이 가치가 있겠는가 싶어 써 내

---

8 아사이나(朝比奈) : 가마쿠라시대 전기의 무장 아사이나 요시히데(朝比奈義秀). 용맹하고 천하무쌍의 힘을 지닌 장수로 알려져 있다.
9 귀장(鬼將) : 임진왜란 당시 선봉장 가토 기요마사(加藤淸正, 1562~1611)를 가리키는 것으로 보인다. 1920년 일본 측 자료에 따르면 "용미산에 가토신사(加藤神社) 그 밖에 목도(牧島)에 아사이나신사"라는 기록이 보인다.

려가는 것은 다른 게 아니다. 본지에 실린 내용과 관련하여 왕왕 신문 상의 설명을 받고 싶다던가, 대수롭지 않은 일로 편집자에게 와서 담판 하는 사람이 있는데, 실로 편집자의 불편이 이만저만한 게 아니다. 뿐 만 아니라 귀중한 시간을 방해받아 도리어 편집자 쪽에서 고소를 해야 할 판이지만 지금까지는 참았으나 더 이상 결코 상대하여 담판은 하지 않을 것이니, 만약 마음에 들지 않는 일이 있을 때는 정당한 경로를 거쳐 논의해주기 바란다. 그때야말로 이의가 있을 리 없으니 앞의 양해 를 겸하여 쓴다.

○ 완고당의 우두머리인 대원군은 완고함으로 치면 실로 지나치게 심하여 일찍이 이홍장(李鴻章)에게 설유서(說諭書)를 받은 일이 있는데 바로 그 답변은 여느 때처럼 밀서로 하였다고 한다. 다른 날 그 원고를 얻을 방법이 있으면 얻는 즉시 실어 상세히 보도하겠다.

또 대원군은 올해 62세의 고령임에도 불구하고 역시 20살 남짓의 장년배라도 되는 양 거만한데, 하여튼 완고한 거동만 있다는 것이다. 요즘 자주 자기 흰머리를 뽑는다고 하는데, 차라리 꽉 막힌 정신이라도 뽑아내면 좋을 텐데 정말 골치 아픈 영감이다.

○ 옛날 시베리아에 기마 도둑이 있어 인민을 괴롭힌 일이 있었는데, 지금 조선 내지에는 세력을 당해내기 힘든 강도들이 성행하여 팔도를 횡행한다고 한다. 그 중에서도 특히 충청도·전라도에 가장 많은데 그 도적들은 한 무리 당 100명 정도 떼를 지어 다니면서 모두 손에 무기를 들고 여행자라 생각되면 곧 붙잡아 금전·의류를 빼앗아 취하고, 더구나 맞아 죽은 자도 간혹 있다고 한다. 대양의 동서를 불문하고 나라의 내외 를 막론하고 마침내 나라가 어지러워지려고 할 때 국가의 골치를 썩히는 도적들이 있는 법이다. 아아, 조선이 진작 열었다고 할 때인가.

○ 조선관리 하여간 압제가 심한 점은 지금에 와서 첩첩이 늘어놓을 것도 없지만 근래 도고(都賈)[10]라 칭하며 인민의 재화와 물품 등을 무법으

로 빼앗는 일이 생기고 있다. 가령 미곡이든 소가죽이든 이를 매우 싼 가격으로 사들여 관리가 상법(商法)을 행하고 있는 것이다. 이즈음 빈번히 이 폐해가 활개를 치고 있어 우리 장사치들이 곤란을 겪고 있어 상법회의소에서는 다음 별지 내용을 서면으로 영사관에 제출하였다.

근래 당항의 무역이 크게 쇠퇴하고 있다. 그 중에서도 특히 소가죽 등은 지난 10일 간에 비하면 그 수입은 거의 10분의 1에 지나지 않는 모양새다. 그 원인은 여러 가지가 있겠으나 경상도에서 나는 소가죽을 이(李) 모 등이 이를 도고를 내어 엄중히 김해·양산·밀양·황산·원동·귀창·대구 등의 땅에서 거류지로 수송하는 것을 붙잡는다는 풍설이 속속 들려오고 있다. 또 동래부에서는 부산의 구관 초량 등에 행정명령을 내린 취지와 관련하여 그 사실 여부를 신중히 정탐한 바 [다음] 별지의 면허장으로 보이는 것과 한두 명의 이름을 얻었다. 애초 도고는 무역상의 큰 피해일 뿐 아니라 도리상 원래 있어서는 아니 될 일이다. 이렇게 된 지금 이 폐해를 없애지 않는다면 점점 무역상의 퇴보만 가져올 뿐이다. 바라건대 지금 다행히 군함이 정박 중에 있으니 이 기회를 타서 엄중히 당국에 조회해주시기를 바라며, 본회의 결의로 이 점을 간곡히 부탁드린다.

상법회의소 회장 대리

메이지 15년 3월 19일   부회장 가지야마 신스케(柁山新介)

영사 곤도 마스키 님 대리

외무4등 소속 미야모토(宮本羆) 님

〈별지〉 도고장 및 그 인명은 정주백(鄭周伯)과 이 모 오위장(五衛將)[11] 등

---

10 도고(都賈) : 상품을 매점매석해 가격 상승과 매매 조작을 노리던 상행위의 한 형태, 혹은 그러한 상행위를 하던 상인 또는 상인 조직을 말한다.

11 오위장(五衛將) : 조선시대에 오위도총부(五衛都摠府)에 딸려 5위의 군사(軍士)를 통솔하던 장수인데, 종2품으로 위장(衛將)이라고도 한다.

사령장[差帖] 漢

윤석성(尹錫晟)

위 사령장은 급사(給事)[12]가 동래 소가죽 한 필을 영관(營關)에서 할인된 가격으로 납부하기 위한 것이다. 착실히 거행하고 계획에 어긋남이 없도록 하는 것이 마땅하다.

임오년 정월 일
영남 원로회

이상의 소원 서류가 조속히 이루어져 지난 20일 미야모토 영사 대리에게 세이키함 부장과 동래부로 출장을 가도록 하였으니, 그 담판의 양상은 추후 상세히 보도할 것이다.

○ 요즘 조선의 수구당이 또다시 마음대로 세력을 행사하여 일본과의 조약은 반드시 거절해야 한다는 등 뭔가 요란스러운 소동을 벌이고 있다고 한다. 차라리 먼저 대전쟁을 시작한다면 도리어 개화도 하고 또 우리와 저 나라의 교의도 두 배로 두터워질 것이라 생각된다.

이상을 한글로 옮기면 다음과 같다.

근래 조선 완고당이 다시 세력을 얻어서 '일본과 화친했던 약조를 거절하는 것만 같지 못하다'고 하고 대단히 요란할 모양이나, 차라리 속히 큰 싸움을 시작하면 도리어 개화도 하고 또 양국 교의도 옛날보다 후하게 될 것이라 생각하노라.

○ 본항 경찰소의 호구 조사에 따르면, 올해 2월 중 인구 1,852명 중 남자 1,082명, 여자 770명, 가구수 418호 외에 빈집 95채가 있다.

---

12 급사(給事) : 조선시대 토관직(土官職)의 하나로, 종8품 직무랑(直務郞)이 받는 관직이다. 보통 지방의 전례서(典禮署)와 전주국(典酒局)에 소속되었다.

지난달과 비교하면, 인구 53명이 줄고 가구수 14호가 줄었으며 빈집은 15채로 늘었다.

○ 김옥균 씨는 이달 17일 출범한 千年丸호로 일본으로 도항하였다. 전호 잡보에서 이 일행 두서너 명[13]이 뒤따라 경성에서 온다고 운운하고, 또 어떤 상회에 여비 2만 원의 차입을 의뢰하였다고 운운하는 이야기를 실은 바 있는데, 김옥균 씨는 이 두 항목의 사정은 없는 일이라며 우리 영사관으로 취소를 알려왔다. 영사관에서는 편집자에게 이 두 항목을 취소하라고 구두로 알려왔는데, 전혀 사실이 아니라면 마땅히 취소하는 게 당연하다. 각설하고 김옥균 씨의 이번 일본행의 목적은 단지 오늘의 일본 사정 시찰뿐 아니라 겸하여 왕명을 받들어 국채를 모집하는 사전 준비 논의를 당국의 고위 관리 측과 상의할 것이라 한다. 어찌되었건 김옥균 씨는 재기 넘치는 사람으로 이 나라 개화당의 영수이다.

○ 본항은 기온 차가 대단히 심하여 항상 주야로 수십 도가 오르내린다. 지난 18, 19일 무렵에는 정오 72, 3도[22~23℃]까지 올랐으나 또 22, 23일 양일은 야케산(燒山)[14]을 뒤덮을 정도로 눈이 내려 그 때문에 기온이 아침에 41도[5℃]였고, 정오에는 46도[7.8℃]였다.

눈구경[雪見]　　　　　　　　　　　　　— 中臣の紅琴

상록수의　　　　　　　　　　　　　常磐木の
눈꽃만　　　　　　　　　　　　　　六の花のみ
묻는 이는　　　　　　　　　　　　　問ふ人は

13　6호에는 '수십 인(數十人)'으로, 본호에는 '수인(數人)'으로 되어있다. '수십 인'은 보통 20명 이상의 인원을 가리키지만 '수인'은 2~4명 또는 5~6명의 인원을 막연하게 부를 때 사용된다. 여기에서는 두서너 명으로 번역하였다.

14　야케산(燒山) : 일본 니가타현(新潟縣)에 있는 활화산. 이 지방에서는 음력 3월이 되면 야케산이 새하얘질 정도로 큰 눈이 쌓인다는 뜻의 "3월의 야케산 감추기(三月の燒山隱し)"라는 속담이 있다.

이내 몸에 내리는	我身ふり行
늙음은 알 리 없겠지	老はしらまじ
파도 위의 눈[浪上雪]	── 中臣の紅琴
바다 위	沖中の
어부의 작은 배를	海士の小舟を
의지해	便りにて
파도 위에도	浪の上にも
쌓이는 눈이구나	つもる雪かな

○ 어제 기온은 정오에 48도[8.9℃]였고, 이전 10일 간의 평균 기온은 57도[13.9℃]였다.

◆ 부산상황

○ 애초 본항 무역의 경기 상황을 매번 신문에 '쇠미, 쇠미'라고 쓴 것은 당초 소규모 무역뿐 아니라 겨우 한 되짜리 되에 손을 보는 양상이어서 곧 활성화되었다고 하더라도 한 되가 간신히 한 되가 된 것이며 만약 불행히도 쇠퇴하였다면 오히려 한 되로 회복시킬 방법은 어려워진다. 그런 까닭에 늘 그 6, 7할은 모두 일이 없어 허덕이며 다만 놀고 있는 형편이다. 실제로 작년 봄 이후 계속해서 오늘의 시황이 아직 한 되로 오르는 경기가 도래하지 않는 것은 도대체 또 무엇 때문인가. 특히 미곡 수출이 없는 것과 연관된 것인지 아니면 다른 것과 관련된 것인가. 설령 사금과 은, 소가죽, 생사 같은 게 있다 하더라도 어찌 댈 수 있겠는가. 시험삼아 메이지 13년[1880], 14년[1881] 두 해 동안 미곡을 수출한 그 차이를 다음에 열거하여 상황의 성쇠를 표시해보겠다.

메이지 13년에는 쌀 9만 2,755석 5말, 원가 72만 7,996원 26전, 메이지 14년에는 쌀 4만 4,895석 9말 2되, 원가 38만 40원 76전이다. 이렇게 13년에 14년보다도 활발했던 것이 이것으로 명료하니, 곧 14년에 쇠퇴한 것 또한 이것으로 알 수 있을 것이다.

○ 이 10일 간 여느 때처럼 이렇다 할 변화가 없다. 판매 물품은 당목류 조금뿐, 구매 물품에는 사금 목면류가 조금 있을 뿐이다. 이외에 모두 거래가 없다.

○ 금융 시세는 소폭 하락세이다. 지불 이자는 고급 저당품의 경우 100엔 당 78전, 하급품의 경우는 12전까지 내려갔다.

• 원산통신 (전호에서 계속)

○ 콩은 여전히 수출이 있다. 원산시장의 매입은 한 되에 13문 5푼, 팥은 18문, 백미는 점차 급등하여 지금은 한 되에 33문 정도이다.

○ 원산진에는 또 우리 물산을 전람하는 곳이 있어서 현지 상인들이 많이 와서 마음껏 살펴보고 있다고 한다. 지금 그 내관인(來觀人) 숫자라며 보내왔다.

메이지 13년 천장절(天長節)[15]에는 1,370명, 같은 해 12월 1일부터 28일까지 1,438명, 메이지 14년 1월부터 12월까지 2만 4,682명.

• 기서

논설의 가부와 신의에 대해서는 편집자가 보장하지 않는다.

---

15 천장절(天長節) : 천황 탄생일의 옛 명칭이다.

조선통화론 漢

한국에 있는 동애어사(東涯魚史)

조선의 통화에 대해 때로 들은 바 있다. 근래에 경성의 주전서(鑄錢署)에 있을 때 화폐를 개조하고 보완해야 한다는 설을 듣기를 "10전, 5전, 1전 등 세 종류를 주조하는 작업이 이미 착수되었다." 한다. 오호라! 삼한(三韓) 이전은 아득히 멀어서 본받을 수 없었고 잠깐의 틈도 없이 이후로 은병(銀瓶)16 혹은 오종포(五綜布)17로 화폐를 제작하였다. 고려 성종조에 이르러 인구가 점차 증가하자 통화가 점차 부족해지고 물가가 하락하면서 그 노고를 보상받지 못하였다. 사농공상(士農工商) 모든 백성이 매우 궁핍해져서 도로에서 그 어려움을 하소연하니 최초로 철전(鐵錢)을 주조하였다.18 이것이 주전(鑄錢)의 효시가 되었다. 그 다음은 공양왕의 저폐(楮弊)였다.19 이 시기에는 오종포도 여전히 병행되고 있었다. 그 다음은 조선 현종조의 동전이었다. 이것이 화폐를 중흥하여 개혁한 순서이다. 그러나 우리는 아직도 무엇이 편하고 무엇이 잘못인지 강구하지 못하였다.

시험 삼아 일찍이 화폐의 변천이 어디에 있는지 추론해본 적이 있다. 혹자는 말하기를 "통화로는 오종포와 저폐보다 편리한 것이 없다. 제작 과정에 수고가 줄고, 융통 과정에 번거로움이 없다. 한 광주리당 100만을 담을 수 있고, 더구나 신본과 구본을 교환할 때 발행액 전체의 2 내지 3 가량 절감할 수 있으니, 그에 따른 정부의 이익 또한 알 수 있다. 그러므로 오종포가 오래도록 끊이지 않은 것이니, 이것이 공양왕 때

---

16 은병(銀瓶) : 고려시대의 화폐로, 은 1근으로 우리나라의 지형인 반도 모양의 병(瓶) 양식을 본떠 만들었다.

17 오종포(五綜布) : 오승마포(五升麻布)를 가리키는 것으로, 오승은 다섯 새의 베나 무명이고, 마포는 삼베이다. 고려시대 은병·동전 등과 함께 화폐로 통용되었다.

18 성종조…주조하였다 : 성종 15년(996)의 일이다.

19 공양왕…저폐였다 : 공양왕 2년(1390)의 일이다.

다시 저폐를 발행한 이유이다. 그 후로 성종 때 동전을 주조한 바 있는데, 이는 대개 그 편리함을 버린 것으로 수화(水火)를 우려한 탓일 것이다. 만일 통화로 금은을 사용하면 악덕상인이 화폐를 독점하여 감춰두고 내어놓지 않을 것이고, 그 형태를 녹여서 멋대로 시장에서 처분하면 그 폐단이 점차 심해져서 국내의 통화가 전부 한 곳에서 판매하는 물건이 될 것이다. 그러면 설령 백악산이 다 금광이고, 압록강에서 은이 솟아난다 하더라도, 어찌 충분하겠는가." 하였다. 이는 사적인 견해가 아니다. 은병의 행적을 미루어 보면 과연 이와 같으니, 이는 저폐와 오종포의 이점으로 말한 것이다.

혹자가 말하기를 "백성들이 다 귀중히 여기는 것은 금은보다 큰 것이 없고, 그 다음으로 동철(銅鐵)이다. 오종포와 저폐의 경우 오로지 그 지방 제도가 어떠한가에 달려있을 뿐이다. 그렇지 않으면 조령모개(朝令暮改)의 번거로움을 초래할 것임에 틀림없다."고 하였다. (미완)

• 물가표

輸出入物價表 [自三月十一日至同二十日]					
輸入賣品			輸出買品		
品名	量	時價　貴 文	品名	量	時價　貴 文
内國産			米	一升	〇、〇二六七
丁銅	百斤	一二、〇〇〇			〇、〇二五〇
荒銅		一〇、九〇〇	大豆	〃	〇、〇二〇〇
甲斐絹	一疋	三、一〇〇	小豆	〃	〇、〇二五〇
		三、〇〇〇	小麥	〃	、〇一四
摺付木	百打	一、三五〇	砂金	十もんめ	一一、五〇〇
		一、四五〇			〇六、〇〇〇
素麵	一箱	一、六五〇	金地	〃	一一、五〇〇
		一、五〇〇			〇六、〇〇〇
			銀地	一貫め	七〇、〇〇〇
外國産					八三、〇〇〇
一番義源	一反	二、〇三〇			

		二、○五○	紅參	一斤	一、五○○
二番 同	丶	一、八一○			五、○○○
		一、八四○	尾人參	百斤	六、○○○
三番 同	丶	一、七九○	生糸	一斤	一、一○○
泰和	丶	一、七八○	紬	一疋	丶八五○
		一、九一○			一、○○○
生源	丶	一、八三○	木綿	一反	丶二八○
緋金巾	丶	○、九六○			丶三三○
		一、○○○	干鰯	百斤	丶八○○
天竺	丶	一、二四○	煎海鼠	丶	一六、○○○
		一、三○○			一八、五○○
綾木綿	丶	二、五五○	鱶鰭	丶	一五、○○○
		二、七○○	鯨骨	丶	丶六二○
更紗	丶	一、四○○	布海苔	丶	二、○○○
澤井	丶	二、四○○	天草	丶	丶六○○
寒冷紗	丶	○、四五○	牛皮	丶	八、五○○
		○、五二○			九、二○○
繻子吳絽	丶	二、三○○	牛骨	丶	丶五○○
綿絽	丶	二、二五○	油粕	丶	丶四四○
絹吳絽	丶	二、四三○	鷄糞	丶	丶五○○
綟糸	一丸	一、六二○			

韓錢每日相場	
十一日	二十七割六ア
十二日	同
十三日	二十七割九ア
十四日	二十七割七ア
十五日	同
十六日	二十七割八ア
十七日	二十七割五ア
十八日	二十七割七ア
十九日	同
二十日	同
平均	二十七割七ア五

		一、三二○
白銅	一斤	丶五二○
錫	百斤	二三、八○○
亞鉛	丶	五、三○○
紅粉	一斤	一、五五○
青粉	丶	丶四三○
紫粉	丶	一、五○○
青竹粉	丶	一、三五○
黃粉	丶	丶六五○
		丶七○○
胡椒	丶	丶○九五
明磐	十斤	丶二二○
甘草	丶	丶六五○

이상의 매매물가표는 본지 매호 발행 전 10일간의 평균을 기록한 것이므로, 그 시가는 매일 매일의 한화 시세를 참조하여 산출하면 곧바로 일본 통화 및 원가 비율을 알 수 있을 것이다.

◆◆◆

본국 광고

○ 본지의 광고료는 4호 문자 1줄 25자 1회에 3전 ○ 2회에는 같은 조건으로 4전 ○ 3회 이상 5회까지도 같은 조건으로 5전. 단 25자 이하도 동일하며, 이상은 모두 선금으로 받습니다.

○ 본지의 정가는 1책은 4전, 10책은 선금(10% 할인) 36전 ○ 10책 이상 모두 10% 할인. 다만 부산항 이외의 곳은 별도로 우편요금을 선금으로 받습니다. 또한 선금 기간이 끝남과 동시에 [구독] 폐지 통지를 알려오기 전까지는 계속 우송합니다.

조선국 부산항 일본거류지 본정(本町) 2정목(丁目) 20번지
본국 상법회의소
감리 편집 겸 인쇄 오오이시(大石德夫)

부산항 변천정(辨天町) 3정목(町目) 3번지
대중개유통보급소 스즈키 다다요시(鈴木忠義)

정기간행
대일본력 메이지(明治) 15년 4월 5일 발간 | 대조선력 임오년(壬午年) 2월 18일

조선신보 제8호

재부산항 상법회의소

일러두기 漢

본소 신보의 간행 취지는 오로지 경제논설을 서술해서 일본과 조선 양국에 박아한 채람을 제공하는 데 있다. 그리고 국내외의 기사와 이문 또한 남김 없이 수습해서 드러내 보이고자 한다. 그러므로 사방의 여러 군자들은 이 뜻을 헤아려서 탁월한 논설과 새로운 학설을 아낌없이 투고해주시기 바란다. 그리고 문장은 한문을 주로 사용해준다면 기자들은 다행으로 여겨 더 바랄 것이 없을 것이다.

목차

• 조선신보

관세혹문 제 1 漢 (전호에서 계속)

무릇 관세를 정하는 방법은 이 두 가지에서 벗어나지 않는데, 각국의 입법은 각기 다르다. 혹 종가세를 사용하는 경우도 있고, 혹 종량세를 취하는 경우도 있다. 우리나라의 경우는 종가세도 있고 종량세도 있는데, 종가세에 편한 것은 가격에 따라 세금을 매기고, 종량세에 편한 것은 수량에 따라 세금을 매긴다. 이것이 우리나라가 현재 시행하는 법이다. 비록 그러나 내가 보기에 종량세는 관청에서 편리하고 상인에게 불편하다. 청컨대 그 설을 설명하고자 한다.

대저 물건은 정교한 것이 있고 조악한 것이 있다. 정교함과 조악함은 그 가격이 다르나[1] 그 무게는 똑같다.-정교한 것과 조악한 것은 무게는 같으나 그 가격은 귀천의 차이가 있다는 말이다.- 물건은 남는 것이 있고 모자라는 것이 있다. 모자람과 남음은 그 가격만 다르고 그 무게는 똑같다.-물건이 남을 때는 그 가격이 하락하고, 모자랄 때는 그 가격이 높아진다는 말이다.- 그 무게가 같다면 그 세액도 같다. 무릇 그 가격에 귀천의 차이가 있거늘 그 세액이 같다면, 이 어찌 상인을 편하게 하는 법이라 할 수 있겠는가.

지금 가령 상인 갑(甲)이 양포 100필을 수입하는데, 그 품질이 정교하고 그 가격이 높아서 그 시가로 계산해보니, 1필당 5원이다. 또 상인 을(乙)이 똑같이 양포 100필을 수입하는데, 그 품질이 조악하고 그 가격이 저렴하여 그 시가로 계산해보니, 1필당 3원이다. 만일 정교한 포목을 기준으로 세금을 부과하면 종량세는 100분의 5이다. 그러면 갑은 500원 중 25원을 세금으로 내야 하고, 을은 500원 중 41원을 내야 하니 이상해진다. 또 상인 갑이 풍년에 쌀 100석을 수출하는데 그 가격이

1　다르나 : 원문은 畢이나, 異의 오기로 보아 고쳐 번역하였다.

500원이고, 상인 을이 흉년에 똑같이 쌀 100석을 수출하는데 그 가격이 1,500원이다. 만일 풍년을 기준으로 세금을 부과하면 종량세는 100분의 5이다. 그러면 갑은 500원 중 25원을 세금으로 내야 하고, 을은 500원 중 80원 33전을 세금으로 내야 하니 이상해진다. 그러므로 앞서 말하기를 "종량세는 관청에서 편리하고 상인에게 불편하다." 한 것인데, 관청에서 편리한 것은 시기에 맞추어 가격을 정하는 번거로움을 더는 것뿐이다. 비록 그러하나 관청의 불편이야 가격을 정하는 인원 2~3명만 확보하면 충분히 다스릴 수 있다. 상인의 불편은 단지 이 하나에 그치지 않는다. 상인의 경우 일단 가격이 정해지면 교역의 위축을 초래할 수 있다.

무릇 개항 통상은 왜 하는가. 있는 것과 없는 것을 서로 교역하여 국민의 이익을 도모하기 위함이다. 세관을 설치하고 세금을 부과하는 것은 어째서인가. 그 징수액을 늘려서 국가 비용의 부족분을 충당하기 위함이다. 그러나 지금 항구를 개설하되 교역이 위축되고, 세관을 설치하되 세액이 감소하니, 이 어찌 애초의 의도겠는가. 그러므로 나는 단언하기를 "관세는 가격을 기준으로 세금을 부과하는 것이 옳다. 오직 그러기 어려운 경우만 수량에 따라 세금을 부과하는 것이 마땅하다." 하는 것이다. (미완)

• 잡보

○ 경성에서 작년부터 우리 육군 중위 호리모토(堀本) 씨의 가르침에 의해 발탁된 저 나라 신병 80명은 크게 숙련되어 이제는 우리 병사들에게도 뒤지지 않는 상태가 되었다고 한다. 또 이외에 250명은 생병(生兵)[2]운동도 차츰 졸업이 가까워져 머지않아 총을 쥐게 할 정도로 진척

되었다고 하는데, 이는 전적으로 호리모토 씨의 공이라 할 만하다. 그런데 그 병사들의 옷은 종래의 조선 옷으로, 겉옷을 벗어 통소매뿐이고 바지는 평소 입는 것보다는 조금 좁으며, 모자는 검은 털로 두꺼운 모직물처럼 만든 벙거지-가마꾼 등이 쓰던 모자- 둘레를 작게 하여 총을 들더라도 지장이 없도록 하고, 신발은 항상 신는 짚신이라고 한다. 머지않아 육해군법에 주의할 것으로 보이는 훈련대장 모 씨는 매일 연무소(練武所)에 나와 크게 걱정하고 있다고 들었다.

○ 경성에 있는 모 씨가 보내온 서신 중에 지난달 상순 충청도 회덕현 학사 송병선(宋秉璿)³⁴이라는 자가 상소하여 척왜(斥倭)를 강하게 주장하였으나 곧 와전되고 진실과 다르다는 비답(批答)이 내려 각하되었다고 한다. 또 전 부교리 이국응(李國應)⁵이라는 자는 외교를 크게 확대하고 군비를 엄중히 하는 것이 오늘날의 급무라 하였다는데, 지금 시대에 드문 인물이다. 또 본국을 유행(遊行)한 어윤중이 상해에서 돌아와 일본인은 방심할 수 없으니 가까이 해서는 안 된다는 뜻을 임금께 아뢴 소문이 한 번 나돌자 도성 안 인심의 흉흉함은 실로 큰 물결을 일으킨 형세이다. 요즘 이상의 내용과 관련하여 대원군 쪽에서 밀사를 텐진으로 파견하여 이홍장에게 서한을 보내 외교를 거절할 힘을 청한다는 등

---

2 생병(生兵) : 아직 훈련을 받지 않은 미숙한 병사를 말한다.
3 원문에는 송병선(宋秉璇)이라 되어 있으나, 이는 송병선(宋秉璿)의 오기이므로 고쳐 쓴다. 이하 동일하다.
4 송병선(宋秉璿) : 1836~1905. 조선 말기의 유학자. 본관은 은진으로 문정공 우암 송시열의 9대손이다. 을사조약 후 고종을 알현하고 상소 10조를 바치며 진언하였다. 다음날 경무사 윤철규(尹喆圭)에 속아 성밖으로 끌려나왔으며 고향 회덕으로 귀향하였다. 이후 우암 선생의 고택이 있는 회덕 석촌마을로 들어가 북쪽을 향해 네 번 절한 후 독약을 먹고 자결하였다.
5 이국응(李國應) : 1839~?. 홍문관 부교리와 사헌부 지평, 기로원 수직궁 주임 등을 역임했다. 개화파 민 씨 일족에 동조하고, 대원군과는 반대 입장에 섰다. 1882년 대원군이 청나라에 납치되자, 대원군 편이었던 무위대장 이경하(李景夏)와 어영대장 신정희(申正熙)를 사형에 처하라는 상소를 올리기도 했다.

한결같이 퍼지고 있다. 이는 확신하기 어려운 내용이기는 하지만 이와 같은 상황과 관련하여 잠시 진정되었다가도 거듭 동요하는 분위기이다. 조금도 경계심을 늦추어서는 안 될 것이다.

○ 본지 제6호에서 대강을 실은 당항에 거류하는 쓰시마인 친목회 건은 마침내 그 회규 및 돈을 갹출하는 규칙 등 중대한 안건을 결정하였다며 그 원고를 보내왔기에 이어서 싣는다. 또 본회의 회장 아사야마 겐조(淺山顯三), 부회장 나카라이 센타로(半井泉太郎), 아사오카 고주로(朝岡小十郎), 후루카와 이타로(古川猪太郎), 超粕太郎, 幾度健一郎 외에 회계 3명, 간사 25명 모두 회원 투표로 선정되었다고 한다.

동향 친목회 회규

제1장 【명칭】
　　제1조 본회는 동향 친목회라 칭한다.
제2장 【목적】
　　제2조 본회는 우리 동향인들끼리 만나 교제를 두터이 하고 신의를 중히 하고 서로 잘못을 바로잡고 서로 구제하는 것으로 한다.
　　제3조 본회는 전조의 취지를 가지고 회원의 갹금을 얻어 이를 저축하여 회원들의 재해 구제에 내놓는다.
제3장 【회원】
　　제4조 본 회원의 모임은 본항에 기류(寄留)하는 동향 사람들로 구성되지만, 본 쓰시마 혹은 다른 지방에 있으면서 본회에 가입하기를 원하는 자의 입회도 무방하다.
　　제5조 회원은 품행을 조심하고 경솔한 행동을 금하고 외국인은 물론 내국인에 대하여 치욕스런 일이 있어서는 안 된다.

○ 개화당의 한 사람이었던 어윤중의 소식은 경성에서 온 서신에도 보이는데, 지난번 경성에서 귀항한 세이키함 함장의 이야기를 들으니 웬걸 경탄을 자아내는 전말이었다. 어 씨는 작년 우리나라에 도항한 11명의 선비 중에서도 재주와 학식 모두 출중하여 우리나라에서도 조선에서는 불세출의 인물이라고 평한 그 사람이다. 그런데 어찌된 경위인지 귀국하여 아직 조당(朝堂)에 나오지 않은 전 완고당의 우두머리 대원군과 민 모-민 참판의 친부- 등에게 설득당하여 마침내 수구당의 한 사람이 되었다. 근래 일본과 지나행을 건언한 그 입론의 원리에 따르면, "일본에는 여러 가지로 의심할 점이 많고 믿을 만한 것이 적은 까닭에 굳이 교의를 두텁게 하는 것은 오히려 옳지 않다. 그러니 더욱 지나와 교제를 두터이 하고 제반 일은 모두 지나에게 배워야 한다. 신이 이번에 이홍장을 알현하고 더욱 그리 생각하게 되었다."고 운운하였다. 그러자 국왕 전하께서는 이상의 건언에 크게 격노하시어 서둘러 어 씨를 불러들여서 옥안(玉顔)을 바꾸시고 호되게 질타하시니, 어 씨는 한 마디 답변도 못하고 진퇴유곡에 빠져 마침내 발광하였다고 한다. 또 다른 설에는 어 씨의 발광은 진짜가 아니라 국왕에게 아뢸 말을 잃어버렸다고 수구당에게 특별히 반성할 말이 없어 일시 미친 모습을 흉내낸 것이라고 들었다. 과연 믿어야 할지 말아야 할지.

○ 당항 경찰소에서 알림.

고(故) 이등순사 이와사키 겐타로(岩崎源太郎) 씨는 작년 9월 27일자로 병사하였다. 그의 봉직 사적 가운데 기릴 만한 것이 많으니, 그 중에서도 품행방정은 말할 것도 없고 항상 동료와의 어울림이 온후하고 한마음을 굽히지 않았다. 더욱이 인민을 다스리기를 착실히 하여 만약 누군가 위급한 일을 당하면 몸을 내던져 죽음으로 뛰어드는 기상을 드러내어 진정으로 인민의 표준이라 할 만한 보호관이었으니, 애석하도다. 하늘이 그에게 목숨을 길게 내려주지 않으니, 나이 22세를 일기로

황천의 객이 되었다. 당시 곤도 영사께서는 그의 죽음을 몹시 슬퍼하여
관을 보내고 묘 앞에 서서 다음의 추도문을 읽으셨다는 모 씨의 말에,
나도 적이 느끼는 바가 있어 적는다. 부디 귀 신문의 여백에 실어주기
를 바라 마지않는다.

　메이지 14년 9월 27일, 영사 종6위 곤도 마스키 삼가 고 이등 순사 이
와사키 겐타로(岩崎源太郎) 씨의 신령에 아룁니다. 지난 13년 4월, 내 첫
임무로 부산항에 취임하기에 이르러 우리 대정부는 경찰소를 당 거류지
에 둠으로써 필요한 경부 순사 10여 명을 나에게 딸려 파견시켰다. 그대
는 그 중 1명으로 나와 마찬가지로 도쿄를 떠나 당항에 도착하여 경찰소
를 신설할 때에 책임을 맡고 능력을 보였다. 이후 양국 교제가 점점 확장
하였다. 인민의 왕래가 날로 늘어나 경찰 업무가 몹시 번거롭고 바빴던
사정은 너무 많아 일일이 헤아릴 수 없다. 그대는 직무를 받드는 데 있어
치밀하고 빈틈없어 깔끔하였고, 일에 임하여서는 용감하였으며 아울러
꾸준히 율학(律學)을 연구하였다. 나아가서는 소장을 보좌하고 물러나서
는 후진을 고무하고, 힘써 우리 거류지의 안녕을 보호하고, 일에 종사하
여 우리 대정부의 후의에 뒤지지 않으려 도모한 그 뜻은 진정으로 순수
하고 그 공은 진정으로 크다 할 것이다. 올해 내가 위생회의를 열었을
때, 그대도 뽑혀 그 의원이 되었다. 어떤 일을 이야기하면 차분하고 성실
하여 굳이 범론(泛論) 부의(浮議)를 행하지 않았으니 그 재능의 노성함으
로 보아야 할 것이다. 내가 깊이 그대에게 기대를 걸고 다른 날 크게 천
거하여 쓰는 바가 있으리라 여겼거늘, 불행히도 병이 들어 일어나지 못
하게 되었으니 나는 깊이 애석히 여긴다. 그대의 재능을 결국 세상에 펼
치지 못하고 나의 바람 또한 도중에 허망해져버렸구나. 하지만 그대의
평소 뜻을 보건대 그대는 객지에 몸을 묻게 된 것을 한탄하지 않고, 아직
그 직무를 다하지 못하고 죽게 된 것을 분명 유감스러워할 것이다. 그러
하니 나는 곧 감히 알겠노라. 그대의 신령은 오래도록 이 땅에 남아서
이 거류지를 보호하기를 마치 여전히 살아있는 날처럼 할 것임을. 이것
이 내가 거듭 그대의 신령에게 희망을 걸고 기대해 마지않는 바이다. 아

아! 슬프고 슬프도다.

영사 종6위 곤도 마스키 삼가 아뢴다.

○ 요사이 당국의 조사 내용을 듣자니, 메이지 13년 5월부터 메이지 15년 2월까지 유실물 신고는 96건이었고 유실물을 찾았다는 신고는 65건이었다고 하니, 3분 2 이상의 물품이 주인의 손으로 되돌아갔다.

○ 최근 나카라이 씨가 동경루의 여학교가 점점 성대해져 가는 것을 기특히 여겨 생도-예창기(藝娼妓)- 18명에게 천금단 1포씩을 베풀었는데, 학생들도 대단히 기뻐하며 습자·독서에 열심이라고 하니 필시 천금단의 효과 또한 헛되지 않으리라.

○ 조선인 자녀 교육 이야기[6]

우리가 조선인이 아해(兒孩)를 양육하는 모습을 보니, 대체로 중인 이하는 어린아이에서 6, 7세에 이르기까지 배설물을 개에게 핥게 한다. 또 들은 바에 의하면, 왕궁의 환관(宦官)은 모두 음경 없는 사람을 뽑는다고 한다. 이는 어린아이 때 배설물을 개에게 핥게 할 때 자연 음경이 물어뜯기는 일이 있다고 한다. (이하 다음 호에)

○ 편집자가 말하니, 조선국 열사 임경업(林慶業)의 공적이 많음은 세상 사람들 대부분이 아는 바로 이 나라의 학사 금화산인(金花山人)이 순서를 따라 엮은 전(傳)이 있다. 우리나라 역관 호세코 시게카츠(寶迫繁勝)[7] 군이 열사의 공적을 몹시 흠모하여 지금 그 전을 번역한 것이 있다. 내가 요사이 이것을 읽어보니, 진실로 열사가 갖은 고초를 겪어 몹시

---

6 본호에 제목은 없지만 다음 9호에 같은 제목으로 기사가 계속되고 있어, 동일 제목을 붙여 일관성을 꾀하였다.

7 호세코 시게카츠(寶迫繁勝) : 일본의 통역관이다. 일찍부터 부산으로 건너와 한국어를 공부했으며, 한국어 능력이 탁월해 근대 이후 대표적인 한국어 학습서 『한어입문(韓語入門)』 등의 간행에 중추적 역할을 맡았다.

힘들고 괴로웠음이 보는 자로 하여금 단장의 비애를 느끼게 하는 한편 저절로 조선 내지의 사정을 아는 데 있어서 이로움이 생각보다 적지 않았다. 그런 연유로 내가 군에게 무리하게 원고를 청하여 본지 매호 잡보란에 연재하여 독자 여러분들께서 보실 수 있도록 제공하니, 다음과 같다.

○ 조선임경업전

조선국 금화산인(金華山人) 원저
일본국 취송헌(鷲松軒) 주인 역술

제1회

옛날 대명 숭정(崇禎) 말 즈음에 조선국 충청도 달천이라는 곳에 성은 임(林)이고, 이름은 봉악(鳳岳)이라는 사람이 있었다. 늘 가난하여 치가의 바닷가(千賀の浦)[8]에서 소금을 굽는 것도 아니건만 아침저녁으로 피어오르는 연기마저 끊어질 듯 끊어질 듯 힘든 세월을 보내는 동안 봉악은 점점 자라 12세의 봄을 맞이하였다. 원래 천성이 영리하여 어린 마음에 기특하게도 부모가 가난과 고생으로 시달리는 것을 매우 근심하였다. 어느 날 양친을 향하여, "소자도 이제 12살이 되었으니 뭔가 힘을 보태어 아버님과 어머님께 받은 따뜻한 보살핌에 보답하고 싶습니다. 하지만 아직 어린 나이로 할 일조차 없으니 이 마을의 이상현(李祥賢)의 집에 고용되어 조금이라도 마음을 편히 하고 싶습니다. 들어주십시오."라고 말하였다. 부모는 글썽거리는 눈을 깜박이며 그 마음에 감격하여 그가 하는 대로 맡겨두니, 기뻐할 일이 적지 않았다. 다음날부터 이상현의 집에 가서 여러 가지로 성실하고 지극히 예의 바르게 일하였다. 이상현이라는 사람은 서적 파는 일을 업으로 삼았는데, 삼밭

---

8 치가의 바닷가(千賀の浦) : 고대부터 소금 굽는 곳으로 알려진 해변이다. 일본의 전통 시가 와카(和歌)에 곧잘 읊어지던 명소이며, 여기에서는 밥 짓는 "연기"가 피어오르는 장면을 연상시키는 효과를 내고 있다.

의 쑥대[9]라고 했던가 저절로 널리 뭇 서적에 정통하여 근방에서는 드문 식자였다. 집도 부유하고 번성하였으며 원래 선의를 베푸는 사람이었다. 저 신참인 봉악을 자기 아들처럼 사랑하여 밤에는 독서를, 낮에는 집안일을 하는 틈틈이 서예와 그 외 여러 가지를 정성을 다하여 가르쳤다. 타고난 총명함과 싫증내거나 게으름 피우지 않는 마음가짐으로 인해 서예 분야에 매우 뛰어나 고참들을 넘어서는 영예를 얻었다. 공부 또한 과감히 실행하니 다름 아닌 진정한 재사(才士)였으며 듬직하였다. 그런데 고용인들도 그 신참 봉악이 고참들 위에 서는 것에 시기심이 일었던 것일까. 그에게 뭔가 실수를 저지르게 하여 그것을 참언하여 일러바치고 이 집안에서 쫓아내려는 그 야비한 마음 때문에 처음에는 여러 가지 좋지 않은 일만 있더니, 요령 있게 싸우지 않는 봉악의 서글서글한 성품에 부끄러워져 어느새 친구들 풍파도 겪지 않게 되었다. 어느덧 세월은 화살처럼 훌쩍 흘러 쉴새 없이 싹이 움트고 시들어 이곳에서 10년의 세월을 보냈으니…… (이하 다음호에)

○ 지난달 3월 □일 아침부터 비가 내렸다. 다음날 새벽에 이르러 그쳤다. 이달 2일 아침부터 어제 아침까지 계속해서 비가 내렸다. 이처럼 봄비가 계속 내렸다.

○ 어제 기온은 정오에 63도[17.2℃]였고, 이전 10일 간의 평균 기온은 53도[11.7℃]였다.

---

9 삼밭의 쑥대 : 『순자(荀子)』「권학편(勸學篇)」에 나오는 "굽어지기 쉬운 쑥대도 삼밭 속에서 자라면 저절로 곧아진다[蓬生麻中, 不扶而直]."라는 의미로, 좋은 환경에서 좋은 영향을 받게 됨을 비유적으로 이르는 말이다.

• 부산상황

○ 당항의 시황은 나날이 불경기가 거듭되다 보니 자연히 소상인들은 점점 손을 떼고 본국으로 돌아가는 자들이 많다. 근래 새롭게 한국으로 건너오는 이는 10분의 1에 그치고 일본으로 돌아가는 자는 10분의 9가 된 양상이다. 점차 무역시장이 일변하는 때이니, 실로 지금이 중요한 시기로 조금 상매(商賣)에 뛰어난 자는 적절히 장래의 목적에 정신을 집중하지 않으면 안 된다. 아아, 우리 친애하는 상인 여러분! 바야흐로 인천항이 열리려 하고 있다. 여러분들은 일찍이 부산항처럼 또 원산항처럼 경솔하게 개항을 하지 말고 대략 수출입 평균을 자세히 고려하고 조사한 다음 투자하지 않는다면 또다시 부산·원산의 지금 같은 실패를 가져오게 될 것이다.

○ 최근 10일간 특별한 시세 변동 없이 그대로이다.

○ 千年丸 호는 예상과 달리 벌써 항해하였는데, 수입품에 당목 35백 반, 한랭사(寒冷紗)[10] 9천 4백 □십 반, 기타 모두 잡품이다.

○ 위 선박의 선적은 대단히 적어, 전체 원가는 겨우 12,148원 50전 중 금은괴 원가 7,694원, 나머지는 잡화 4,454원 50전이다.

• 기서

조선통화론 漢 (전호에서 계속)

한국에 있는 동애어사

유독 금은 통화만은 이러한 폐단이 심할 것이라 짐작된다. 저들이 은병을 사용해서 실패한 것은 정위(定位)와 시가(時價)가 형평성을 얻지

---

10 한랭사(寒冷紗) : 가는 실로 성기게 평직으로 짜서 풀을 세게 먹인 직조물을 말한다. 보통 모기장 등을 만들 때 사용된다.

못하였기 때문이다. 이를 방지하기는 본래 쉽거니와 조선에는 광석을 보유한 산이 적지 않다. 지금 그 가운데 몇 군데만 지목하자면, 성천(成川)·정천(定川)·태천(泰川)·영변(寧邊)·개천(价川)·상원(祥原)·고원(高原)·문천(文川)·함흥(咸興)·곡산(谷山)·변안(邊安)·서흥(瑞興)·강릉(江陵)·삼척(三陟) 등이 예로부터 대대로 금은이 많이 나던 곳이다. 이를 개척하고 비용에 충당하여 통화를 경영하면 어찌 저폐나 공전보다 낫지 않겠는가. 이는 금은의 이점으로 말한 것이다.

돌이켜보건대 우리가 말하는 저폐와 종포의 설이 비록 믿을 만하다고 하나, 우리나라도 유신(維新) 이전에 각 번(藩)에서 간혹 저폐를 사용하다가 민간에서 암묵 중에 손해를 입은 바가 적지 않았다. 그러다가 유신 초기에 정부에서 저폐를 발행하니, 그 제품이 조잡한 탓에 위조화폐가 점차 발생되니 더욱 정밀한 기술을 더하고서야 비로소 편리함을 깨닫게 되었다. 하물며 조선에 이러한 폐단이 없을 줄 어찌 보장하겠는가. 무릇 정부의 명령 하나 하고 하나는 진실로 백성의 편의를 추구해야 하니, 단순히 이윤만 추구하다가 어찌 백성에게 불편을 초래할 수 있겠는가.

그렇다면 그 편의상 과연 금은으로 귀결되는가. 조선에서는 완고하게 기필코 말하기를 "금은이란 국가의 원기(元氣)이다. 원기가 한 번 흩어지면 국가는 자연히 미약해지고 귀신이 졸지에 떠나니, 무엇으로 이웃 나라와 대적하고, 무엇으로 사직(社稷)을 보존할 수 있겠는가. 이는 종묘에서 용납할 수 없는 것이다. 그러므로 중국이 북경을 수도로 삼고는, 그곳에 황금을 묻고 천지에 제사 지내고서 금릉(金陵)이라 칭한 것이다." 하였다.

그렇다면 과연 공전으로 귀결되는가. 아니다. 우리는 일찍이 항간의 설을 들은 적이 있다. 모두 말하기를 "고려 성종 때의 곤란을 다시 보게 될 것이다. 이는 공전 한 종류의 불편함 뿐만이 아니다." 하였다. 그리고 이미 개조하고 보완하는 설을 듣고서 다시 말하기를 "정부의 명으로 한결같이 10전, 5전, 1전의 정위로 부과한다면, 이는 예전의 공전과 마찬가지이니 어떻게 천하의 소망에 부응할 수 있겠는가." 하였다. 이로써 보건대, 오늘날 주전의 거사는 그래도 조선을 위해 기뻐할 일이 아니겠는가.

옛말에 '가죽이 없으면 털이 있는가'라고 했으니, 통화가 바르지 않으면 부국의 기틀이 장차 어디에 서겠는가. 결론적으로 말하자면 "완고한 설을 애써 논파하고 금은점(金銀店)을 개설하여 통화로 운영하면 된다. 형세상 그만둘 수 없으면 저폐가 그 다음이 된다." 하겠다. 주전의 정책이 여기에 이른다면 거의 상하가 가까워져 모두 부족함이 없을 것이니, 앞서 말한 두 항간의 설이 그 바라던 것을 이룰 수 있을 것이다. 이러한 까닭에 반복하여 여론에 고하는 것이다.

조선통화론 여언(餘言) 漢

우리가 앞서 논한 조선의 통화론은 대체로 견문이 좁고 불경한 말이라, 비록 대가의 힐난을 면할 수는 없으나 또한 은미한 뜻이 없는 것은 아니다. 무릇 화폐라는 것은 온갖 물건의 경중을 따져서 있는 것과 없는 것을 서로 교환할 수 있게 한다. 백 리가 되어도 땔나무를 팔지 않는 곳과 천 리가 되어도 쌀을 팔지 않는 곳으로 하여금 두루 유통되게 하니 이것이 진실로 화폐의 용도인 것이다. 그 유통은 마치 흐르는 물과 같아서 그치지 않으니 초목이 개척되듯 화폐가 증식된다. 그리하여 위로는 나라를 부유하게 하고, 아래로는 가정을 부유하게 하는 것이다.

옛날에 관자(管子)가 경중구부(輕重九部)를 설치하니, 환공(桓公)은 패자가 되어 제후를 아홉 차례나 소집시켜 단번에 천하를 평정하였다. 그 요점은 화폐와 물건을 균등하게 여긴 것뿐이었다. 그러나 조선의 경우 화폐를 중시하고, 물건을 천시한다. 이에 서로 비교할 지위를 잃어서 늘 사농공상이 전력을 다할 수 없으니, 산림과 하천이 개척되지 못하고 재화가 증식되지 못하는 것이다.

우리가 일찍이 듣건대, 서양 사람이 말하기를 "금은은 부드러운 성질이다. 그러므로 화폐를 제작할 때 반드시 순금 11당 동 1분(分)[10%]를 혼합해야 하고, 동전을 주조토록 하는 데 드는 비용도 1분의 반[5%]를 넘지 않아야 한다. 그 수량은 물가에 비하여 비율이 40분의 1[2.5%]이면 부족함이 없을 것이다." 하였다. 이로써 보건대, 오늘날 동전이 과연 물가와 균등한가. 삼척동자도 서로 견주고 서로 버리는 이치를 알 것이니, 어찌 시장이 부족하지 않고 재화가 증식되는 원리를 얻을 수 있겠는가.

그러므로 말하기를 "조선의 통화는 마땅히 금은을 사용해야 한다." 한 것이다. 혹시 국가가 금은을 많이 보유하고 있어서 가치가 크게 하락하면 바로 수출하여 타국과 균등한 상태를 이루도록 해야 또한 물건의 이익을 얻을 수 있다. 장차 타국과 동일하게 한다면 피차 간에 가격이 같아 걱정이 없게 되고, 금광의 산출이 넘쳐나서 참으로 넉넉해질 것이다. 그리되어야 비로소 재화가 증식되고 나라를 다스리는 도가 반드시 정립될 것이다. 이것이 우리가 통화론을 제기한 이유이다.

• 물가표

輸出入物價表 [自三月廿一日至同卅一日]					
輸入賣品			輸出買品		
品名	量	時價　貫文	品名	量	時價　貫文
內國産			米	一升	○、○二六七
丁銅	百斤	一二、二○○			○、○二五○
荒銅	同	一一、九○○	大豆	同	○、○二○○
甲斐絹	一疋	三、二○○	小豆	同	○、○二五○
			小麥	同	、○一四

品名	單位	價格
		三、〇〇〇
摺付木	百打	一、三五〇
		一、四五〇
素麺	一箱	一、六五〇
		一、五〇〇
外國産		
一番義源	一反	二、〇三五
		二、〇〇〇
二番 同	同	一、八三五
		一、八四〇
三番 同	同	一、七九〇
泰和	同	一、八一〇
		一、八二〇
生源	同	一、八三〇
緋金巾	同	〇、□六〇
		一、〇〇〇
天竺	同	一、二四〇
		一、三〇〇
綾木綿	同	二、三五〇
		二、七〇〇
更紗	同	一、四〇〇
澤井	同	二、四〇〇
寒冷紗	同	〇、四六五
		〇、五二〇
繻子吳絽	同	二、三〇〇
綿絽	同	二、二五〇
絹吳絽	同	二、四三〇
絏糸	一丸	一、六二〇
		一、三二〇
白銅	一斤	、五二〇
錫	百斤	二五、八〇〇
亞鉛	同	五、三〇〇
紅粉	一斤	一、五五〇
青粉	同	、四三〇
紫粉	同	一、五〇〇
青竹粉	同	一、三五〇
黄粉	同	、六五〇
		、七〇〇
胡椒	同	、〇九五
明磐	十斤	、二二〇
甘草	同	、六五〇

品名	單位	價格
砂金	十もんめ	一一、五〇〇
		〇六、〇〇〇
金地	同	一一、五〇〇
		〇六、〇〇〇
銀地	一貫め	七〇、〇〇〇
		八三、〇〇〇
紅參	一斤	□、五〇〇
		五、〇〇〇
尾人參	百斤	六、〇〇〇
生糸	一斤	□、一〇〇
紬	一疋	、六五〇
		一、〇□〇
木綿	一反	、二八〇
		、三二〇
干鰯	百斤	、八〇〇
煎海鼠	同	一六、〇〇〇
		一八、五〇〇
鱶鰭	同	一五、〇〇〇
鯨骨	同	、六二〇
布海苔	同	二、〇〇〇
天草	同	、六〇〇
牛皮	同	八、五〇〇
		九、二〇〇
牛骨	同	、五〇〇
油粕	同	、四四〇
鶏糞	同	、五〇〇

韓錢每日相場

廿一日	二十七割六ア五
廿二日	同
廿三日	二十七割七ア
廿四日	二十七割七ア
廿五日	二十七割六ア
廿六日	二十七割六ア
廿七日	二十七割六ア
廿八日	二十七割六ア五
廿九日	二十七割五ア五
三十日	同
卅一日	同
平均	二十七割六ア

이상의 매매물가표는 본지 매호 발행 전

				10일간의 평균을 기록한 것이므로, 그 시가는 매일 매일의 한화 시세를 참조하여 산출하면 곧바로 일본 통화 및 원가 비율을 알 수 있을 것이다.

◆◆◆

본국 광고

○ 본지의 광고료는 4호 문자 1줄 25자 1회에 3전 ○ 2회에는 같은 조건으로 4전 ○ 3회 이상 5회까지도 같은 조건으로 5전. 단 25자 이하도 동일하며, 이상은 모두 선금으로 받습니다.

○ 본지의 정가는 1책은 4전, 10책은 선금(10% 할인) 36전 ○ 10책 이상 모두 10% 할인. 다만 부산항 이외의 곳은 별도로 우편요금을 선금으로 받습니다. 또한 선금 기간이 끝남과 동시에 [구독] 폐지 통지를 알려오기 전까지는 계속 우송합니다.

조선국 부산항 일본거류지 본정(本町) 2정목(丁目) 20번지
본국 상법회의소
감리 편집 겸 인쇄 오오이시(大石德夫)

부산항 변천정(辨天町) 3정목(町目) 3번지
대중개유통보급소 스즈키 다다요시(鈴木忠義)

정기간행

대일본력 메이지(明治) 15년 4월 15일 발간 | 대조선력 임오년(壬午年) 2월 28일

조선신보 제9호

재부산항 상법회의소

일러두기 漢

본소 신보의 간행 취지는 오로지 경제논설을 서술해서 일본과 조선 양국에 박아한 채람을 제공하는 데 있다. 그리고 국내외의 기사와 이문 또한 남김 없이 수습해서 드러내 보이고자 한다. 그러므로 사방의 여러 군자들은 이 뜻을 헤아려서 탁월한 논설과 새로운 학설을 아낌없이 투고해주시기 바란다. 그리고 문장은 한문을 주로 사용해준다면 기자들은 다행으로 여겨 더 바랄 것이 없을 것이다.

목차

・조선신보

관세혹문 제 1 漢 (전호에서 계속)

물었다. "그렇다면 그 세액을 책정하는 기준은 어떻게 해야 합당한가?" 답하였다. "각국마다 관세를 정하는 기준이 똑같지 않다. 혹 수입 상품에만 부과하고 수출 상품에는 부과하지 않는 나라가 있고, 혹 갑의 상품에만 부과하고 을의 상품에는 부과하지 않는 나라가 있으며, 갑과 을의 상품 모두 100분의 20 내지 30으로 부과하고, 병과 정의 상품에 100분의 5 내지 10으로 부과하는 나라가 있다. 우리나라의 경우는 수입 상품에 대략 100분의 5로 부과하고, 수출 상품에는 부과하지 않는다. 이것이 각국에서 현재 시행하는 관례라 하나, 또한 어찌 그 사이에 나아가 마땅한 여부를 구분하지 않을 수 있겠는가. 대개 인민이 있으면 정부가 있고, 정부가 있으면 비용이 있다. 그러므로 정부에서 필요한 비용은 그 많고 적음을 가리지 않고 인민이 모두 마땅히 제공해야 하는 것이다. 그러나 인민의 자산 역시 한계가 있으니, 그 역량이 미치지 못할 정도로 지나치게 많이 취해서는 안 된다. 내가 각국의 세법을 살펴보건대, 비록 시기에 고저(高低)가 있고 나라에 경중(輕重)이 있으나, 10분의 1[10%]를 관례로 삼는다. 10분의 1의 법은 납부하는 자도 그다지 손해를 입지 않고, 접수하는 자도 국가의 비용을 충당할 수 있다. 각종 세액이 다 그러하다. 그러므로 관세를 책정하는 기준 또한 10분의 1을 관례로 삼아야 할 것이다."

논자가 말하였다. "농부에게 밭이 있는 것은 상인에게 물건이 있는 것과 같다. 농부가 경작하여 수확을 거두는 것은 상인이 물건을 팔아서 이윤을 얻는 것과 같다. 그러나 지금 10분의 1의 법은 농사의 경우 전토의 수확량에 따라 부과하는 것이고, 상업의 경우 물건의 원가에 따라 부과하는 것이니, 도리어 불공정한 것이 아닌가?" 답하였다. "아니다.

무릇 세금에는 직접세가 있고, 간접세가 있다.-직접세는 생산자가 그 세금을 직접 내는 것을 말한다. 간접세는 세금이 갑의 손에서 나오지만 실제로는 을의 부담으로 돌아가는 것을 말하는데, 이는 마치 주류세가 판매자의 손에서 나오지만 실제로는 구매자가 그 세금을 부담하는 것과 같은 것이다.- 생산자이면서 세금을 내는 사람이 있고, 소비자이면서 세금을 내는 사람이 있다. 예컨대 논밭에 부과하는 세금은 직접세로 생산자가 세금을 내는 경우이고, 물건에 부과하는 세금은 간접세로 소비자가 세금을 내는 경우이다. 무엇 때문인가? 비록 물건에 부과하는 세금이 상인의 손에서 나오지만 상인이 세금이 붙은 가격으로 소비자에게 팔기 때문이다.

비유하자면, 일본 상인이 양포 100필을 수입하면 그 원가가 500원이나, 선박비 5원, 제반 비용 25원, 이자 20원을 더하여 그 판매가가 550원이 되니 이것이 과세 전의 가격이다. 또 일본 상인이 양포 100필을 수입하면, 그 원가는 500원이나 선박비 5원, 제반 비용 20원, 이자 25원, 관세 25원을 더하여 그 판매가가 575원이 되니 이것이 과세 후의 가격이다. 그러므로 과세 전인 경우 소비자는 550원을 지급하여 양포 100필을 얻을 수 있지만, 과세 후인 경우 575원을 지급하지 않으면 양포 100필을 얻을 수 없다. 그 손해를 입는 것은 상인에게 있지 않고 소비자에게 있다. 그러므로 '화세(貨稅)란 간접세이니, 소비자가 세금을 내는 경우이다.' 한 것이다. 무릇 화세가 소비자에게서 나오고 상인에게서 나오지 않음이 이미 명백하니, 세금을 부과할 때 상인의 이윤을 기준으로 하지 않고 물건의 원가를 기준으로 해야 함도 자명하다 하겠다." (미완)[1]

---

1 원문에는 '未完'이 없지만, 임의로 붙여 일관성을 꾀하였다.

• 잡보

○ 본지 제5호 및 제8호에서 저 송병선의 상소에 관한 일을 실었는데, 지금 그 원고를 얻었기에 곧장 본지 잡보란에 게재해 독자 여러분들이 직접 볼 수 있도록 제공한다.

산림 송병선의 상소 漢

송병선은 이조참의를 지냈고 충청도 회덕현(懷德縣)에 살았다. 산림에서는 그를 도학지사(道學之士), 국지대사(國之大師)라 불렀다.

왜국과의 화친을 배척하여 서양의 사교(邪教)를 단절하소서. 신이 생각건대 이웃나라와의 외교는 국가의 중대사나, 지금 이른바 이웃나라는 오랑캐입니다. 화친을 맺어서 화근이 되지 않게 하는 것이 참으로 급급한 일입니다만, 일의 기미를 살피지 않는다면 '화친[和]' 한 글자에 한갓 안이해져서 다른 나라에 해를 당하게 될 것이니, 송나라가 남방으로 건너간 것²이 이것입니다. 대개 일의 기미를 알면 오로지 비굴함을 주로 해서는 안 됩니다. 옛날에 오랑캐와 화친하여 백성을 편안하게 한 사례가 많이 있습니다. 그 가운데 가장 좋은 사례는 아마도 당나라 태종(太宗)의 편교(便橋)의 맹약³과 송나라 진종(眞宗)의 전연(澶淵)의 전투⁴일 것입니다. 우선 군사의 위세로 장황하게 뒤흔들어 범접할 수 없는 형세를 보인 연후에 선의로 맺는다면 그 화친은 바야흐로 견고해질 것입니다. 만일 한갓

---

2 송나라가…건너간 것 : 송나라가 1127년에 금나라에 밀려 남쪽으로 내려가 임안(臨安)으로 천도한 것을 말한다.

3 당나라…맹약 : 태종 즉위 직후, 돌궐이 약속을 위반했다는 이유로 쳐들어오자, 직접 위수(渭水)에 나가 진(津)을 사이에 두고 돌궐의 임금 힐리(頡利)와 담판한 뒤, 다시 위수(渭水)의 편교에서 백마를 잡고 맹약을 하였다.

4 송나라…전투 : 송 진종은 요(遼) 성종(成宗)이 대군을 이끌고 남침하자 이를 막기 위해 출전하였는데, 황하 북쪽의 단연에서 잡혀 결국 매년 비단 20만 필과 은 10만 냥을 세폐(歲幣)로 요나라에 주고, 양국의 국경은 현상을 유지하고 거기에 근접하여 군사시설을 구축하지 않는다는 것을 핵심으로 하는 강화조약을 체결하였다.

비굴함만 일삼고 오로지 저들의 의도에 따라 그 화친을 맹신한다면, 이는 이른바 울타리를 거두고 도적에게 아첨하면서 도적이 나를 아껴서 공격하지 않기를 바라는 격이니, 어찌 이러한 이치가 있겠습니까.

　지금 당장의 시세로 논하자면, 서양 선박의 침입으로 인한 소란이 겨우 진정되자 왜국 사신이 맹약을 맺고자 홀연히 이르렀으니, 이 어찌 속내가 서로 같으면서 겉면만 바꾼 격이 아니겠습니까. 온 나라 사람들이 다 겉만 왜국이지 속은 서양이라 여기고 있습니다. 그러니 신 역시 왜국을 배척하는 것이 곧 서양을 단절하는 방도라 생각합니다. 그러나 지금 당장 일을 주관하는 자는 왜국이니, 그 드러난 바에 따라 논할 수밖에 없습니다. 애당초 저자들이 분쟁의 빌미를 만들 때 우리가 응대한 바가 지나친 공손함에 치우쳐 점차 오만방자하게 함을 초래한 것입니다. 나라의 치욕이 가볍지 않으니 어찌 이루 다 통탄할 수 있겠습니까. 그 왕래한 조약⁵에 대해 신이 상세히 다 알 수 없습니다만, 그 공적으로 전해진 바에 따라 말하자면 허가할 수 없는 것이었습니다. 그 가운데 집을 짓고 상주(常駐)하겠다⁶는 조항은 더욱이 자고로 이웃나라와의 화친에서 있지 않았던 일입니다. 옛날에 진(晉)나라는 융적(戎狄)의 군사를 이주시키지 않아서 오호(五胡)의 난이 일어났습니다. 본래 거주하던 자를 이주시키지 않아도 난이 일어났거늘, 본래 없던 자를 정착시키면 어찌 재앙이 극에 달하지 않겠습니까.⁷

5　왕래한 조약 : 조일수호조약(일명 강화도조약)을 가리킨다.

6　그…상주(常駐)하겠다 : 집을 짓고 물러나 경작을 한다는 뜻으로, 장기적으로 둔전(屯田)할 계책을 세우고 계속 머물러 있겠다는 의도를 상대방에게 보여줌으로써, 상대방이 겁을 먹고 얼른 항복하게 하는 것을 말한다. 춘추시대 초나라가 송나라를 공격할 적에, 신숙시(申叔時)가 초왕에게 "이 근처에 집을 짓고 거기에 물러나 경작을 하고 있으면, 송나라가 반드시 명령대로 따를 것이다[築室反耕者, 宋必聽命, 從之]."라고 건의한 말에서 유래한 것이다.

7　옛날에…않겠습니까 : 진(晉)나라 때 8왕의 난은 7명의 제왕이 비참한 죽음을 당하고 혜제(惠帝)도 독살된 후, 동해왕 사마월(司馬越)이 회제(懷帝)를 세워 패권을 확립함으로써 종결되었다. 8왕의 난은 수습되었지만 이 난의 과정에서 제왕들이 다투어 북방 유목민의 무장병력을 사병으로 끌어들임으로써 이후 진나라가 멸망하고 화북(華北)을 오호(五胡:북방에서 이주하여 열여섯 나라를 세운 다섯 이민족異民族 곧 흉노匈奴, 갈羯, 선비鮮卑, 저氐, 강羌을 말함)가 장악하게 되는 화근을 남겼다.

신이 시험 삼아 따져보건대, 저들의 의중은 무엇이던 필시 이와 같습니다. 하나는 양인의 접촉을 유도하기 위함이고, 하나는 포항(浦港)의 천심(淺深), 민국(民國)의 허실(虛實), 산천(山川)의 험이(險夷)를 두루 알아서 그 계획을 이루기 위함이니, 괴상망측한 기교의 무용지물로 우리 화폐·곡식·금수의 자원을 소진시킵니다. 이는 장차 마치 큰 나무 속이 썩는 것과 같게 되어서 어느새 전복되어 구원할 수 없게 될 것입니다. 저들은 하루에 하루의 이득이 생기나 우리는 도리어 그 술수에 무너지고 점차 소진되면서 깨닫지 못하니, 어찌 애석해하지 않을 수 있습니까. (미완)

○ 최근의 일이라던가, 경성에서 저 나라 소년들 30명 정도가 일본어 생도라 칭하고 연무장에 와서 참모본부의 한어생(韓語生) 다케다 진타로(武田甚太郎) 씨에게 다가가 일본어를 배우겠다고 했다고 한다. 갑작스러운 부탁에 다케다 씨도 어리둥절하여 "내가 이곳에 출근하는 것은 우리 관명에 따른 것이다. 내가 어찌 한어 훈도가 될 수 있겠는가?" 하고 사절하자, 그렇다면 "누구에게 의뢰해야 하는가?" "들은 바에 따르면 부산에 있는 우라세(浦瀬) 씨가 통역 선생이라고 한다. 그에게 의뢰하는 건 어떤가?" "그를 초빙하려면 급료가 얼마면 가능한가?" 다케다 씨가 "우라세 씨는 부산에서 100원 정도의 월급이니 2, 3백 원이 아니면 경성까지 오지 않을 것이다."라고 답하자, 그 소년들이 경악하여 하늘을 쳐다봤다가 서로 얼굴을 바라보고 풀이 죽어 돌아간 후로 아직껏 아무런 이야기도 없으니, 필시 스승의 급료가 높은 데 놀라 그런 게 아니겠냐며 가엾이 여기어 웃으며 어떤 사람이 한 이야기이다.

○ 지금까지 우리 군함이 한성으로 향한 일이 여러 차례 있었지만 저 나라 고귀한 사람들이 구경하러 오는 일이 없었다. 그런데 지난번 세이키함이 정박해있는 동안 개화당의 일원 민 참판을 비롯해 관위가 가장 높은 강화유주(江華留主) 모 씨 그 외 5명이 와서 군함을 살핀 모습을 들으니, 그 신사(紳士)들이 함정 안을 빠짐없이 훑어보고 이어서 조

련을 보고 그 병술의 정교함에 크게 감탄하였다고 한다. 지금까지 군함
에 들어오는 일 등은 나라 법으로 금지되어있었다. 그러던 것이 이번에
특별하게 국왕 전하로부터 명을 받아 위의 7명의 신사가 군함을 둘러
보게 된 것이다.

ㅇ 또한 이들 7명의 신사를 군함 안에서 양식(洋食)으로 융숭히 대접
하였다. 그런데 조선의 국풍은 종1품인 강화유주와 민참판 등은 자리를
같이 할 수 없다며 일곱 선비의 자리를 네 곳으로 나눠달라고 하였다.
우리 함장이 일본 군함에서의 향응이니 어찌 조선의 예가 필요하겠냐
며 한 탁자에서 다 같이 식사하는 게 당연하다고 설득하여 마침내 일곱
선비가 한 자리에서 식사를 마쳤다고 한다. 그런데 식사가 끝나고 다시
조련이 시작되어 이들이 갑판 위에서 관람하던 중 꽤 길어진 조련으로
지루해진 것일까, 주로(酒爐)를 꺼내 데워 마시려 하였다. 배 안을 순찰
하는 사관이 이를 확인하고 곧장 함장에게 보고하자 함장이 당장 내다
버리라는 명령을 내렸다. 병사가 그것을 가져가 바다에 내던져버리자
일곱 선비가 크게 놀라고 한편으로 화난 모습으로 그 버린 까닭을 물었
다. 함장의 대답은 "군함에는 항상 화약이 많이 저장되어 있어 함부로
화기를 취급해서는 안 되는 규칙이 있다. 만일 불을 잘못 다뤘을 때는
공들을 비롯해 우리 사졸 모두 즉사하는 재해를 야기하게 될 것이다.
우리 병사들은 공들을 위해서 이처럼 장시간 조련을 하는데도 공들께
서는 지겹다며 술을 마시니 어찌된 일인가, 불경(不敬)이 해도 너무하지
않느냐"며 호되게 질책하였다. 일곱 선비가 한마디 사죄도 못하고 모두
얼굴을 붉히는 모습이 우습기도 하고 가련하기도 하였다고 들었다.

ㅇ 조선 내지에 강도가 한창 횡행한다는 이야기는 이미 본지에도 실
었지만, 지금 들으니 일전에 능산(陵山) 군수가 포리를 내보내 마침내
10명의 도적 무리를 포박하여 대구 감사(監司)로 호송시키고 그곳에서
모두 사형에 처했다고 한다. 이상 10명 중에는 고관(古館) 거주의 아무

개도 있다며, 그 아내와 자식이 요즘 비탄을 가누지 못하고 있다며 실로 미워할 것은 도적이요 가엾은 것은 그 처자의 사정이라며 한인이 한 이야기이다.

○ 경성에서 개화주의를 가진 사람이라도 어쨌든 수구당의 혐의를 꺼려해 우리 관원과 직접 접촉하는 것을 기피하는 태도가 널리 퍼져 있고, 민 참판 등을 알현하는 일은 몹시 어렵다고 한다. 민 씨가 지난번 토혈증에 걸렸을 때 우리 마에다(前田) 대군의(大軍醫)에게 진찰을 청하였기에 공공연히 문에 이르렀으나 닫고 들여보내지 않았다. 어쩔 수 없이 문 안으로 밀고 들어가니 도리어 현관으로 마중나와 공손하게 예를 갖추는 등 실로 기묘한 모습이라 하겠다.

○ 당항 소방대장 나가세(永瀨永)라는 사람은 모든 일에 노력하고 힘쓰는 성품이다. 올해 봄 야경을 돌 때 특별히 부하를 격려하여 매일 밤 경찰소에 알리고 시중을 순찰하여 비상사태에 대비하게 하니, 그 대단한 노력에 감복한 사람들이 이렇게 위로금을 보내왔다고 들었다.

○ 당국 관계자에게 이야기를 들으니, "당항의 우리 거류민 중에 간혹 인감 도장을 부주의하게 취급하는 자가 있으니 정말로 옳지 않은 일이다. 잠깐 숙박 신고한다고 빌려달라거나 빌려주는 등 쉽게 빌려주고 빌리는 것은 서로 친밀감에서 비롯된 인정이겠으나, 원래 둘다 법률로 금지되어있을 뿐 아니라 후일 어떠한 손해를 야기할지도 가늠하기 힘드니 사람들은 마땅히 주의해야 하며 이 폐단을 그만두지 않으면 대단히 곤란해질 것"이라 하였다.

○ 조선임경업전[8] (전호에서 계속)

봉악도 이제 나이를 먹었고, 특히 이 집에 들어와 오랜 세월 열심히

---

8 본호의 제목은 '임경업전'이나, 전호 8호의 제목으로 통일하여 일관성을 꾀하였다. 이하 동일하다.

노력한 그 공적이 드러나 그 이름이 사방으로 널리 알려졌다. 예사롭지 않은 학자가 되었다. 그러자 이 일이 정부에까지 전해진 것인가. 도성의 한림학교 훈도로 불려가게 되어 주인 상현이 적잖이 기뻐하며 마치 내 자식의 출발이라도 되는 양 길일을 골라 술 안주 등을 마련하고 작별의 자리를 만들어 지극한 마음으로 축하하니 봉악은 그저 기쁨의 눈물로 목이 메었다. 그동안의 세월의 깊은 은혜에 감사드리고 자기 집으로 돌아가 가까운 이웃 사람들에게도 이별의 술을 따르니 모두 봉악의 공부를 입을 모아 칭찬하고 떠나는 그를 배웅하였다. 이윽고 봉악은 도성에 도착하여 이런저런 자잘한 일들도 마치고 한림학교의 교관이 되어 매일 학생을 가르치면서도 일전에 자신이 상현에게 깊은 은혜를 입어 이렇게 출세한 것을 한순간도 잊지 않고 지극히 정성을 들여 가르쳤다. 미명(美名)이 점점 빛나 넓은 도성 곳곳에 미치지 않는 곳이 없어 사람들이 묻고 찾는 사람이 되었다. 그런데 이곳 도읍에 사는 자로, 고 한림원 시강(侍講) 학사 김유덕(金有德)이라는 사람이 있었다. 자식 둘이 있었는데, 첫째는 아들이고 둘째는 딸이었다. 이 소녀의 이름을 매소녀 (梅少女)라 하였다. 그 생김새로 말할 것 같으면 꽃도 부끄러워하고 달 조차 숨을 법한 아름다운 여인이었다. 게다가 지혜로움은 남들보다 뛰어났으며 규방 깊숙한 곳에서 자란 열여섯 꽃다운 나이였다. 봄 매화의 웃는 얼굴에 어디선가 짓궂은 휘파람새가 지저귀기 전에 괜찮은 사위가 나타나면 좋으련만 하고 생각하던 차에 마침 봉악의 사람 됨됨이를 전해 듣고 사위로 삼고 싶어했다. 다행히 좋은 중매쟁이가 있어 적당한 때에 연담(緣談)도 마무리되었다.

길일을 골라 축언의 식도 끝내고 일가 사이좋게 잘 지냈다. 그렇게 날이 가고 달이 가 다음 해 신축년 가을에 봉악 부부 사이에 아들 하나가 태어났다. 이 아이가 훗날 경업(慶業)으로 그 이름을 빛낼 인물이다. 그 후 세월이 흘러 또 두 명의 남자아이와 한 명의 여자아이를 얻었다.

그런데 봉악의 사람 됨됨이가 마침내 의정부 이정의(李廷儀)의 귀에까지 들어가 벼슬을 상서시랑(尙書侍郞)으로 승진시키고, 품계는 4품을 내려 받았다. 궁궐을 떠날 때 그 몸에는 사화(賜花)⁹ 양화를 늘어뜨리고 가마를 타고 오른쪽과 왼쪽에는 대악(大樂)¹⁰소악(小樂)의 악인(樂人)들과 화관을 쓴 수많은 동자들이 따랐고, 수행원들이 또 앞뒤로 에워싸고서 "물렀거라"며 앞길을 터 문을 나서니 생도들이 이제나저제나 애타게 기다리고 있었다. 스승이 나오는 것을 보자마자 "아니 내가 먼저"라며 앞다투어 그의 집으로 배웅하였다. 시랑은 고향을 떠난 지 3년도 안 되어 이 같은 사람이 되었건만, 시간이 흐르고 세월이 흘러 그를 아끼던 상현은 자비로운 인물에게 어울리지 않게 불운하게도 처자와도 헤어져 지금은 혼자 몸이 되어 밥 짓는 연기도 간간이 오를 정도로 고달픈 처지가 되었다. 그 이름도 드높은 학자였거늘 어느새 그 이름도 사라져 찾아오는 사람조차 없었다. 천리마도 여윌 때면 보통 말에게도 뒤진다고 했던가, 정말 애달픈 일이다. (이하 다음호에)

○ **조선인 자녀 교육 이야기** (전호에서 계속)

이것으로 보건대, 중인 이상도 배설물을 개에게 핥게 하는 것으로 보인다. 또 들은 바에 따르면, 조선인의 남색(男色)을 즐기는 풍습이 성한 것은 팔도가 비슷하다. 소아 때부터 음부를 개에게 핥게 하여, 자연 그 마찰이 습관이 되어 남자라 할지라도 음부를 다른 사람이 만져도 그다지 꺼려하지 않는다고 하니, 실로 기묘기태(奇妙奇態)의 풍속이다. 또한 경기도 근처에서는 특히 색욕이 성하여 간통하는 자도 대단히 많아 그 때문에 진짜 부모를 모르는 자도 많다고 한다.

---

9 사화(賜花) : 조선시대에 문무과에 급제한 사람에게 임금이 하사하던 종이꽃이다.
10 대악(大樂) : 신라 진흥왕 이후 궁중에서 사용한 음악이다.

○ 이달 1일자로 경성에 있는 모 씨로부터 온 편지에 "전략 운운. 일찍이 일본에 유항(遊航)한 심상학(沈相學)[11]은 평안도 성천(成川) 부사가 되어 2~3일 전에 부임하였다. ○ 또 개진(開進)에 진력을 쏟고 있는 윤웅 렬[12]은 방어사(防禦使)에, 한성근(韓聖根)[13][14]은 참판에 올랐는데 모두 이 전보다 더 높은 직위에 오른 것이다. ○ 도성 안 사람 중에 아직 일본을 유람하지 않은 자들은 인천 개항을 고대하고 있는 모양이다. 따라서 인천에 오는 장사꾼들은 그 가옥을 비롯하여 제반 물건들에 주의를 기울 여서 눈귀에 새로운 것들로 미개한 사람들을 인도하는 한편 사치를 즐기 도록 한다면 그 이익은 확실하리라.

○ 이곳의 정오 10일 간 평균 기온은 다음과 같다. ○ 3월 상순에 50도[10℃], 같은 달 중순에는 52도[11.1℃], 같은 달 하순에는 50도[10℃] 이다. 22일 약간 진눈깨비가 내리고 나서 한기가 조금 느껴지긴 했지만 어젯밤은 또 54~5도[12.2~12.7℃]였다.

○ 지금까지 조선인 중에 우리 일본에 도항한 자는 메이지 9년[1876] 초여름의 수신사 김기수(金綺秀)[15] 이하 관리, 개인적인 용무 또는 비밀

---

11 심상학(沈相學) : 1845~?. 1881년 신사유람단의 정식 위원으로 파견되어 4개월 동안 일본의 근대적 문물제도를 시찰하고 돌아왔다. 이후 부경리통리기무아문사에 임명 되어 개화적인 혁신정책의 실무를 담당하였다.

12 윤웅렬 : 1840~1911. 1880년 수신사 김홍집의 수행원으로 일본에 동행하여 일본의 조야인사와 교유하였다. 1881년 조선 최초의 신식 군대인 별기군을 조직·운영하는 데 중심 역할을 하였다. 1882년 임오군란이 일어났을 때 정보를 일본 공사 하나부사 요시모토에게 사전 정보를 알렸고, 군민들의 공격이 시작되자 일본 공사 일행과 나 가사키(長崎)로 피신했다가, 정국이 안정되자 귀국하여 개화당 조직에 참여하였다.

13 원문에는 한근성(韓根聖)이라 되어있으나, 한성근(韓聖根)의 오기로 보아 고쳐 쓴다.

14 한성근(韓聖根) : ?~?. 별기군이 창설되었을 때 윤웅렬과 같이 신식군사훈련에 힘썼 다. 1881년 흥선대원군의 서자 이재선(李載先)을 왕으로 추대하려던 사건에 연루되 어 투옥되었다가 곧 석방되었다. 이후 병조참판, 한성판윤 등을 역임하였다.

15 김기수(金綺秀) : 1831~1894. 1876년 강화도조약 체결 후 통정대부가 되었고, 수신 사에 임명되어 사절단을 인솔하여 일본에 가서 일본의 문물을 관람하였다. 일본 견 문기 『일동기유(日東記游)』, 『수신사일기(修信使日記)』를 남겼다.

리에 도항한 자를 추산하면 대략 500여 명으로 다수에 이른다.

○ 어제는 날씨가 청명하였다. 기온은 정오에 59도[15℃]였고, 이전 10일 간의 평균 기온은 56도[13.3℃]였다.

◆ 부산상황

○ 당 무역시장의 상황은 오랫동안 조금도 변하지 않아, 매번 '불경기' 세 글자를 보도하는 것이 우리로서도 마음 좋은 일은 아니다. 하지만 어쩔 수 없다는 말을 해야 할 것 같다. 애초 당항의 일반적 경황은 모두 상황이 활발하지 못하여 자연스럽게 사람들의 열기도 사그라들고, 눈에 띄는 거래가 없는 것도 전적으로 상업 변동이 없기 때문으로 보인다. 그것이 어찌된 것인가? 늘 아침저녁으로 사람을 놀라게 하는 변동의 양상은 역시 상세(商勢)가 번성하다는 이때는 사람들도 활기차고 왠지 유쾌해져 동분서주 부지런하고 악착같이 덤벼들어 업무에 게으름을 피우는 자도 없다. 하지만 만약 이와 반대로 오래도록 변동이 일어나지 않을 때는 결국 손을 놓고 일이 없어 괴로운 탄식을 내뱉게 된다. 이것이 당항의 현재 모습이다.

○ 지금 당목류의 팔림새는 큰 거래는 없고 다만 근근이 소액 거래만 있을 뿐이다.

○ 한랭사는 가을에 즈음한 까닭에 판로가 다른 것보다는 경기가 매우 좋다.

○ 사금과 은류는 변함없이 왕성하게 나오지만 이렇다 할 것은 없다.

○ 목면, 소가죽 같은 것은 겨우 나오지만 그 외의 것은 수출물이 전혀 없다.

• 기서

조선 정부의 여러분께 바람 漢
  일본 나가사키에 거주하는 우메노 겐이치로(梅野建一郎)의 원고

　조선 정부의 여러분은 총명하여 세계의 형세를 잘 알고 있습니다. 이웃나라와 교분을 맺고 정책을 수립함에 정성을 다하여 정부를 저버리지 않는 것이 여러분의 책임입니다. 만일 정부의 여러분이 개량을 도모하지 않고 예전 관습대로 거행한다면 조선의 장래의 흥망을 알 수 없게 될 것입니다. 저희는 외국의 서생으로 식견이 협소한 까닭에 비록 여러분에게 바랄 수는 없으나, 저희의 경험은 지금 조선의 현상과 유사한 점이 있습니다. 순망치한(脣亡齒寒)처럼 친근한 이웃나라로서 차마 묵과하고 넘어갈 수 없으니, 감히 비루한 식견을 꺼리지 않고 저희의 소견을 아룁니다.

　우리나라가 유신할 무렵에 외국인을 싫어하여 참살을 모의한 자가 있었고 또 외교를 싫어하여 쇄항(鎖港)을 주장한 자가 있었으니, 이는 지금 조선의 현상과 다르지 않았습니다. 그러나 외국인을 싫어하여 참살을 모의한 자와 외교를 싫어하여 쇄항을 주장한 자는 대개 나라를 걱정한 지사였고 비분강개한 인민이었습니다. 다만 식견이 부족한 탓에 세계의 형세에 밝지 못하였을 뿐입니다. 나라를 걱정한 지사와 비분강개한 인민의 식견을 개발할 수 있다면 국가에 있어 보탬이 없지 않을 것입니다. 요사이 든건대, 조선의 수구가들이 사형장을 만들 것을 정부에 건의하였다고 합니다. 이와 같다면 평소 국법상 면하지 못하는 바가 되니 도리어 국법이 너무 엄하지 않겠습니까. 저희는 조선을 위해 애석해하지 않을 수 없습니다.

　지금 같은 시기에 조선을 위한 계책으로 수구가는 전 세계의 대세에 적합하지 않은 자이니, 점차 그 마음을 계발시켜 마땅히 개량과 진보로

유도해야 합니다. 그러나 정부의 조치가 여기서 나오지 않는다면 그 큰 계책에 있어 손실이 많고 이득이 적을 것입니다. 만일 죽음을 무릅쓰고 수구를 외치는 강개한 설을 주장하는 자로 하여금 전 세계의 대세를 깨닫게 하고 외교의 편리함을 알게 한다면, 국가를 위해 큰 이익을 일으킬 것입니다. 옛말에 이르기를 '화가 바뀌어 복이 되고, 위험을 피하여 안락으로 나아간다' 하니, 오늘날 조선의 계책이 마땅히 여기서 나와야 할 것입니다. 이에 기술하여 조선 정부 여러분께 바랄 따름입니다.

・물가표

輸出入物價表 [自四月一日至同十日]					
輸入賣品			輸出買品		
品名	量	時價 貫文	品名	量	時價 貫文
內國産			米	一升	〇、〇三六七
丁銅	百斤	一二、二〇〇			〇、〇三五〇
荒銅	同	一一、九〇〇	大豆	同	〇、〇二〇〇
甲斐絹	一疋	三、一〇〇	小豆	同	〇、〇二五〇
		三、〇〇〇	小麥	同	、〇一四
摺付木	百打	一、三五〇	砂金	十もんめ	一一、五〇〇
		一、四五〇			〇六、〇〇〇
素麺	一箱	一、六五〇	金地	同	一一、五〇〇
		一、五〇〇			〇六、〇〇〇
			銀地	一貫め	七〇、〇〇〇
外國産					八三、〇〇〇
一番義源	一反	二、〇三五	紅參	一斤	□、五〇〇
		二、〇〇〇			五、〇〇〇
二番 同	同	一、八三五	尾人參	百斤	六、〇〇〇
		一、八四〇	生糸	一斤	一、一〇〇
三番 同	同	一、七九〇	紬	一疋	、八五〇
泰和	同	一、八一〇			一、〇〇〇
		一、八二〇	木綿	一反	、二八〇
生源	同	一、八三〇			、三三〇
緋金巾	同	〇、九六〇	干鰮	百斤	、八〇〇
		一、〇〇〇	煎海鼠	同	一六、〇〇〇

品目	單位	價格		品目	單位	價格
天竺	同	一、二四〇				一八、五〇〇
		一、三〇〇		鱶鰭	同	一五、〇〇〇
綾木綿	同	二、三五〇		鯨骨	同	、六二〇
		二、七〇〇		布海苔	同	二、〇〇〇
更紗	同	一、四〇〇		天草	同	、六〇〇
澤井	同	二、四〇〇		牛皮	同	八、五〇〇
寒冷紗	同	〇、四六五				九、二〇〇
		〇、五二〇		牛骨	同	、五〇〇
繻子吳絽	同	二、三〇〇		油粕	同	、四四〇
綿絽	同	二、二五〇		鷄糞	同	、五〇〇
絹吳絽	同	二、四三〇				
絗糸	一丸	一、六二〇				
		一、三〇〇				
白銅	一斤	、五二〇				
錫	百斤	二五、八〇〇				
亞鉛	同	五、三〇〇				
紅粉	一斤	一、五五〇				
靑粉	同	、四三〇				
紫粉	同	一、五〇〇				
靑竹粉	同	一、三五〇				
黃粉	同	、六五〇				
		、七〇〇				
胡椒	同	、〇九五				
明磐	十斤	、二二〇				
甘草	同	、六五〇				

韓錢每日相場 割	
一日	二十七割五ア五
二日	二十七割六ア
三日	二十七割六ア五
四日	二十七割七ア五
五日	二十七割七ア五
六日	二十七割八ア五
七日	二十七割七ア五
八日	二十七割八ア五
九日	二十七割八ア
十日	二十七割八ア
平均	二十七割六ア七

이상의 매매물가표는 본지 매호 발행 전 10일간의 평균을 기록한 것이므로, 그 시가는 매일 매일의 한화 시세를 참조하여 산출하면 곧바로 일본 통화 및 원가 비율을 알 수 있을 것이다.

❖ ❖ ❖

천금단(千金丹) 발매 및 제반 지역의 묘약(妙藥) 대중개업 판매 광고

관허 천금단　　본포 쓰시마 이즈하라(對州嚴原)　　　삼산회생당제(三山回生堂製)

상기의 발매와 함께 다음의 천하 유명의 묘제 품목들 모두 본포와 약정하고, 본 회생당에서 대중개업[16]을 열게 되었으니, 만약 중개업

---

16 대중개업 : 취급하는 지역과 규모에 따라 유통도매업자를 '대중개업(大取次)'과 '중개업(中取次)'으로 구분하고 있다.

희망의 의향을 알려주시면 곧바로 천금단과 마찬가지로 각 본가(本家)에서 정한 할인 금액으로 도매할 수 있으므로 강호에서 사랑해주시는 여러 분들께서는 많고 적음에 상관없이 계속 구매하여주시기 바랍니다.

○보단보단수(寶丹寶丹水) ○정기수(精錡水) ○온통환(穩通丸) ○진류음(鎭溜飮) ○보양환(補養丸) ○인환(麟丸) ○보단사리별(寶丹舍里別) ○닭고기게레(鷄肉ケレ一) ○자생당 신약 회양단(資生堂神藥回陽丹) 기타 여러 품목 ○피쓰톨(ピツトル) ○개달환동산(開達丸同散) ○충약과자 백화정(虫藥菓子百花精) 및 장생당(長生糖) ○적와환(赤蛙丸) ○킨톨산(キントル散) ○신액(神液) ○일주야약(一晝夜藥) ○보명수(寶明水) ○마병묘약(痲病妙藥) ○명치수(明治水) ○성약(聖藥) ○영약(英藥) ○오룡원(五龍圓) ○천수환(天壽丸) ○정산탕(正産湯) ○의명산(宜命散) ○소아태독환(小兒胎毒丸) ○제독신방(除毒神方) ○생장환(生長丸) ○약사폰(藥サポン) ○진구단(鎭嘔丹) ○학성단 옥룡단(鶴聲丹玉龍丹) ○진용산(眞龍散) ○입용단(粒用丹) ○기타 수십 품목

정진대중개업소(正眞大取次所)   쓰시마국 이즈하라 고쿠분정 회생당 삼산
조선국 부산항 본정   상기 출점 후쿠다

이상의 각 점포에서 만든 여러 조제품들을 수백 해상을 거쳐 [일본] 여러 곳으로 주문하시는 것보다 오히려 동품동가(同品同價)의 물품이라면 쓰시마국과 조선국에 한해서는 저희 점포로 한 번에 주문해주시면 일이 간소해져 유용하고 무엇보다도 잔수고와 비용 손실을 줄일 수 있어 물건을 가져다 파는 여러 분께 유익의 일단이 될 것입니다. 이는 결코 사리를 꾀하려는 게 아니라 정말로 더없이 편리하기 때문이니, 잘 생각하신 후 더욱 이용해주시기를 부탁드립니다. 삼가 말씀을 올림.

본국 광고

○ 본지의 광고료는 4호 문자 1줄 25자 1회에 3전 ○ 2회에는 같은 조건으로 4전 ○ 3회 이상 5회까지도 같은 조건으로 5전. 단 25자 이하도 동일하며, 이상은 모두 선금으로 받습니다.

○ 본지의 정가는 1책은 4전, 10책은 선금(10% 할인) 36전 ○ 10책 이상 모두 10% 할인. 다만 부산항 이외의 곳은 별도로 우편요금을 선금으로 받습니다. 또한 선금 기간이 끝남과 동시에 [구독] 폐지 통지를 알려오기 전까지는 계속 우송합니다.

조선국 부산항 일본거류지 본정(本町) 2정목(丁目) 20번지
본국 상법회의소
감리 편집 겸 인쇄 오오이시(大石德夫)

부산항 변천정(辨天町) 3정목(町目) 3번지
대중개유통보급소 스즈키 다다요시(鈴木忠義)

정기간행

대일본력 메이지(明治) 15년 4월 25일 발간 | 대조선력 임오년(壬午年) 3월 8일

조선신보 제10호

재부산항 상법회의소

일러두기 漢

본소 신보의 간행 취지는 오로지 경제논설을 서술해서 일본과 조선 양국에 박아한 채람을 제공하는 데 있다. 그리고 국내외의 기사와 이문 또한 남김 없이 수습해서 드러내 보이고자 한다. 그러므로 사방의 여러 군자들은 이 뜻을 헤아려서 탁월한 논설과 새로운 학설을 아낌없이 투고해주시기 바란다. 그리고 문장은 한문을 주로 사용해준다면 기자들은 다행으로 여겨 더 바랄 것이 없을 것이다.

목차

◆ 조선신보

관세혹문 제 1 漢 (전호에서 계속)

물었다. "그렇다면 관세는 출입도 막론하고, 필요 여부도 불문하고, 다 10분의 1을 과세할 수 있는가?" 답하였다. "어찌 그러겠는가. 무릇 법을 제정하는 자는 모름지기 이해의 여부를 널리 관찰해야 하니, 결코 하나의 이치로 제정해서는 안 된다. 또한 과세의 근본이 비록 나라의 비용을 보충하는 데서 나오나, 제정하는 법 또한 국민의 이해관계를 참고하지 않을 수 없다. 그러므로 나라의 비용을 보충하는 한 방편으로 논한다면, 출입도 막론하고 필요 여부도 불문하고, 다 10분의 1을 과세할 수 있다. 그러나 국민의 이해관계를 참고한다면, 상업에 이미 개방된 것도 있고 개방되지 않은 것도 있고, 공업에서 이미 일어난 것도 있고, 온갖 재화에 필요한 것도 있고 불필요한 것도 있다. 상업이 개방되지 않았다면, 무거운 세금을 부과하여 방해해서는 안 된다. 공업이 일어나지 않았다면, 특별히 유의하여 보호하지 않을 수 없다. 온갖 재화 중에 필요한 것은 용납하여 국민을 이롭게 할 수 있고, 불필요한 것은 가로막아 그 폐단을 경계하지 않을 수 없다.

무엇을 일러 '상업이 개방되지 않았다면 무거운 세금을 부과하여 방해해서는 안 된다'고 하는가? 무릇 통상이란 비록 유무의 교역도 분업의 편리함에 기반하고, 토산의 차이에서 발생하는 것도 분업의 편리함에 기반한다. 분업의 편리함에 기반하는 것은 그 더욱 넓힘에 힘쓰지 않을 수 없고, 토산의 차이에서 발생하는 것은 그 더욱 멀리감에 힘쓰지 않을 수 없다. 대개 백성의 생활은 의식주 세 가지보다 중요한 것이 없다. 이미 이 세 가지가 필요하면 부득불 이 세 가지를 만들지 않을 수 없다. 그런데 한 사람이 혼자의 힘으로 세 가지를 만드는 것과 세 사람이 각자 그 하나씩을 만들어 교역하는 것 중에 어느 것이 더 편리한가. 세 사람이 각자 그 하나씩 만들어 교역하는 편리함만 못할 것이다. 이것이 분업의 법이다.

이러한 이치로 미루어 보면, 세 사람의 교역은 열 사람 백 사람의 교역만 못하고, 열 사람 백 사람의 교역은 천 사람 만 사람의 교역만 못하다. 이것이 교역에서 더욱 넓힘에 힘쓰지 않을 수 없는 이유이다. 또한 세계 각국은 그 풍기(風氣)가 같지 않다. 풍기가 같지 않으면 물산이 같지 않으니, 혹 남방에서 생산되나 북방에서 생산되지 않는 것도 있고, 혹 서토에서 적합하나 동방에서 부적합한 것도 있다. 그러니 남북이 서로 교역하고 동서가 서로 교환하지 않는다면, 어떻게 그 재용을 풍족하게 하겠는가. 이것이 교역에서 더욱 멀리감에 힘쓰지 않을 수 없는 이유이다. 교역에서 넓힘과 멀리감에 힘쓰지 않을 수 없음이 이와 같거늘, 관세가 이를 방해하는 것이다. 그러므로 유럽이나 미국처럼 상업이 이미 개방된 곳은 혹 과중한 세금이 방해가 되지 않으나, 우리 동양의 나라들처럼 상업이 아직 개방되지 않은 곳은 한 번 과중한 세금을 부과하면 거의 상업을 확장시킬 수 없게 된다. 그러므로 말하기를 '상업이 개방되지 않았다면 무거운 세금을 부과하여 방해해서는 안 된다'고 한 것이다.

무엇을 일러 '공업이 일어나지 않았다면 특별히 유의하여 보호하지 않을 수 없다'고 하는가? 무릇 교역이란 유무의 교역이다. 유에서 무로 나아가는 것은 마치 물이 아래로 나아가는 것과 같다. 일본과 지나의 생사와 차는 능히 유럽과 미국 양 대륙에 판매할 수 있고, 인도와 미국의 목면은 능히 동서양 전역에 판매할 수 있으며, 프랑스의 포도주와 영국의 맥주는 능히 전 세계 각국에 미칠 수 있다. 이것이 다 유에서 무로 나아가는 것이니, 유에서 무로 나아가는 것은 천칙(天則)이다. 그러므로 천칙을 따르면 모두 백성을 풍족하게 할 수 있고 나라를 부유하게 할 수 있다. 그러나 그 사이에도 천칙을 고집하여 논할 수 없는 것이

있다. 무엇인가? 인공이 그것이다. 인공의 묘미는 거의 천칙을 어지럽
힐 수 있다는 것이다. 인도와 미국이 능히 비단을 생산할 수 있는 나라
인데도 서양포의 사용이 도리어 영국에 의해 억제되는 것이 있고, 일본
과 지나가 능히 생사를 생산할 수 있는 나라인데도 프랑스의 견포를
일본과 지나에서 수입하는 것이 있다. 이는 영국과 프랑스가 능히 면사
를 생산하지 못해서가 아니라 그 인공이 멀리 여러 나라로 수출되어
여러 나라로 하여금 천연의 이득을 받지 못하게 하는 것이 아니겠는가.
그러므로 말하기를 '공업이 일어나지 않았다면 특별히 유의하여 보호
하지 않을 수 없다'고 한 것이다.

　무엇을 일러 '온갖 재화 중에 필요한 것은 용납하여 국민을 이롭게
할 수 있고, 불필요한 것은 가로막아 그 폐단을 경계하지 않을 수 없다'
고 하는가? 대개 재화에는 필요한 것도 있고 불필요한 것도 있다. 국민
의 생활을 이롭게 하고 국민의 지혜를 개발하고 국민의 생업을 돕는
것은 다 필요한 재화이다. 세액을 줄여서 그 수입에 힘쓰지 않는다면
국민의 생활을 이롭게 하고 재화를 풍족하게 할 수 없다. 국민의 사치를
늘리고 국민의 쾌락을 돕고 국민의 사업을 방해하는 것은 다 불필요한
재화이다. 무거운 세금을 부과하여 그 수입을 억제하지 않는다면 국민
의 검소함을 지키게 하고 생업에 힘쓰게 할 수 없다. 그러므로 '온갖
재화 중에 필요한 것은 용납하여 국민을 이롭게 할 수 있고, 그 불필요
한 것은 가로막아 그 폐단을 경계하지 않을 수 없다'고 한 것이다.

　무릇 제도란 먼저 그 법이 발생한 원인을 밝혀야 한다. 그 발생한
원인이 개발되면 법규를 세우는 설에 있어 필시 큰 실책이 없을 것이
다. 그러므로 내가 지금 세법에 대한 초안을 지어서, 먼저 그 원인부터
논한 연후에 점차 언급하고자 할 따름인 것이다. (끝)

• 잡보¹

○ 산림 송병선의 상소 [漢] (전호에서 계속)

또한 의상(衣裳)·선개(鮮介)²처럼 여러 갈래로 뒤섞여 있으니, 우리 족류(族類)가 아니면 그 마음이 달라서 점차 자신의 주장을 고집하여 불화의 조짐이 반드시 일어날 것입니다. 이 어찌 화순(和順)의 형세를 오래 지속할 수 있겠습니까. 혹자는 저촉으로 불화의 조짐을 일으켜 대거 깊이 개입하여 우려를 일으키니, 이것이 바로 이른바 스스로 어리석게 하는 소견입니다. 아! 선정신(先正臣) 조헌(趙憲)³이 신묘년[1591]에 올린 상소는 명백하고 통쾌하여 이로써 사설(邪說)을 타파할 수 있었으니, 당시에 선견을 징험하고 후세에 밝은 경계를 보인 것입니다. 요즘 사람들은 어째서 과거를 알고 미래를 징험하지 못하는지요. 세속의 고지식한 의론은 예나 지금이나 마찬가지니, 어찌 한심하지 않습니까.

무릇 서양의 일로 논하자면, 조정에서는 사교(邪敎)를 금지시키고 준엄함에서 근본하여, 지난날 과오를 뿌리 채 뽑아서 다스린 후에야 거의 근절시켜서 우려할 바 없다고 할 수 있을 것입니다.

[내용 결락]⁴

그러던 중 오오부치(大淵)⁵가 갑자기 날아온 돌에 맞아 머리를 다쳐

1　원문에는 '釜山商況'이라고 되어있으나, '잡보'의 오기이므로 고쳐 표기하였다. 본호의 마지막에도 "본지 2면 제6항 '부산상황'은 완전히 '잡보'의 오류"라고 되어있다.

2　갑각류를 말한다.

3　조헌(趙憲) : 1544~1592. 조선 중기의 문신, 유학자. 경세사상가, 의병장이다. 1591년 일본의 도요토미 히데요시가 현소(玄蘇) 등을 사신으로 보내어 명나라 원정의 길을 빌려달라고 하자 옥천에서 상경하여 지부상소(持斧上疏)로 대궐문 밖에서 3일간 일본 사신의 목을 벨 것을 청하였으나 받아들여지지 않았다.

4　무슨 이유에서인지 내용이 결락되었다. 앞의 문장은 〈송병선의 상소〉로 한문 문장인데, 뒤의 문장은 일명 '안변의 변고'라 불리는, 유람하던 일본인들을 조선인들이 집단 매질해서 1명이 죽은 사고에 대한 내용으로, 일문 문장이다. [내용 결락]을 보이고자 한 줄을 띄우고, 내용은 원문 그대로 이어 번역하였다.

피가 솟구치듯 흘렀고, 그들은 점점 추격 속도를 높여 곧 따라붙었다. 오오부치가 소리를 질러 고다마(兒玉)[6]에게 총을 쏘라고 다그쳤다. 고다마가 여기에 응해 총을 공중으로 쏘아 위협하여 그 기세를 누그러뜨리자 그들은 머뭇거리고 다가오지 못하였다.

다섯 사람은 시간을 벌었다며 그 틈을 타 거의 2정(町) 정도 달아나다 조금 전의 다리를 멀리서 되돌아보니 여럿이던 악당들은 모두 가고 없고, 겨우 2~3명이 우리 작은 짐을 몰수해 짐꾼을 구타하고 짐을 약탈하려는 것 같았다. 고다마와 하스모토(蓮元)[7] 두 사람이 이를 제지하려고 다시 다리를 향해 5~60간(間)[8] 갔을 때 도망쳐온 짐꾼을 만나 여기에서 다시 짐을 정리하고 짊어지게 하여 셋이서 함께 서서히 돌아왔다.

이때 오오부치는 길가에 멈춰 서서 상처를 싸매고 하스모토와 고다마 두 사람이 오기를 기다렸다. 다니(谷)[9]와 하마테(浜手)[10] 두 사람은 천천히 걸어 2정 정도 더 갔을까, 그 사이 다리 위로 다시 악당 여럿이 나타나 3~4번 발포하고 소리를 내지르고 추적해 왔다. 고다마와 하스모토 등은 날듯이 달려 오오부치와 만나 셋이서 3~4정 정도 달아났으나 결국 악당들에게 둘러싸이게 되었다.-이때 다행이도 다니와 하마테는 달아났다- 더 이상 도망갈 길이 없자 셋이서 함께 결심하고 무리 중에서 적당한 인물을 골라 온화한 말씨로 우리의 궁한 사정을 이야기하고 그저 약간의 보호를 의뢰하자 그들이 무리를 향하여 뭔가 끊임없

---

5   오오부치(大淵) : 원산에 지점을 낸 미쓰비시회사(三菱會社)의 사원 오오부치 요시타케(大淵吉威).
6   고다마(兒玉) : 원산에 지점을 낸 오오쿠라조(大倉組)의 사원 고다마 도모지로(兒玉朝二郎).
7   하스모토(蓮元) : 포교 목적으로 파견된 히가시혼간사(東本願寺)의 승려 하스모토 겐세이(蓮本憲誠).
8   간(間) : 길이 단위로, 1간은 약 1.82m이다.
9   다니(谷) : 포교 목적으로 파견된 히가시혼간사의 승려 다니 가쿠리츠(谷覺立).
10 하마테(浜手) : 미쓰비시의 원산 지점 사원 하마테 쓰네키치(浜手常吉).

이 이야기하였으나 그 중 한 사람이 갑자기 큰 몽둥이[大木]를 휘두르고 내려치자 사방의 악당들이 일시에 덤벼들어 호되게 얻어맞았다. 오오부치가 여기에서 넘어져 완전히 죽은 몸이 되어 거꾸러졌다. 하스모토는 어지러운 격투 속에서 빠져나와 4~5간 달려가다 머리를 아프게 얻어맞고 또 이곳에서 쓰러졌다. 악당이 칼을 등과 머리에 찔러 즉사하였다. 고다마는 머리와 얼굴 부분, 어깨, 등을 수없이 얻어맞고 결국 또 이곳에 쓰러졌다. 얼마쯤 있다가 오오부치가 머리를 들고 사방을 둘러보니 많던 악당들은 모두 가고 겨우 1명 이곳에서 배회하는 자가 있었다. 오오부치는 무슨 일을 당할까 두려워 잠자코 엎드려 있었다. 그 사람이 돌연 큰소리로 악당이 아니라고 하였다. 오오부치가 이를 잘 보니 이전에 길동무가 되어 함께 흙다리를 건너 우리를 위해 안변(安邊)에 가서 역마 5필을 끌고 올 것을 부탁한 자였다. 오오부치가 간신히 일어나 고다마·하스모토 등을 불러 깨웠지만 하스모토는 전혀 응답이 없었고 고다마는 간신히 호흡만 있을 뿐 일어나지 못하였다. 그래서 오오부치가 먼저 인가가 있는 곳으로 가서 사람을 사서 데리고 오겠다고 약속하고, 그 배회하는 자에게 간절히 의뢰하여 그에게 업혀서 4~5간 거리에 도착하였으나 그가 미력하여 견디지 못하였고 또 뒤탈을 두려워하여 더 이상 데려다줄 수 없다며 거절하고 가버렸다. 오오부치가 어쩔 수 없이 땅을 기어가다시피 하여 겨우 1리 반을 걸어 두 칸 집이 있는 곳까지 오던 도중 판찰관, 통사 2명을 만나 이상의 사정을 알렸다.

급히 고다마·하스모토를 호송해 와달라고 의뢰하고, 자신은 두 칸 집에 잠시 몸을 내던지고 이곳에서 휴식한 후 한인 3명을 고용해 직접 지도하여 통나무 2개로 멜대처럼 만들어 여기에 타고 같은 날 오후 12시 무렵 집으로 돌아갔다. 곧장 야노(矢野) 군의의 치료를 청하고, 이후 고다마·하스모토 등은 한인 1명에게 한어로 지게-짐을 지는 도구로 우리나라 지게이다. 즉 나뭇가지 두 개로 만든다. 마치 사슴뿔을 세워

놓은 것과 비슷하다– 라는 것에 업혀 왔는데, 4월 1일 오전 4시쯤 판찰소 아전 1명이 곁에서 시중들며 오는 그 몸은 정말이지 죽은 개돼지를 업은 것 같았으니, 이 몸을 보고 우리 거류 인민은 이를 갈고 팔을 걷어 부치며 매우 분해하였고[切齒扼腕], 비분강개의 심정을 모두 얼굴에 그대로 드러내고 말하였다.

조선 정부의 참혹 무정함은 이루 말할 수 없다. 또 우리 일본인을 항상 경멸하는 것을 알아야 할 것이다. 고다마는 아직 고통이 그치지 않아 말을 못하니 그 현장의 모습을 물어 밝힐 도리는 없으나 이상의 모습으로 미루어 생각건대 얼마나 참혹한 취급을 당했는지를 알겠다.

이보다 앞서 먼저 다니와 하마테 등은 원산 시가까지 와서 그의 지인의 집에 투숙하고 한동안 이곳에서 하스모토 등 3명이 돌아오기를 기다렸으나 도무지 돌아오지 않으므로, 다니는 그 집에 계속 머물고 하마테는 위급을 알리기 위해 서둘러 돌아갔다. 그리고 약간의 사람을 사서 다시 원산으로 가려고 했으나 이미 한밤중이었기 때문에 적은 인원으로는 더 나아갈 수 없었다. 관의 보호를 얻고자 순사에게 매우 간곡히 청원하였으나 관에 무슨 사정이 있는지 보호를 얻지 못하였다. 어쩔 수 없이 혼간사, 미츠비시회사, 오오쿠라조 등에서 고용한 한국인 몇 명을 데리고 다시 밤중을 틈타 원산으로 향해 가던 중, 돌아오는 오오부치와 만나 처음으로 일의 심각함을 깨닫고 경악 앙천하였다. 여기에서 혼간사, 오오쿠라조 사람들은 원산진 판찰소(辦察所)로 가서 하스모토와 고다마 등이 돌아오기를 기다렸다. 다음날 아침이 되어 집으로 돌아갔다. 미츠비시회사에서 나온 사람은 오오부치와 함께 귀가하여 곧장 경찰소에 신고하였다. 4월 1일 정오 12시 무렵 야노 대군의, 도다(戶田) 부군의, 이토 경부, 판찰소의 역관, 해관장(海關將) 5명이 동행하여 현장 조사를 하였다고 한다.

○ 이번에 원산진에서 부산으로 돌아온 사람의 이야기를 들으니, 원

산 시중(市中)은 말할 것 없고 여하튼 민심이 흉흉하여 모두 이를 갈고 저들의 폭거에 분노하여 벌써 앙갚음하려는 모양새였으나 총영사로부터 엄한 명령이 내려져 제지당하였다. 그로써 이 사태도 사그라들었지만 거류인민은 오히려 불만을 가진 모습이라고 한다. 또 들은 바에 따르면, 마에다(前田) 총영사는 이번 사건에 대하여 덕원(德源)부사에게 이상의 전말을 문의하였는데, 그 주된 취지는 본지〈잡보〉에 실은 내용과 대동소이하여 특별히 다른 점은 없으나, 문의 요점을 덧붙여 기록한다.

> 죽은 자 하스모토, 중상자 고다마, 오오부치 운운. 빗속에 개돼지를 들쳐 업듯이 하고 와서, 그렇지 않아도 중증이던 병세는 더 심해졌으니 잔혹 무정함을 누가 측은하고 거칠다 하지 않겠습니까. 그 목숨이 위태로운 본관으로서는 밤낮으로 고민이 끊이지 않습니다. 시체와 부상자의 현 상태는 다음날 아침 귀 역관 김 모, 으뜸 집사[首執事] 김 모가 회동하여 검시하였으므로, 귀 지방관께서 이미 그 내용을 자세히 빠짐없이 알고 계실 것이라 생각합니다. 운운. 무릇 이번 일은 두 나라 간 일대 사변으로 본관 선에서 끝날 일이 아니므로 정부에 사정을 상세히 알리고 삼가 옳고 그름을 가리고 결정하여 허락하기를 바라는 바, 이 점 받아들여주시기 바랍니다. 운운.

이와 같은 취지로 문의한 바, 덕원부사 정학묵(鄭學默)[11] 씨로부터 다음과 같은 회답이 있었다고 한다.

> [漢] 조회에 답하는 제14호 서한. 변고에 대해서는 빠짐없이 조사하여 여지가 없으니, 이로 말미암아 우리 정부와 순영(巡營)에서 보답할 것입

---

11 정학묵(鄭學默) : 1829~1903. 1882년에는 덕원부사로 재직 중, 일본인들이 유람을 하다가 일련의 무리에게 피살된 사건이 발생하였다. 이 일을 계기로 치안을 엄중하게 단속하지 못했다는 죄목으로 탄핵을 당하였다. 이후 동부승지, 이조참의 등을 역임했다.

니다. 위원회에 보고하여 회신을 기다리시길 양해바랍니다. 삼가 아룁니다. 임오년 2월 20일.

또 부사는 다음과 같은 전령서를 곳곳에 붙였다고 한다.

원산 양리(兩里)[12]의 이장 및 명석원(銘石院) 이장과 각사(各社) 민인(民人)이 있는 곳에 내리는 명령서 漢

경계하고 두려워하는 마음으로 거행할 것. '저들이 남몰래 다닐 때 우리 백성이 행여 소란을 일으키지 말라'고 전후로 지엄한 신칙을 거듭 내렸거늘, 오직 우리 어리석은 자들이 법의 뜻이 어떠한지 전혀 모르고 끝내 잘못된 관습을 고치지 않아서 지난 안변의 변란이 일어난 것이니, 말과 생각이 여기에 미침에 몹시 놀라고 두렵다. 행여 백성 중에 반 푼이라도 잘 처리하지 못하는 단서가 있을까 우려되니, 이에 또 각별히 신칙해야 하지 않겠는가. 이 이후로 각별히 저들에게 신칙하고 도처의 인민들에게 일일이 포고하여 단속시킨 후에 명령장을 거리 벽면에 붙여 통보하여 왕래하는 자로 하여금 늘 보게 하여 중죄의 지경에 빠지지 않도록 해야 함이 마땅할 것이다. 임오년 2월 20일

○ 일본 4월 5일-곧 조선의 2월 18일에 해당한다- 에 청나라 황제 폐하가 간신에 의해 독살되었다.

○ 4월 6일 신문에 의하면, "영국 평의회에서 장차 아일랜드를 공격할 것이라"고 한다.

○ 각국에서 박람회를 설립한 까닭은 무엇인가. 동서양을 막론하고, 국내외를 불문하고 온갖 물건이 모여서 사람들의 자유로운 관람을 편리하게 하고, 세간의 이목을 넓힘에 힘써서 오로지 농업을 진흥시키고 공업에 힘쓰게 하여 국가의 부강을 도모하고자 함에 있다. 우리나라도

---

12 양리(兩里) : 덕원, 안변을 말한다.

일찍이 박물관을 설립하여 자유로운 관람을 편리하게 하였다. 지금 또 한층 진일보하여 박물관을 신축하니 토목공사가 이미 준공되었다. 4월 8일에 천황 폐하께서 친히 왕림하셔서 개관식을 거행하셨다.

○ 4월 11일 『대북전신회사보(大北電信會社報)[The Great Northern Tele-graph Company Ltd.]』에 의하면, "인도에 전염병이 크게 유행한다."고 한다.

○ 본지 2면 중 제 6항 '부산상황'은 완전히 '잡보'의 잘못된 배치이다.

○ 어제는 날씨가 청명하였다. 기온은 정오에 68도[20℃]였고, 이전 10일 간의 평균 기온은 60도[15℃]였다.

• 부산상황

○ 이전 10일 간은 별로 달라진 게 없다. 여느 때와 다름없이 불경기라고 해야 할 것이다. 그렇기는 하지만 2~3일 전부터 쌀·콩·소가죽 같은 것은 조금씩 수출하고 있다.

○ 이달 12, 3일 무렵부터 소매(小賣)¹³ 쪽에서 조금씩 사들이는 반미(飯米)가 떨어져, 당시의 모습은 사실 굶주려 죽나 싶을 정도로 사정이 어려웠는데, 다행히 14, 5일에 이르러 모 상회에서 팔기 시작한 반미가 있어 모두 한동안 궁핍함을 적잖이 벗어났다. 당시 반미 소매가가 한 되에 14전 5리까지 올랐다가 요사이 내려 상등의 일본미 한 되에 12전 이하 9전 5리까지 한다.

○ 지금 한랭사는 여느 때와 마찬가지로 판로의 계절이지만 올해는 극히 큰 거래는 없고 단지 소액 거래뿐이다. 실로 한랭사가 이와 같으니 다른 물품에 이르러서는 한층 더 스산하다.

---

13 소매(小賣) : 생산자나 도매상으로부터 물건을 사들여 직접 소비자에게 파는 것이다.

• 원산통신

○ 본항의 상황은 3월 5일 쓰루가마루 출항 후 매매 거래는 각 점포 모두 변함없이 조금씩 있었는데, 우리 금은화의 하락으로 각 상회 모두 전망을 잃었다. 그런데 3월 31일 본항에 일대 사건이 일어나면서 현지 상인이 입관하는 일이 드물어져 이 때문에 거류상들은 팔짱을 끼고 한동안 사건을 평할 뿐이었다. 그러던 중 이달 6일쯤부터 현지 상인들도 차츰차츰 들어오고 쓰루가마루도 이달 8일에 입항하여 각 점포들도 상당한 거래를 하였다.

• 기서

논설의 가부와 신의에 대해서는 편집자가 보장하지 않는다.

회동(回東) 제3편은 제가 메이지 7년[1874]에 지은 원고를 엮은 것입니다. 지금 살피건대, 비록 의론이 진부하나 정신이 응집된 것이라 차마 버릴 수 없습니다. 더구나 동양의 대세를 보는 시각이 남보다 하루 앞선 바 있다고 스스로 밝혔습니다. 그래서 원고를 거두어 귀사에 투고하니, 귀사에서 부디 이를 채록하여주기 바랍니다.

일본에 있는 회동생(回東生)

회동책(回東策) 상 漢

예로부터 국가의 큰 계획을 정하고 자손이 오래도록 평안하기를 구하는 자는 반드시 먼저 천하의 대세를 살핀 연후에 그 계책을 세운다. 만일 천하의 대세를 살피지 않으면 국가의 큰 계획을 정할 수 없고, 국가의 큰 계획을 정하지 않으면 자손이 오래도록 평안하기를 구하고자 한들 어찌 그럴 수 있겠는가!

대개 영국이 부국이 되고, 러시아가 강국이 됨은 우연히 얻은 것이 아니다. 그 시초를 관찰함이 몹시 분명했고, 그 과거를 고려함이 심히 원대했다. 지킴을 더욱 견고히 하고 계획에 더욱 힘쓰니, 달마다 쌓고 해마다 쌓아서 지금의 세력을 이룬 것이다. 지금 우리 동양은 그렇지 않다. 천하의 대세를 관찰한 바 없고 국가의 큰 계획을 고려한 바 없으니, 어리석고 경솔하여 그 지향할 바를 알지 못한다. 대저 이와 같으니, 장차 어떻게 자손이 오래도록 평안할 방도를 구할 수 있겠는가!

지금 논자는 모두 말하기를 "국가의 큰 계획이 이미 정해졌고, 자손의 큰 책략이 이미 확립되었거늘, 어찌 한갓 눈앞의 요행을 구하겠으며, 어찌 한갓 자손의 무탈을 도모하겠는가! 장차 유럽과 미국의 부강한 치세를 조만간 이룰 수 있을 것이다." 하니, 오호라 이 또한 애통하도다!

대저 천하의 형세란 변천이 있으니, 옛날의 계획으로 오늘의 대세를 제어할 수 없다. 더구나 저들의 이른바 국가의 큰 계획과 자손의 큰 책략이라는 것이 과연 천하의 대세를 관찰하여 정한 것인가. 아니면 국내의 작은 형세만 보고 정한 것인가. 천하의 대세로 정하였다면 오늘의 도리로 행할 수 없고, 국내의 작은 형세로 정하였다면 자손이 오래도록 평안하기를 구할 수 없을 것이다. 만일 국내의 작은 형세만 보고 그 계획을 세운다면, 어찌 가히 국가의 큰 계획과 자손의 큰 책략이라고 할 수 있겠는가! 그렇다면 국가의 큰 계획을 정하고 자손이 오래도록 평안하기를 구하는 것은, 장차 어떻게 해야 하겠는가. 그러니 천하의 대세를 충분히 안 연후에야 그 계책을 세울 수 있는 것이다.

대개 민생을 초기에 증식한 부류는 대개 세 갈래다. 동방의 경우 중국을 으뜸으로 삼고, 베트남·조선·태국 등 여러 나라를 그 다음으로 삼는다. 서양의 경우 이집트와 팔레스타인을 으뜸으로 삼고, 유럽의 여러 나라로 뻗어 나갔다. 인디아는 그 사이에 처하여 점차 사방에까지 미쳤다. 이것이 인민이 증식된 근본이다. 그 초기에는 동방의 인민만 천하에 으뜸이었다. 그런데 4~500년 이래로 점차 서양의 인민에게 위축되어서 오늘에 이른 것이니, 서양의 인민이 장차 온 세계에서 독주할 것이다. 이것이 천하가 일변한 사연이다.

○ 초고가 많아서 물가표는 부록으로 낸다.

◆◆◆

〈보고〉

나가사키현(長崎縣) 나가사키구(長崎區) 호카우라정(外浦町) 47번호에 설립한 유한책임 미요시사(三好社) 자본금 5만 원을 8만 원으로 하고, 이달부터 화환(貨換)어음 및 매매 하물 중개 등을 겸업하기에 이르렀기에 환어음 거래소 및 수수료 등을 다음에 싣는다.

화환어음 거래소

나가사키 본점	오사카지점	조선 부산 지전(支廛)	동 원산 지전
오사카에서	나가사키	부산	원산까지
35전	50전	1원	1원 85전

이상과 같이 서로 결정하였으나 형편에 따라 증감할 수 있다. 전신환(電信換)은 그때의 사정에 따른다.

매매 하물 중개 수수료

내외 제반 물화	사는 쪽 중개	1보(步)
	파는 쪽 중개	1보(步) 5리(釐)

이상과 같이 화환어음 및 매매 하물 중개 수수료를 서로 결정하고, 확실히 취급하기에 이르렀으니 편의에 따라 신청하시기 바랍니다.

메이지 15년 4월 18일　　　　부산포　미요시사(三好社) 지점

각 점포 귀중

천금단(千金丹) 발매 및 제반 지역의 묘약(妙藥) 대중개업 판매 광고

관허 천금단　　　본포 쓰시마 이즈하라(對州嚴原)　　　삼산회생당제(三山回生堂製)

　상기의 발매와 함께 다음의 천하 유명의 묘제 품목들 모두 본포와 약정하고, 본 회생당에서 대중개업을 열게 되었으니, 만약 중개업 희망의 의향을 알려주시면 곧바로 천금단과 마찬가지로 각 본가(本家)에서 정한 할인 금액으로 도매할 수 있으므로 강호에서 사랑해주시는 여러 분들께서는 많고 적음에 상관없이 계속 구매하여주시기 바랍니다.

○보단보단수(寶丹寶丹水) ○정기수(精錡水) ○온통환(穩通丸) ○진류음(鎭溜飮) ○보양환(補養丸) ○인환(麟丸) ○보단사리별(寶丹舍里別) ○닭고기게레(鷄肉ゲレー) ○자생당 신약 회양단(資生堂神藥回陽丹) 기타 여러 품목 ○피쓰톨(ピツトル) ○개달환동산(開達丸同散) ○충약과자 백화정(虫藥菓子百花精) 및 장생당(長生糖) ○적와환(赤蛙丸) ○킨톨산(キントル散) ○신액(神液) ○일주야약(一晝夜藥) ○보명수(寶明水) ○마병묘약(瘋病妙藥) ○명치수(明治水) ○성약(聖藥) ○영약(英藥) ○오룡원(五龍圓) ○천수환(天壽丸) ○정산탕(正産湯) ○의명산(宜命散) ○소아태독환(小兒胎毒丸) ○제독신방(除毒神方) ○생장환(生長丸) ○약사폰(藥サポン) ○진구단(鎭嘔丹) ○학성단 옥룡단(鶴聲丹玉龍丹) ○진용산(眞龍散) ○입용단(粒用丹) ○기타 수십 품목

정진대중개업소(正眞大取次所)　　쓰시마국 이즈하라 고쿠분정　회생당 삼산

조선국 부산항 본정　　상기 출점 후쿠다

이상의 각 점포에서 만든 여러 조제품들을 수백 해상을 거쳐 [일본] 여러 곳으로 주문하시는 것보다 오히려 동품동가(同品同價)의 물품이라면 쓰시마국과 조선국에 한해서는 저희 점포로 한 번에 주문해주시면 일이 간소해져 유용하고 무엇보다도 잔수고와 비용 손실을 줄일 수 있어 물건을 가져다 파는 여러분께 유익의 일단이 될 것입니다. 이는 결코 사리를 꾀하려는 게 아니라 정말로 더없이 편리하기 때문이니, 잘 생각하신 후 더욱 이용해주시기를 부탁드립니다. 삼가 말씀을 올림.

본국 광고

○ 본지의 광고료는 4호 문자 1줄 25자 1회에 3전 ○ 2회에는 같은 조건으로 4전 ○ 3회 이상 5회까지도 같은 조건으로 5전. 단 25자 이하도 동일하며, 이상은 모두 선금으로 받습니다.

○ 본지의 정가는 1책은 4전, 10책은 선금(10% 할인) 36전 ○ 10책 이상 모두 10% 할인. 다만 부산항 이외의 곳은 별도로 우편요금을 선금으로 받습니다. 또한 선금 기간이 끝남과 동시에 [구독] 폐지 통지를 알려오기 전까지는 계속 우송합니다.

조선국 부산항 일본거류지 본정(本町) 2정목(丁目) 20번지
본국 상법회의소
감리 편집 겸 인쇄 오오이시(大石德夫)

부산항 변천정(辨天町) 3정목(町目) 3번지
대중개유통보급소 스즈키 다다요시(鈴木忠義)

정기간행

대일본력 메이지(明治) 15년 5월 5일 발간 | 대조선력 임오년(壬午年) 3월 18일

조선신보 제11호

재부산항 상법회의소

일러두기

본소 신보의 간행 취지는 오로지 경제논설을 서술해서 일본과 조선 양국에
박아한 채람을 제공하는 데 있다. 그리고 국내외의 기사와 이문 또한 남김
없이 수습해서 드러내 보이고자 한다. 그러므로 사방의 여러 군자들은
이 뜻을 헤아려서 탁월한 논설과 새로운 학설을 아낌없이 투고해주시기
바란다. 그리고 문장은 한문을 주로 사용해준다면 기자들은 다행으로 여
겨 더 바랄 것이 없을 것이다.

목차

• 조선신보

민권론(民權論) 漢

들건대 민권(民權)이란 문명이 개화한 나라에서 행해지고 미개한 야만의 나라에서는 행해지지 않는다고 한다. 오등(五等)의 제도는 손해가 많고 이득이 적으며, 군현의 통치는 그 반대이다.[1] 우리나라가 처음으로 건국되었을 때 군현제(郡縣制)를 사용하고 성군께서 음란하고 야비한 정(鄭)나라 노래를 추방하고 아첨하는 간신을 멀리하셨다. 대저 덕의 본체란 일용에서 출척(黜陟)을 밝히는 것이니, 윗사람이 아랫사람 보기를 갓난아기 돌보듯 하고, 아랫사람이 윗사람 보기를 부모 섬기듯 하는 것이다. 이러한 까닭에 성군의 교화가 아래로 무젖지 않음이 없어서 백성이 다 이를 마음속에 품고 반석(盤石)의 견고함을 이룬 것이었다. 중고(中古) 때는 스스로 당(唐)의 제도를 모방하고, 그 이후로 점차 국정이 무문(武門)으로 귀의하였다.[2] 이에 그 봉강(封疆)의 법도를 세우고 그 친소의 마땅함을 재단하니, 봉진(封畛)의 제도가 융성해졌다. 점차 오등의 군주가 각기 관계를 엄격히 하니, 갑 지역 사람으로 하여금 쉽사리 을 지역에 들어가지 못하게 하고 세간의 이목을 가려서 마침내 천자국이 패망하는 데 이르렀다.[3] 그러나 우리나라는 대대로 성명(聖明)

---

1 오등(五等)의…반대이다 : 오등의 제도는 공(公)·후(侯)·백(伯)·자(子)·남(男) 5등급의 봉작제로, 왕족과 공신들을 제후로 봉하여 지역을 다스리게 하는 제도로 봉건제(封建制)를 말하고, 군현의 통치는 지방을 군과 현으로 나누어 황제가 임명한 관리를 통해서 지역을 다스리는 제도로 군현제(郡縣制)를 말한다.

2 중고(中古)…귀의하였다 : 중고는 일본의 헤이안시대(794~1192)로 천황을 중심으로 한 왕조귀족문화가 꽃핀 시기이다. 하지만 중세 이후부터는 무사에게로 실권이 넘어가 교토의 천황 조정은 문화적·상징적 존재로서만 명맥을 유지하였다. 중세 말 무사들의 세력 다툼에서 도쿠가와 이에야스(德川家康, 1542~1616)가 최종 승리를 거두고 연 근세 에도시대(1603~1867)에도 천황은 전통적 권위만 인정받았고 실질적인 정치 권력은 막부의 쇼군(將軍)에게 있었다.

3 점차…이르렀다 : 일본의 근세 에도시대 막번 제도의 특징을 보여주는 것으로, 이 시기에는 봉건제라 해도 300개의 번(藩)이 자치를 했던 지방 분권의 나라였다.

한 천자께서 윗자리에 계셔서 아직 이 지경에 이르지는 않았다.

금상 천황께서 등극하시자 구식 제도를 모조리 없애고 옛 군현의 통치를 복구하며 뛰어난 인재를 날마다 기용하셨다. 그러나 천황께서는 오히려 성은을 아직 넓히지 못한 탓에 교화를 독려하지 못할까 두려워하시어 천지신명께 맹세하시길, "천자의 일은 공론을 결정하고 대중의 공의를 많이 듣는 것이다." 하고는 마침내 국내에 포고하여 좌원(左院)[4] -좌원은 지금의 원로원이다- 을 설치하고, 천하의 공론을 널리 받아들이고 해외에서 뛰어난 인재를 채용하시니 여러 국신(國信)과 만물(萬物)이 다 그 마땅함을 얻었다. 그리하여 오등의 불길한 기운[5]이 땅을 쓸 듯 다 사라졌다. 대저 오등의 제도는 황제(黃帝)와 당요(唐堯)에서 시작되었고, 군현의 통치는 진한(秦漢)에서 시작되었다. 그 득실과 성패에 대하여 선현이 논하기를 "오등의 군주는 자신을 위해 통치를 유념하고, 군현의 장관은 이익을 위해 사물을 도모한다." 하니 선현이 이미 이 폐단을 예지하고 있었다. 애석하도다! 그 폐단을 막을 줄 모름이여.

유럽과 미국 각국의 경우 이미 군현의 통치를 시작하고 공화의 법도를 세웠으나, 그 폐단이 일어날까 두려워하여 이를 방지하려고 민권을 백성에게 주었다. 이것이 비록 정태(鼎台)[6]의 지위에서 나오더라도 일단 들어가면 그 권리가 일반 백성과 다름이 없고 관직의 고하를 따지지 않고 가문의 존비를 논하지 않는다. 만일 규칙을 어겨 백성을 해치는 자가 있으면, 백성이 그를 사법부에 고소할 수 있고, 사법부가 송사를 들으면 반드시 이를 처리하지 않을 수 없다. 이러한 까닭에 군현의 장

4 좌원(左院) : 1871년에 설치된 태정관(太政官)의 구성기관 중 하나로, 입법에 관해 심의하고 그 의결을 정원(正院)에 상신한다. 1875년에 폐지되어 원로원(元老院)으로 계승되었다.
5 불길한 기운 : 원문은 天雲이나, 문맥상 妖雲의 오기로 보아 고쳐 번역하였다.
6 정태(鼎台) : 고대 삼공(三公) 혹은 재상(宰相)을 칭하는 것으로, 직위가 높은 요직을 말한다.

관이 비록 이익을 위해 사물을 도모하고자 하더라도 그럴 수 없고 백성들도 혹독한 관리에게 억압받지 않으니 조정에 가만히 앉아서 놀고먹는 신하가 없고, 재야에 부랑하는 백성이 없는 것이니, 국가가 부유하지 않고자 하더라도 어찌 그럴 수 있겠는가. 진실로 그 법도의 마땅함을 얻는다면 설령 요순이 있어도 그에 미치지 못하는 것이다. 이것이 우리나라가 근래에 유럽과 미국의 법도를 심사숙고하는 까닭이니, 어찌 기세가 거세지 않겠는가.

현재 조선의 세태를 관찰컨대, 군현의 통치를 사용하나 사실상 봉건제와 추호도 다름이 없다. 대개 재상의 지위는 부유한 재물이 아니면 등용될 수 없고, 군현의 장관은 권세가가 아니면 들어갈 수 없으니, 유의(劉毅)[7]가 말하는 '천한 자리에 고귀한 가문이 없고, 높은 자리에 천한 집안이 없다.'는 것이 이것이다. 참으로 지혜로운 자가 뜻을 펼칠 수 없고, 어리석은 자가 등용될 수 있는 것이다. 이에 구차히 관직에 처한 자들이 다 양반을 자칭하고 태연히 대대로 그 녹봉을 받으면서 윗사람을 우러러봄에 입을 열지 못하고, 아랫사람을 내려봄에 개나 말을 대하듯 한다. 그러면서 문무가 뒤섞이고, 상벌에 정도가 없으며 정성이 다 뇌물로 일어난다. 그 폐단이 이미 백성들에게 미쳐서 모두 이를 본받으니, 나라를 진작시키고자 하더라도 어찌 그럴 수 있겠는가. 옛 사람의 말에 "백성의 입을 막는 것은 냇물을 막는 것보다 어렵다."고 하니, 이는 옛날 위무(衛巫)가 여왕(厲王)의 총애를 입어 정사를 독단하다가 도리어 여왕의 추방을 초래한 고사[8]를 가리켜 말한 것이다. 진실로 군주

---

7   유의(劉毅) : 216~285. 자가 중웅(仲雄)으로, 동한(東漢) 말 서진 (西晉) 초의 명신이다. 성품이 정직하고 청렴해 옳지 못한 일을 보면 반드시 비판했으며, 인물 평가를 좋아했다. 그래서 왕공귀족들이 본색이 드러날까 두려워 그를 피하기도 했지만, 그의 풍격을 우러러보면서 경외했다고 한다.

8   옛날⋯고사 : 주나라 10대 여왕(厲王)에 이르러 백성들의 탄압이 극심했다. 사치스럽고 잔인하며 이익만 좇는 왕에게 제후는 조회를 오지 않았고, 나라 사람들은 그를 비방했다. 그러자 여왕은 위무(衛巫)란 사람에게 점을 쳐 욕하는 백성들을 색출하게

된 자는 마땅히 이 점에 주의해야 한다.

오늘날 조선 정부에서 영명한 결단으로 옛 제도를 폐지하고 인재를 천거하며 영재를 기용하여 백성에게 민권을 부여하고 힘써서 나라를 다스리는 헌법을 제정한다면, 머지않아 동양에 강국이 생겨서 사나운 러시아의 공격을 막을 수 있을 것이다.

• 잡보

㉻ 경보(京報)에 전하였다. "전일 함경도 감사, 덕원부·안변부 두 부의 지방관, 원산 판찰관 등이 아울러 파직되었다.⁹ 이 네 관원은 늘 쇄항을 주장하여 일찍이 일본인을 미워하였다. 일본력 3월 31일-곧 조선력 2월 13일에 해당한다-, 일본인 하스모토 겐세이 등이 안변 근방에 갔다가 토착민에게 폭행을 당하였다. 그러나 조선 관인이 감히 이를 저지하지 않아서 마침내 목숨을 잃었다. 이러한 까닭에 조선 정부는 감사 이하 관원들이 그 직무를 태만히 함에 분노하여 마침내 그 관직을 뺏어버렸다. 그리고 장차 형전(刑典)을 바로잡으려고 현재 조사 중이라 한다. 그 진술과 규탄의 대략은 다음과 같다.

법관이 물었다. "너희는 지방관에 있으면서, 어리석은 자가 국가에 해를 끼치는데 감히 돌보지 않아서 마침내 일본인의 목숨을 잃게 하여 우

한 뒤 잡히는 대로 처형했다. 감히 입을 여는 백성들이 없어지고 길에서 눈짓으로 의견을 교환하는 나날이 계속됐다. 그제야 여왕은 나쁜 말을 하는 사람이 없어진 것은 정치를 잘했기 때문이라며 기고만장했다. 그때 충신 소목공(召穆公)이 나서 이는 비방을 막은 것에 불과하다며 간언하기를, "백성들의 입을 막는 것은 냇물을 막는 것보다 어려운 일입니다. 냇물을 막았다가 무너지면 상하는 사람이 많습니다." 라고 하였다. 간언을 받아들이지 않은 여왕은 쫓겨나 숨어살다 죽었다.

9   함경도 감사는 김유연(金有淵), 덕원부사는 정학묵, 안변부사는 박제성, 원산 판찰관은 이희문(李熙聞)이다.

리 정부로 하여금 이러한 근심을 끼치게 하였다. 무슨 까닭인가?"

범인-범인은 감사 이하 관원들이다- 들이 말하였다. "왜놈들이 강토를 침범하여 이 땅에 들어와서 이 재앙을 당한 것이니, 이는 그가 스스로 자초한 것일 뿐입니다."

법관이 노하여 말하였다. "너희는 도대체 무슨 말을 하는가. 우리 인민이 일본 내지에 들어갈 때 일본 정부는 마음대로 다닐 수 있도록 특별히 허락해준다. 이에 지방관이 그들을 보호하고, 또 정성스런 대우를 지극히 후하게 해준다. 그러니 가령 일본 정부에서 고의로 일본인을 우리 내지에서 잠행토록 하더라도 이치상 이를 막을 수 없다. 오직 어리석은 백성들이 소동을 일으켜 허락하지 않을까 두려울 뿐이다. 너희들이 저들의 침입을 막더라도 돌려보낼 때 정중히 대했어야 한다. 그런데 어째서 부하의 백성으로 하여금 저들의 목숨을 빼앗게 하였는가. 너희들은 관직에 있으면서 어찌 평소 그 죄가 너희들에게 갈 줄 생각하지 못했으니, 누구를 탓하겠는가." 네 명의 범인이 끝내 답하지 못하고 아연실색하며 하옥되었다고 한다.

漢 또 한성도로에 떠도는 이야기에 의거하면, 네 명의 범인은 모두 유배형에 처해졌다고 한다.

일본인이 조선 토착민에 의해 살해된 사건에 대해, 어떤 한국 논객이 묻다. 漢

어떤 한국 논객이 물었다. "저번에 우리 토착민이 귀국 사람을 폭행 살해한 사건에 대해, 귀 정부에서는 어떠한 법으로 처리할 것인지요?" 대답하였다. "만국의 공법에 의하면, '그 공사를 해친 자는 그 정부에게 보상하게 한다. 그 금액은 30만 원 내지 40만 원 이하인데, 각기 차이가 있다. 대개 그 국민을 해친 자는 그 속죄금이 5만 원 내지 10만 원이다' 라고 합니다. 우리나라도 유신 초기에 어리석은 자들이 수많은 서양인을 죽여서 우리 정부에서 이에 수만의 금액을 허비하였습니다. 근래

대만 토착민이 우리 오키나와인을 폭행 살해한 사건의 경우, 그곳으로
군사를 파견하여 그 폭행 살해한 자를 체포하였습니다. 그 후에 우리나
라가 청나라와 논단을 열어서 대만 사건으로 청나라에 요구하기를 '청
나라 정부는 은 40만 냥을 사망자 가족에게 지급하고, 10만 냥으로 우
리 정부 군비 지출에 보상하여, 합계 50만 냥으로 사죄하라.' 하였습니
다. 이로써 보건대, 지금 하스모토 겐세이 사건을 우리 정부에서 처분
한다면 귀 정부에게 금 5만 원 내지 10만 원으로 그 유족을 위로하라고
요구할 것입니다."

한국 논객이 놀라며 말하였다. "우리 정부가 어찌 이러한 거금을 낼
수 있습니까? 만일 지출할 수 없다면 어떻게 되는지요?" 대답하였다.
"이것이 행여 전쟁을 초래할지 어떠할지 알 수 없습니다."

○ 한성에서 온 통신 -4월 11일 도착-

지난해 세밑에 부산을 떠난 한인 소유의 서양형 풍범선(風帆船)이 지
난달 19일 한강의 삼포-경성에서 우리 거리법으로 1리[10] 떨어진 곳-
에 도착했는데 양국 정부의 물건을 많이 싣고 왔다. 그 중에는 사금
기계도 실어 보냈으나 원래 그 사용법을 아는 자가 없어 뭍에 올려놓은
채로였다. 이 기계를 뭍으로 올리는 데도 인부 200명을 필요로 하여
간신히 내려놓았다고 한다. 선장이 우리 역관에게 말하기를 부산에서
실을 때는 일본인의 힘을 빌린 까닭에 겨우 20명으로 충분하였으나,
지금 200명의 인부를 필요로 하는 것을 보니, 추측하건대 앞으로 이
기계를 사용하는 일 또한 그러할 것이라고 한 것은 실로 명언이다.

○ 일전에 말한 어윤중은 이조연(李祖淵)[11] 씨와 함께 고선관(考選官)으

---

10 1리 : 일본 거리법으로 1리는 36정(町)으로 약 3.9킬로미터이다.

11 이조연(李祖淵) : 1843~1884. 1880년 사헌부감찰로서 개항 후 처음으로 파견되는
    수신사 김홍집의 수행원으로 일본에 다녀왔고, 이듬해 다시 수신사 조병호(趙秉鎬)

로 오는 2월 17일-음력- 에 출발해 지나 텐진으로 향한다고 한다. 그 주된 뜻은 지난날 대원군이 이홍장에게 보낸 서면의 취지도 있으니 여러 가지로 이 씨의 소견을 경청할 것이라고 한다. 진위는 알지 못한다.

○ 요즘 경성 안에 일본인은 조선 부인을 보면 그 피를 빤다는 낭설이 심히 성행하여 갑자기 변발을 묶는 경우가 있다.-지난날 일본에서 서양인은 일본 부인을 보면 데려가버린다고 하여 치아를 염색한 류- 또 윤웅렬의 집에는 빈번히 일본인이 드나든다며 그 근방에 여자를 가진 자는 모두 다른 마을의 지인에게 맡긴다는데, 이는 필경 수구당이 공연히 잘못된 이야기를 퍼뜨려 인심이 일본을 싫어하도록 꾸민 것일 것이다.

○ 조선에 변전(邊戰)이라 하여 수백 명이 양 편으로 나누어 돌을 서로 던지며 싸우는 놀이가 있다. 현지에서는 거의 매달 하도감(下都監)[12] -육군 교련장- 근방에서 이 놀이를 했는데, 최근 국왕 전하로부터 직접 명령이 내려와 하도감에는 일본인의 임시 숙소가 있으므로, 만일 출입할 때 잘못이 있어서는 안 된다며 일절 금지되었다.

○ 청수관(淸水館)[13]과 하도감에 있는 일본인은 인원이 적은 까닭에 나날이 이야깃거리도 떨어지고 심심함을 풀 방법이 없어 부산에서 오는 우편배달을 고대하는 마음, 실로 사랑에 빠진 여인이 정인을, 사랑에 빠진 남자가 연인을 기다리듯 신문을 되풀이해 읽는 게 수차례에 이른다.

○ 일본의 행보는 정해진 한계가 없어 오히려 부산에서 멀리까지 나다닌다.

의 종사관으로 일본에 다녀왔다. 1882년 고선관으로 청나라에 가서 영선사 김윤식을 따라 텐진에 간 유학생·공장(工匠)들의 실정을 조사하였다. 1884년 갑신정변 때 우정국사건이 벌어지자, 국가대사가 벌어짐을 눈치채고 궐내로 들어가려던 중 전영사(前營使) 한규직(韓圭稷), 후영사(後營使) 윤태준(尹泰駿) 등과 같이 개화당 행동대에 의하여 피살되었다.

12 하도감(下都監) : 조선시대 훈련도감에 속한 분영이다.

13 청수관(淸水館) : 조선 후기 경기도 순영의 지휘관인 중군이 있었던 경기중군영의 별칭이다.

○ 성내도 지금은 자유롭게 왕래하고, 다른 사람의 저택을 방문하는 것도 거의 자유이다. 경성 안의 일반 사람들의 분위기는 작년에 여러 도(道)에서 유자들의 상소와 함께 이재선의 반역¹⁴ 등으로 어지간히 소란스러웠으나, 올봄이 되어서야 간신히 가라앉았다.

○ 저 정부에서는 전부터 일본어 학생을 모집하였으나 최근까지 활기가 없었다. 들은 바에 따르면, 왕가 혼사를 마치는 대로 제1대 어학교를 세우고 일본인을 초빙하여 전수(專修)시킬 것이라고 한다.

○ 동래부사 김선근 씨는 이전부터 선정의 평판이 높아 관하의 인민 모두 그 덕을 그리워하였다. 지금 듣건대, 이달 25일 관의 곳간을 열어 벼 2백 섬을 괴정(槐亭)의 사하면 12개 마을의 인민 중 가난하여 입에 풀칠하기도 어려운 자들에게 각각 3말씩 베풀어 나누어주셨다고 한다. 또 오늘은 부산 근방의 마을에서 같은 처지의 사람들에게도 베푸셨다고 이야기를 들었는데 지난달 26일의 일이다.

○ 산림 송병선의 상소 [漢] (전호에서 계속)

신이 삼가 듣건대, 근래에 일종의 시세를 안다고 논하는 자들은 서양의 일을 시운(時運)과 사세(事勢)로 귀착시키면서 어찌할 수 없다고 합니다. 이는 대개 『만국공보(萬國公報)』와 『황서(黃書)』 등의 기사를 근거로 삼아서 시대 상황을 지적하여 논술한 것으로 거의 이업(李鄴)의 장황한 문장¹⁵과 같으니, 신은 내심 괴이하게 여깁니다. 천하가 지극히 넓어서 진실로 몸소 겪은 것이 아니거늘 어찌 전해진 설을 가지고 멀리서 미루어 헤아릴 수 있겠습니까. 설령 참으로 그 말과 같더라도 우리나라의 사력

---

14 이재선의 반역 : 1881년 흥선대원군 추종 세력이 국왕인 고종을 폐위하고 대원군의 서장자인 이재선을 왕으로 추대하려다 발각된 사건으로, '이재선 사건'이라고도 한다.

15 이업(李鄴)의…문장 : 송 휘종(徽宗) 때 급사(給事) 이업(李鄴)이 금(金)나라에 사신으로 갔다가 돌아와서 말하기를, "금나라 사람은 말을 타는 데는 용과 같고, 걷는 데는 호랑이와 같으며, 물을 건너는 데는 물개와 같고, 성에 올라가는 데는 원숭이와 같다."라고 하였다. 그가 오랑캐의 형세를 너무 과장해서 말한 것이다.

(事力)으로는 진실로 계획하기 어려우니, 어찌 먼저 낸 소리에 놀라서 국가의 위엄을 스스로 무너뜨릴 수 있습니까. 또한 만일 능히 자치자강(自治自强)할 수 있어서 군대와 식량을 모두 갖추고 백성을 가르치고 길러내며 위 사람을 친하게 여겨 어른을 위해 목숨을 바치는 일을 알게 한다면, 어찌 삼천리 국토를 가지고 이역만리 밖 사람을 두려워하겠습니까. 이러한 까닭에 어리석은 신이 감히 잘못을 듣기를 좋아하여 정치의 근본을 구하고 재용(財用)을 절약하여 국가 재정을 넉넉하게 하는 설을 제기하여 거듭 말하나 미처 끝내지 못하였습니다.

엎드려 바라건대, 성상께서 혁혁히 분발하여 국내에 금령을 거듭 내리시어 혹 서교(西敎)의 잔당이 있으면 풀을 베듯 금수를 사냥하듯 베어죽여다 시정과 조정에 늘어놓는다고 으름장을 놓아 굳은 뜻을 보이소서. 그리고 요즘 새로 설치한 기무아문의 경우 신이 그 규모와 제도를 잘 알지 못하나, 그 가운데 통상하는 말을 배우므로 나라 사람치고 놀라고 의심하지 않음이 없으니, 다시 살펴보시고 빨리 이런 명목을 폐지하소서. 이는 대개 오랑캐의 발자취가 서로 교통하고 오랑캐의 언어가 서로 화답하면 그 형세상 반드시 변고가 일어나지 않을 수 없고 우려가 이르지 않을 수 없을 것입니다. 전하의 영명함으로 유독 이 점을 생각하지 않는지요. 거듭 살펴주시어 속히 이러한 명목을 금하여 국민의 의혹을 떨쳐내셔야 합니다. 삼가 바라건대 성상께서 특별히 살펴봐주신다면 다행이겠습니다.

○ 조선임경업전 (전전호에서 계속)

그런데 상현은 무엇 하나 손에 가진 기술도 변변치 않았고, 가난하면 미련해진다고 했던가, 그 말에서 한 치의 벗어남 없이 떨어질 대로 떨어져 그 마음도 거칠어졌다. 남자 가마꾼으로까지 영락하였다. 경성 부근을 여기저기 돌아다니며 약간의 돈으로 겨우 오늘을 버티니, 아스카(飛鳥) 강물의 흐름과 사람의 운명 덧없어 가엾기만 하다. 이러나저러나 세상은 어느 나라를 막론하고 그 민초 사이에는 귀천 존비의 차별이 있다. 존귀한 사람은 평탄한 길도 수레나 가마를 타고, 비천한 사람은 울퉁불퉁 그렇지 않아도 힘든 골짜기와 언덕에서도 생계를 위해 가마를 메야 한다. 과거 인연의 좋고 나쁨으로 인해 존비의 다름이 있고 특히 관계에서도 경계가 있는 조선국의 법도에는 아무리 부귀한 사람이라도 신분이 관리가 아니면 가마를 타고 가다가 관리를 만나게 되면 가마에서 내려야 하는 관습이 있다. 참으로 부자유스런 일이 아닐 수 없는데 어느 날 서울 안을 수많은 하인을 거느린 양반이 앞을 물리치게 하며 지나가는 일이 있었다.

어쨌든 조선의 습관에 양반 곁을 따르는 자는 하인조차도 호랑이의 위세를 빌어 사람을 벌레처럼 천시한다. 조그만 일에도 말썽을 붙여 뇌물을 취하는, 매우 비루한 풍습이다. 때마침 맞은편에서 가마를 타고 오는 사람이 있었다. 하인들은 그 가마에 탄 사람이 상인임을 용케 알아보고 한바탕 해야겠다고 벼르고, 일부러 목청을 높여 그 가마에서 내리지 않는 점을 엄하게 질책하였다. 가마 틈새로 엿보니 유명하고 유복한 집안의 노인이 타고 있었다. 나이 여든에 노쇠하여 귀도 들리지 않고 눈도 보이지 않는 노인이 거기에 있자 행운을 잡았다며 하졸들은 소곤소곤 속으로 기뻐하였다. 목청을 더욱 높여 고함을 쳐대자 시랑인 봉악이 무슨 일인가 싶어 가마의 발을 걷어 올려 잠시 바라보고 있다가 무슨 생각인지 급히 가마에서 내려 하졸들을 제지하였다. 관복을 벗어 평복으로 갈아입더니 친근하게 그 가마꾼 앞으로 다가가 매우 정중하게 손을 바닥에 짚고 삼배를 올렸다. 그 모습이 대단히 괴이쩍은지라 하졸들은 아무 말도 못하고 그 자리에 있던 사람들은 잠시 어안이 벙벙해졌다. (이하 다음호에)

○ 감회를 기록하다[書感] 漢

부산에 거주하는 24타사객(二十四朶楂客)

우연히 와서 부산진에 의탁하니　　　　　　　偶然來寄釜山津,

눈길 닿는 풍광마다 절로 새롭구나.	觸目風光自斬新.
대한의 땅은 꽁꽁 얼어 아직 녹지 않았거늘,	韓地凍氷猶未解,
관청 뜰의 붉은 매화는 이미 봄을 맞았네.	官庭紅梅已迎春.
고니시[小西]의 유지(遺址)는 이제 황폐해졌고,	小西遺址穴荒廢,
가고시마[鹿兒島]의 옛 참호는 헛되이 묻혔네.	麑島古壕徒塡堙.
전 세계의 법규를 그대는 아는가.	宇內法規君識否,
문(文)을 닦고 무(武)를 없애 이웃나라와	修文偃武好交隣.
우호관계 맺어야 하리.	

○ 제7작, 5대주 내에 통용되는 공법을 만들다.

○ 지난 3일 오전 7시 한조함(磐城艦)[16]이 입항하여 하나부사 공사, 인천영사 겸 서기관 곤도 마스키 군 및 속관 4명과 순사 6명이 같이 탔다. 듣건대 이번에 공사는 육로로 가기로 결정이 되어있었으나, 무언가 시급한 용무가 있어서 갑자기 해로로 가게 되셨다고 한다. 이 함정은 오늘 12시 닻을 올려 떠날 것이라고 들었다.

○ 이전에 본항에 머물렀던 육군 참모본부 소속 아사야마 겐조(淺山顯三) 군은 이번에 외무로 옮겨 공사를 수행하게 되었다고 한다.

○ 지난 3일 오후 6시 30분 기선 쓰루가호가 입항하여, 원산진을 지나 러시아의 연안을 향해 오늘 닻을 올릴 예정이라 한다.

○ 동래부사는 사전에 우리 공사의 내항 축사를 위하여 어제 관에 들어오실 예정이었다. 하지만 지난 3일 박모(薄暮)부터 어제 정오까지 장대비가 쏟아져 제방이 없는 창포, 호천이 홍수로 길이 막혀 관에 들어올 수 없을 것이라 생각하였는데, 뜻밖에도 부사와 나란히 판찰관도 관에 들어와 공사가 무사히 착항한 데 대한 축사를 말씀하시고, 우리

---

16 한조함(磐城艦) : 일본 해군 군함이다.

영사관에서는 극진한 향응이 있었다고 들었다.

○ 본지 제4호에 실은 변천정(辨天町) 거리의 도로 수선은 이미 다 끝나 수목도 심었고, 또 요즘 노등(路燈)도 건설하여 그저께 밤부터 처음으로 등에 불을 켜니, 한국 땅에서 이제껏 미증유의 불야(不夜)의 모습을 보는 것은 지금 불경기 속에 우리는 서푼도 없지만 돈이 필요 없는 유쾌함이다.

○ 오탈자 바로잡음. 전호 제4쪽 원산 변동 사건 중 (大困)은 모두 (大淵)의 淵의 고자(古字)를 잘못 쓴 것이다. 본지 첫 쪽 5행 (點陟)은 (黜陟)의 잘못, 같은 쪽 15행 (天雲)은 (妖氣)의 잘못, 같은 쪽 20행 (尊阜)는 (尊卑)의 잘못이다.

○ 어제 오후 1시부터 하늘이 맑게 갰다. 기온은 정오에 68도[20℃]이고, 이전 10일 간의 평균 기온은 60도[15.6℃]였다.

·부산상황

○ 당항의 상황은 지난 10일 간 평소와 다를 바 없다. 따라서 물가의 고저도 없고 시장은 전과 같이 불경기이다.

·원산통신

메이지 14년 조선국 원산항 수출입 상황 개략

작년 14년 본항의 수출입 상황을 재작년 13년 개항 이후-7월부터 12월까지- 의 경기와 비교하여 이를 잘 살펴보니 점점 그 체면을 개진하여 약간 상로(商路)를 확장한 것 같다. 즉 13년 7월부터 14년 12월까지를 3기로 구별하여 그 수출입의 전체 합계는 국내외산을 합하여,

기간	항목	금액	비고
메이지 13년(1880) 7월~12월	수입	26만 9,173원 10전 4리	
	수출	13만 5,880원 79전	
메이지 14년(1881) 1월~6월	수입	38만 972원 10전 4리	증액: 11만 1,799원
	수출	30만 2,082원 86전 4리	증액: 16만 6,202원 7전 4리
메이지 14년(1881) 7월~12월	수입	38만 9,472원 49전 7리	증액: 8,500원 39전 3리
	수출	42만 6,355원 33전 6리	증액: 12만 4,272원 47전 2리

　이상과 같이 수입품에 있어서는 매 분기 40% 이상 혹은 2% 이상의 증액을 나타내고, 또 수출품에 있어서도 모두 1배 이상 혹은 40%가 조금 넘는 증가를 보이고 있다. 그렇기는 하지만 본항은 개항한 지 얼마되지 않았고, 더군다나 본회의소 같은 곳은 올해 1월에 개설하여 조사에 있어서 근거로 삼을 만한 게 없다. 그런 까닭에 1분기마다 큰 폭의 증액을 나타낸 것도 결국 조사에 있어 전기(前期)에 허술히 하고 후기에 빈틈없이 하면서 생긴 것인지 혹은 진짜 형세에 의해 이토록 극적으로 나아진 것인지 아직 쉬이 단언할 수 없다. 하지만 현재의 실제 경기 상황에 비추어볼 때 나날이 진보하고 확대된 점은 본회의소로서 믿어 의심치 않는 바이다. (미완)

• 기서

논설의 가부와 신의에 대해서는 편집자가 보장하지 않는다.

회동책 상 漢 (전호에서 계속)

내 청컨대 논자를 위해 그 대략을 설명하겠다.

고대 그리스는 아득히 멀다. 로마는 중기에 이르러 동서로 나뉘고, 얼마 지나지 않아 서로마가 오도아케르(Odoacer)[17]에 의해 패망하고 동로마가 터키에 의해 멸망되었다. 로마가 멸망하자 유럽 각국이 일어났다. 영국과 프랑스는 기원 400년에 건국한 나라이다. 일본과 러시아는 기원 800년에 왕을 칭한 나라이다. 포르투갈·스페인·에스파냐 모두 그 다음으로 일어났다. 그리고 터키 또한 기원 1400년에 비로소 동로마를 취하였다. 그 이후로 400여 년 내내 온 유럽이 소란하여 날마다 전쟁을 일삼으니, 깊은 지모와 뛰어난 자질로 온 천하를 병탄(併呑)하고자 하였다. 천하에 일이 없으면 각자 그 지혜를 다하여 민정(民政)을 정비하고, 한 번 일이 생기면 그 힘을 다하여 정략(政略)을 독단하니 날마다 닦고 달마다 닦아서 오늘날에 이른 것이다. 그러니 유럽 인민의 지력이 유독 천하에 으뜸이 된 것이다. 이에 비로소 온 천하를 경시하는 뜻이 생겨서 앞다투어 나누고 가지는 데 힘썼다. 이러한 까닭에 그에 앞서 아메리카인을 축출하여 그 땅을 빼앗고, 그 뒤에 아프리카인을 배척하여 그 요지를 점거하였다. 아메리카와 아프리카 두 대륙에서 이미 취할 만한 것이 없어지자, 비로소 그 칼끝을 동방으로 돌려서 우리 아시아 대륙을 다투어 취하고자 하였다.

대개 그 최초의 나라는 포르투갈과 스페인 등 여러 나라로써 오로지 원정(遠征)에 힘썼는데, 근세에 이르러 영국과 러시아 두 나라만 유독 그 칼끝을 겨누고 있다. 영국은 남쪽에서부터 진출하여 인도를 취하고 미얀마를 약탈하고 청나라의 홍콩에까지 이르렀다. 러시아는 북쪽에서부터 침략하여 신강성·몽골·만주 변경까지 약탈하고, 우리 사할린섬에까지 이르렀다. 이 두 나라는 모두 절대적인 힘으로 우리 아시아 대륙에 그 뜻을 왕성하게 펼치고자 한다. 그렇다면 우리 아시아 대륙은 어떻게 해야 아메리카·아프리카 두 대륙처럼 되지 않겠는가. 나는 늘 생각이 여기에 미칠 때마다 길게 탄식하지 않은 적이 없었다.

---

17 오도아케르(Odoacer) : 434?~493?. 게르만 출신의 로마 용병 대장. 서로마 제국을 멸망시키고 이탈리아를 지배하였으나 후에 동고트 왕 테오도리크에게 패하였다.

오호라! 세상의 논자들이 우리 아시아 대륙을 밑바닥으로 여기는데 과연 어떻게 생각하는가. 서양의 태반이 이미 유럽인들에게 제압당해서 동양에서 겨우 남은 것은 청나라와 몇몇 작은 나라뿐이다. 그러나 논자들의 견해와 같다면 청나라 역시 장차 오래 가지 못하고 유럽인의 손에 들어갈 것이다. 청나라가 이미 유럽인의 손에 들어간다면, 몇몇 작은 나라도 실로 버티지 못할 것이고, 작은 몇몇 나라가 버티지 못한다면 어찌 우리나라만 홀로 동해에서 독립할 수 있겠는가. 이것이 내가 이른 바 '국가의 큰 계책은 국내의 작은 형세로 정할 수 없다'고 한 까닭이다. (미완)

❖❖❖

〈보고〉

나가사키현(長崎縣) 나가사키구(長崎區) 호카우라정(外浦町) 47번호에 설립한 유한책임 미요시사(三好社) 자본금 5만 원을 8만 원으로 하고, 이달부터 화환(貨換)어음 및 매매 하물 중개 등을 겸업하기에 이르렀기에 환어음 거래소 및 수수료 등을 다음에 싣는다.

화환 어음 거래소

나가사키 본점	오사카지점	조선 부산 지전(支廛)	동 원산 지전
오사카에서	나가사키	부산	원산까지
35전	50전	1원	1원 85전

이상과 같이 서로 결정하였으나 형편에 따라 증감할 수 있다. 전신환(電信換)은 그때의 사정에 따른다.

매매 하물 중개 수수료

내외 제반 물화	사는 쪽 중개	1보(步)
	파는 쪽 중개	1보(步) 5리(釐)

이상과 같이 화환어음 및 매매 하물 중개 수수료를 서로 결정하고, 확실히 취급하기에 이르렀으니 편의에 따라 신청하시기 바랍니다.

메이지 15년 4월 18일   부산포   미요시사(三好社) 지점
각 점포 귀중

천금단(千金丹) 발매 및 제반 지역의 묘약(妙藥) 대중개업 판매 광고

관허 천금단   본포 쓰시마 이즈하라(對州嚴原)   삼산회생당제(三山回生堂製)

상기의 발매와 함께 다음의 천하 유명의 묘제 품목들 모두 본포와 약정하고, 본 회생당에서 대중개업을 열게 되었으니, 만약 중개업 희망의 의향을 알려주시면 곧바로 천금단과 마찬가지로 각 본가(本家)에서 정한 할인 금액으로 도매할 수 있으므로 강호에서 사랑해주시는 여러 분들께서는 많고 적음에 상관없이 계속 구매하여주시기 바랍니다.

○보단보단수(寶丹寶丹水) ○정기수(精錡水) ○온통환(穩通丸) ○진류음(鎭溜飮) ○보양환(補養丸) ○인환(麟丸) ○보단사리별(寶丹舍里別) ○닭고기 게레(鷄肉ゲレー) ○자생당 신약 회양단(資生堂神藥回陽丹) 기타 여러 품목 ○피쓰톨(ピツトル) ○개달환동산(開達丸同散) ○충약과자 백화정(虫藥菓子百花精) 및 장생당(長生糖) ○적와환(赤蛙丸) ○킨톨산(キントル散) ○신액(神液) ○일주야약(一晝夜藥) ○보명수(寶明水) ○마병묘약(癲病妙藥) ○명치수(明治水) ○성약(聖藥) ○영약(英藥) ○오룡원(五龍圓) ○천수환(天壽丸) ○정산탕(正産湯) ○의명산(宜命散) ○소아태독환(小兒胎毒丸) ○제독신방(除毒神方) ○생장환(生長丸) ○약사폰(藥サボン) ○진구단(鎭嘔丹) ○학성단옥룡단(鶴聲丹玉龍丹) ○진용산(眞龍散) ○입용단(粒用丹) ○기타 수십 품목

정진대중개업소(正眞大取次所)   쓰시마국 이즈하라 고쿠분정 회생당 삼산
조선국 부산항 본정   상기 출점 후쿠다

이상의 각 점포에서 만든 여러 조제품들을 수백 해상을 거쳐 [일본] 여러 곳으로 주문하시는 것보다 오히려 동품동가(同品同價)의 물품이라면 쓰시마국과 조선국에 한해서는 저희 점포로 한 번에 주문해주시면 일이 간소해져 유용하고 무엇보다도 잔수고와 비용 손실을 줄일 수 있어 물건을 가져다 파는 여러분께 유익의 일단이 될 것입니다. 이는 결코 사리를 꾀하려는 게 아니라 정말로 더없이 편리하기 때문이니, 잘 생각하신 후 더욱 이용해주시기를 부탁드립니다. 삼가 말씀을 올림.

본국 광고

○ 본지의 광고료는 4호 문자 1줄 25자 1회에 3전 ○ 2회에는 같은 조건으로 4전 ○ 3회 이상 5회까지도 같은 조건으로 5전. 단 25자 이하도 동일하며, 이상은 모두 선금으로 받습니다.
○ 본지의 정가는 1책은 4전, 10책은 선금(10% 할인) 36전 ○ 10책 이상 모두 10% 할인. 다만 부산항 이외의 곳은 별도로 우편요금을 선금으로 받습니다. 또한 선금 기간이 끝남과 동시에 [구독] 폐지 통지를 알려오기 전까지는 계속 우송합니다.

조선국 부산항 일본거류지 본정(本町) 2정목(丁目) 20번지
본국 상법회의소
감리 편집 겸 인쇄 오오이시(大石德夫)

부산항 변천정(辨天町) 3정목(町目) 3번지
대중개유통보급소 스즈키 다다요시(鈴木忠義)

정기간행

대일본력 메이지(明治) 15년 5월 15일 발간 | 대조선력 임오년(壬午年) 3월 28일

조선신보 제12호

재부산항 상법회의소

일러두기 漢

본소 신보의 간행 취지는 오로지 경제논설을 서술해서 일본과 조선 양국에 박아한 채람을 제공하는 데 있다. 그리고 국내외의 기사와 이문 또한 남김 없이 수습해서 드러내 보이고자 한다. 그러므로 사방의 여러 군자들은 이 뜻을 헤아려서 탁월한 논설과 새로운 학설을 아낌없이 투고해주시기 바란다. 그리고 문장은 한문을 주로 사용해준다면 기자들은 다행으로 여겨 더 바랄 것이 없을 것이다.

목차

• 조선신보

회동생이 기고한 「회동책 상」이 이미 본지에 2회에 걸쳐 〈기서〉란에 게재되었으나 종결되지 않았다. 그리고 이제 또한 기고한 그 중편과 하편 두 편이 크게 취할 견해가 있어 본지의 서두에 교체하여 게재한다.

회동책 상 漢 (전호에서 계속)

더구나 저 영국과 러시아 또한 직접 무력으로 우리를 핍박하려는 것은 아니다. 저들이 비록 마음속으로 이를 바라더라도 그 오명을 받고 싶어하지는 않고, 의지로 이를 구하려 하더라도 그 의리를 저버리고 싶어하지는 않는다. 이것이 우리가 과업으로 삼을 수 있는 까닭이다. 무릇 천하의 근심이란 그러한 것을 그러하지 않는 것으로 여기는 것보다 큰 것이 없다. 그러한 것을 그러하지 않는 것으로 여기는 자는 재앙과 실패가 눈앞에 닥쳐있어도 그 계책을 행하지 못한다. 이러한 까닭에 송나라는 금나라·원나라의 후환에 대비하지 않아서 패망하는 재앙을 입었고, 터키는 러시아의 극심한 폐해를 고려하지 않아서 쇠약한 지경에 이른 것이니, 이것이 다 그러한 것을 그러하지 않는 것으로 여긴 사례이다.

또한 저 군사력으로 성급히 이룬 경우 비록 사전에 막을 수는 없으나 사후에 복구시킬 수는 있다. 게르만족 국가들과 나폴레옹과의 관계가 그것이다. 반면 점차적으로 핍박한 경우 비록 사전에 막을 수는 있으나 사후에 복구시킬 수는 없다. 폴란드와 프러시아와의 관계가 그것이다. 그렇다면 오늘날 동아시아는 영국과 러시아 두 나라와의 관계가 장차 폴란드처럼 되겠는가. 터키처럼 되겠는가. 아니면 송나라처럼 되겠는가. 그 대세를 살펴서 그 계책을 세우지 못한다면 또한 장차 저 세 나라처럼 멸망하는 재앙을 입을 것이다.

그러므로 송나라를 위한 계책으로는 무력을 비축하고 위세를 길러서 금·원나라의 쇠퇴를 기다렸다가 중원을 회복했어야 되지, 조정과 당파가 안일하게 지내다가 스스로 몰락해서는 안 되었다. 폴란드를 위한 계책으로는 이웃나라들과 화친하고 돈독해져서 점차 국가 세력을 보전했어야 되지, 불화를 함부로 일으켜 급격히 원수가 되어서는 안 되었다. 터키를 위한 계책으로는 근검으로 정사를 잘 정비하여 점차 국가의 위세를 진작시켜 러시아의 분수에 넘치는 야심을 끊었어야 되지, 교만함과 사치함과 방탕함으로 자락(自樂)해서는 안 되었다. 그리고 동방 아시아를 위한 계책으로는 천하의 대세를 관찰하고 천하의 사정을 관찰하여 점차 청명하고 부강한 나라가 될 수 있도록 정비했어야 되지, 자만함으로 자신을 높이고 완고함으로 자신을 고루하게 하여 구차하게 안일한 모의를 일삼아서는 안 되었다.

무릇 이 네 가지 계책은 다 그 나라의 확고부동한 큰 계책으로 바꿀 수 없는 것이다. 무릇 오로지 그것이 그러한 줄만 알고 그 계책을 세우지 못한 것이다. 이러한 까닭에 송나라가 안일하게 지내다가 스스로 몰락하여 금·원나라에 의해 멸망된 것이고, 폴란드가 불화의 단서를 함부로 열어서 세 나라로 나눠진 것이고, 터키가 그 교만함과 사치함으로 자락하다가 러시아에 의해 쇠약해진 것이다. 오호라! 천하의 큰 호걸이 아니라면 누가 쇠약한 형세를 돌리고 한창 강성한 적을 막을 수 있겠는가.

나는 일찍이 논하기를 "나라의 부흥은 토지의 크기에 있지 않고, 많은 백성과 많은 인재에 달려있다."고 하였다. 만일 큰 호걸이 있다면 천하의 대세를 살필 것이고, 천하의 대세를 살핀다면 일국의 큰 계획을 세울 것이니, 비록 작은 나라와 적은 백성이라도 충분히 나라를 일으킬 수 있다.

무릇 러시아는 북방 끝의 작은 오랑캐일 뿐이라 토지도 추위가 심하고, 백성도 극히 적어서 일찍이 몽골의 지배를 받은 지 200여 년이나 된다. 이러한 시기에 누가 그 자손이 전세계의 강국으로 일컬어질 줄 알았겠는가. 그러나 한 번 페테르고프(Peterhof)[1] 황제를 얻자 비로소 조정의 계책을 넓혀서 나라를 가르치고 백성들을 부유하게 하니 불과 100년 내로 마침내 천하에 으뜸이 되었다. 영국 또한 북방의 한 섬나라일 뿐이라 토지도 넓지 않고 백성도 많지 않아서, 그 애초에 또한 이탈리아의 침략을 받아서 몇 차례나 멸망하였다. 이러한 시기에 또한 누가 그 후손이 전 세계의 부국으로 일컬어질 줄 알았겠는가. 그러나 하루아침에 그 큰 계획을 정하자 상업을 소통시키고 원예를 지원하여 부지런히 힘써서 오늘의 번영을 이룬 것이다. 이로써 보건대, 백성이 비록 적어도 참으로 그 적임자를 얻으면 천하의 강국으로 일컬어질 수 있고, 토지가 비록 작아도 참으로 그 큰 계획을 정하면 또한 천하의 부국으로 일컬어질 수 있는 것이다. 하물며 토지가 크고 백성이 많음이야 말해 무엇하겠는가. 그러므로 나는 동방 아시아의 회복을 국가의 큰 계획으로 삼아서 점차 그 나머지에까지 미치려는 것이다. (상편 끝)

• 잡보

○ 저 정부에서는 최근 신전(新錢)-역시 동공전- 을 주조한다고 한다. 지금 그 법을 들으니 이름하여 사주전(私鑄錢)이라고 칭한다. 이 일로 말할 것 같으면, 정부가 자금력 있는 자 26명에게 명하여 각각에게 전문(錢文) 70관문을 미리 관에 바치게 하고, 사사로이 통화를 주조하

---

1 페테르고프 : '표트르 대제' 혹은 '피터 대제'라 불린다. 표트르 1세는 러시아 제국 로마노프 왕조의 황제(재위 1682~1725)로, 서구화 정책과 영토 확장으로 루스 차르국을 러시아 제국으로 성립했다.

도록 허락한 것이다. 이를 간단히 말하면, 이 70관문은 사주전의 면허료라고 할 수 있다. 그런데 관에서 각각에게 명하기를 몇 월 며칠 몇 시부터 수십 일 동안이라고 한정해, 하루에 전(錢) 천 관문씩 주조하게 하는, 이른바 6공4사(六公四私)의 법으로 600문을 관에 내면 나머지 400문은 지금(地金)² 기타 잡화로서 면허인에게 주어진다. 그런 까닭에 가령 하루에 2천 문을 주조한다 하더라도 정해진 600문만 내면 …… (이하 본문 결락)³

○ 조선임경업전 (전편에서 계속)

그런데 양반께서 매우 온화하게 말하기를 "그건 그렇고 어르신께서는 어쩌다 이렇게 영락하신 겁니까. 하졸들의 갖가지 무례함은 부디 제발 용서하십시오."라며 사과하는 말에, "참으로 괴이한 말씀을 하십니다. 소생은 태생이 천한 상놈이라 아직껏 출세는 못하였으나 그렇다고 영락한 일은 더더욱 없습니다. 가마꾼 자식이 가마를 메는 것을 어찌 영락하였다 하시는 겁니까. 하여간 소생의 무례의 죄를 책망치 마시고 용서해 주시기를, 더할 나위없는 높고 크신 은혜를 오로지 바랄 뿐입니다."라고 말하자 양반은 더한층 허리를 구부리고 말을 낮추어 "그렇게 의아해하시는 것도 당연하십니다. 이렇게 말씀 올리는 소생은 어르신의 깊으신 은혜로 사람이 된 봉악입니다. 많은 이들의 섬김을 받아 무엇 하나 부족함이 없는 지금의 저는 모두 어르신 덕택이라고 자나깨나 길 가 풀잎 끝에 맺힌 이슬만큼도 잊은 적이 없습니다. 이런저런 공무를 받들다 보니 생각은 하면서도 그동안 소원했던 죄를 용서하십시오."라며 공손히 사과하는 말에 퍼뜩 생각이 미쳐, '아아 봉악이로구나. 반갑구나.'라고

---

2 지금(地金) : 화폐, 세공물 따위의 재료가 되는 금속을 말한다.
3 이하 본문 내용이 결락되었다. 원본에는 이하 부분이 백지 상태이다.

말하려 하였지만 지금 자신의 볼품없는 모습이 너무나 부끄러워 눈물이
앞섰다. 봉악은 더욱 정중히 "조금 주제넘은 일이지만 유위전변(有爲轉
變)은 세상사 이치, 조가(朝歌)의 시장에서 소를 잡던 여망(呂望)은 주나라
대장이 되었습니다. 무용강의(武勇剛毅)의 항왕(項王)도 오강(烏江)에서
목숨을 앞당겼습니다. 세간에 선례도 많은 일이니, 지금 어르신의 영락
을 그렇게 한탄하지 마십시오."라며 조금 전 갈아입은 자기 옷으로 갈아
입혔다. "자, 가시죠."라는 권유를 받고 기쁜 한편으로 슬픔과 부끄러움
에 상현은 다만 말이 막히고 눈물에 목이 메일 뿐이었다. 겨우 다독이고
하인들에게 말씀하시어 자기 집으로 데려갔다. 왕래하는 사람도 대단히
많은 도읍 안에서 일어난 일이고 보니 여러 가지 소문을 퍼뜨려 비방하
는 자가 있는가 하면 칭찬하는 자도 있었다. 한때는 소문이 구구하였다.
봉악은 은인을 자기 집으로 데려가 진정한 부모로 공경하였다. 매우
극진히 대우하니 이 사람 저 사람이 퍼뜨린 것인지 덕의 보답은 어느새
국왕 전하의 귀에까지 들어가 어느 날 봉악을 어전으로 불러들여 이상현
의 자초지종을 물으시고 크게 감동하셨다. 특히 봉악이 상현을 만났을
때 관복을 벗고 배알한 것을 매우 기뻐하시며 "실로 과인의 가장 믿음직
한 신하, 충신이로구나. 의사(義士)로구나."하며, 그날로 벼슬을 예조참
의(禮曹參議)에 추천하시고 품계 정3품을 내리셨다. 봉악이 감동하여 눈
물을 흘리고 거듭 세 차례 사양해 마지않았으나 듣지 않으시는 임금의
마음에 감사드리며 물러나왔다. (이하 다음호에)

○ 듣건대 미국은 조선에 접근하여 교제를 개시하겠다며 지금 한성
부에서 함대를 정박하고 담판 중이라고 한다. 나머지는 확실한 정보를
얻어 상세히 알리겠다.

○ 올해 3월 당항 경찰서의 호구 조사에 따르면 인구 1,829명 중 남
자 1,066명, 여자 763명, 가구수 433호, 빈집 79채인데, 이를 지난달과

비교하면 감소한 것은 인구 23명, 가구수는 15호가 더 늘었고 빈집은
16채로 줄었다. 또 4월에는 가구수 408호, 빈집 101채, 인구는 1,783명
중 남자 1,045명, 여자 738명이다. 전달과의 비교는 동시에 실었으니
별도로 기록하지 않는다.

○ 어제 정오의 기온은 69도[20.5℃]였고, 이전 10일 간의 평균 기온
은 62도[16.7℃]였다. 지난달 맑거나 비바람이 부는 날의 평균 기온은
62도 1분[16.7℃]이었다. 최고 기온은 68도[20℃]였다. 최저 기온 54도
[12.2℃]였다. 맑은 날이 16일이었다. 반쯤 갠 날이 3일이었다. 비 온 날
이 7일이었다. 비바람 부는 날이 2일이었다. 구름 낀 날이 2일이었다.

• 부산상황

○ 당항의 상황은 매번 쇠미 쇠미, 불경기 불경기라고 말하면서도
역시 조금 조금씩 거래가 있으므로 그렇게 걱정할 정도는 아니다. 이른
바 쇠퇴가 다하면 활성이 시작되고, 또 활성이 한계에 다다르면 쇠퇴의
시작이라고들 말한다. 그렇다면 오늘의 불경기는 다른 날의 번창일 것인
가. 과연 그럴지 안 그럴지는 아직 기하여 알 수 있는 것은 아니다. 하지
만 미리 활기 있는 상법으로 때에 임하여 변화에 응하고 잘 계획한 바가
있다면, 설령 어떤 위험한 경우를 만나더라도 별반 괴로움은 없을 것이
다. 이는 특히 인내 한 조각과 일치 협동의 힘에 의지하여야 한다. 만약
이러한 생각이 없다면 조선무역은 꾸물꾸물 별볼일 없어질 것이다.

○ 지난 10일 간의 상황은 달리 변함이 없다.

○ 쌀은 이따금 100섬 혹은 200섬 정도 가져오는 일도 있지만 가격
이 높아 거래가 적다.

○ 콩은 조금씩 오는데 가격도 상당히 좋다.

○ 소가죽은 변함없이 저 나라 관리의 도고 때문에 아직껏 적게 나온다.

○ 이상과 같이 살 물건이 없으니 팔 물건도 전혀 팔지 못하고 있다. 단지 날마다 한랭사 5반이나 10반 정도가 있을 뿐이다.

• 원산통신

원산항 수출입 상황 (전호에서 계속)

이처럼 논하다 보니 본항의 거류 상인에게 있어서는 그 이윤도 저절로 상응하여 각기 그 혜택을 입은 것 같겠지만 그 실제에 있어서는 오히려 작년 14년이야말로 진짜 본항의 흉난(凶難)이라고 할 수밖에 없는 양상이었다. 우리로 하여금 크나큰 근심의 고통이 극에 이르게 한 나쁜 해였다. 그 이유는 재작년 13년 창업 때에는 우리의 공급이 매우 근소하여 항상 저 수요를 만족시키지 못하였다. 그런 까닭에 우리 수입품은 저절로 물품 가치가 늘어나 그 결과 얼마쯤 이익을 얻었다. 하지만 14년에 이르러서는 거류 상인도 점차 늘어나고 수입품도 덩달아 다액을 더하면서 결국 그 폐해는 매매 경쟁으로 이어졌다. 심각함은 당시 우편선이 격월로 항해하면서 원래의 먹은금새의 금리에 압박받아 2개월 간 쌓아두고 팔 수도 없어 우편선이 정박한 4~5일 동안 매매를 끝내는 경우가 생겼다. 이렇다보니 어찌 박리를 마다할 겨를이 있겠는가. 더 심각한 것은 절박함에 떠밀려 눈앞의 손실도 돌아보지 않는다는 것이다. 그 때문에 종류에 따라서는 본국의 가격보다도 당항에서 오히려 싼 가격도 나오기에 이르렀다. 이것이 예전의 가격을 갑자기 하락시켜 우리로 하여금 크나큰 환고(患苦)의 극에 이르게 한 원인이다. 그렇기는 하지만 마침내 10일 무렵 자리를 함께 하여 각 상인들의 협의도 거의 하나로 정해져 스스로 경쟁적 매매의 폐풍(弊風)도 개량하고 또 우편선의 항해도 매월 1회로 늘어나 무역품의 첫째 가는 당목 같은 것도 차츰 시기가 되니 자연 상황 회복의 빛을 띠기 시작하여 각 상인들도 울상을 풀기에 이르렀다. 그런 까닭에 지금 14년을 3기로 나누어 그 실제 상황을 다음에 싣는다.

제1기	1월~4월	4개월 간 이익 대략 1.5%	100원 당 1원 50전
제2기	5월~9월	5개월 간 이익 없음	
제3기	10월~12월	3개월 간 이익 대략 15%	100원 당 15원

(이하 다음호에)

• 기서

논설의 가부와 신의에 대해서는 편집자가 보장하지 않는다.

교린의 요체

부산에 거주하는 是水 某

옛 사람이 말하기를 신의[信]가 있으면 반드시 덕이 있다 하였다. 지당하도다. 말인즉슨 적어도 사람에게 신의가 있어야 하니 만약 사람에게 신의가 없다면 또한 덕이 있을 리 없다. 덕이 없고 신의가 없는데 어찌 교린의 요체가 있을 것인가. 내가 생각건대, 일본과 조선의 교제로 말할 것 같으면 결코 얕잡아봐서도 안 되고 결코 가벼이 여겨서도 안 된다. 보라, 서쪽으로 청나라가 있고, 북쪽으로 러시아가 있다. 둘다 우리의 잘못을 기다리는 것 같다. 우리가 만일 잘못이 있어서 신의를 해치기라도 한다면 청나라와 러시아는 이를 두고 볼 뿐 아니라 앞으로 어떠한 관계를 야기할 것인지 아직 알 수 없다고는 하지만 미리 깊이 숙고하지 않으면 안 된다. 그런 까닭에 신의는 더욱 단단하게, 덕은 더욱 두터이 하여 교린의 요체로 삼아야 할 것이다.

내가 당항에 머문 지 오래되었다. 그런데 우리와 저들의 정태를 살피건대, 우리 장사치들이 저들과 접할 때 실로 말하지 않고는 배길 수 없는 경조부박한 행동거지가 있다. 거의 약육강식의 모양새이다. 첫째는 신의가 없고 둘째로 덕이 없어, 움직이기라도 하면 곧 사람 대접을 하지 않고 금수 취급한다. 저들이 아무리 야만의 백성이라지만 어찌 목석이겠는가. 하물며 금수에게 있어서랴. 반드시 아픔과 괴로움은 서로 슬퍼하고 고통과 억울함은 서로 돕는 정이 있을 것이다. 어찌하여 같잖게 여기고 짐승 대하듯 할 수 있겠는가. 그런데도 깊이 생각하지 않고 함부로 야만스런 사람들이라고 얕잡아보고, 신의를 가벼이 여겨해서는 안 될 일을 하고 덕을 존중하지 않고 저질러서는 안 될 일을 저지르는 것 같은 이런 일들이 있어서야 그들이 과연 무엇으로 갚으려 하겠는가. 저들이 폭력에 폭력으로 되갚음하거나 아니 그렇지 아니하고 만약 저들이 반대로 신의로써 덕으로써 보답한다면 우리 자신이 부끄럽지 않겠는가. 무릇 도리를 아는 자의 참을 수 없는 치욕이랄까. 멀게는 지난해 초가을 구포의 변처럼 가깝게는 올해 원산의 변처럼 저들이 무엇 때문에 폭행을 일삼았는지 시험 삼아 그 연유를 [내용 오류][4] 따져보면 구포에서든 원산에서든 우리 모두 규정 범위 밖으로 발을 내디뎌 이렇게 된 게 아닌가. 그렇다고는 하지만 저들이 무리를 지어 우리를 살상한 일은 저들이 아직 공법의 여하를 모르고 다만 떼거리의 기세를 타서 폭발한 것일 뿐이다. 이른바 폭력에 폭력으로 되갚아준 것과 같다. 그 때문에 사람을 살상한 죄는 물론 공법이 용서하지 않겠지만 애초 저들이 공법을 범하게 한 것은 우리의 죄가 아니고 무엇이겠는가. 이는 필경 신의를 가벼이 여기고 덕을 존중하지 않는 데 이른 것이다.

이상과 같이 논하는 중에 교린의 요체는 이제 명백해졌다. 적어도

---

4   원본에는 제10호 기사의 일부가 잘못 유입되어 있다. 본문에서는 삭제하였다.

조선의 명을 받들고 있는 공사나 영사되는 자는 모름지기 여기에 힘을 쏟지 않으면 안 된다. 그리고 무역에 종사하는 상인되는 자들은 한층 더 직접적인 관계, 영리의 친밀함을 가지고 잠시도 소홀함이 없어야 할 것이다. 내가 얼마간 느낀 바가 있어 이 글을 적는다.

◆◆◆

⟨보고⟩

나가사키현(長崎縣) 나가사키구(長崎區) 호카우라정(外浦町) 47번호에 설립한 유한책임 미요시사(三好社) 자본금 5만 원을 8만 원으로 하고, 이달부터 화환(貨換)어음 및 매매 하물 중개 등을 겸업하기에 이르렀기에 환어음 거래소 및 수수료 등을 다음에 싣는다.

화환 어음 거래소

나가사키 본점	오사카지점	조선 부산 지전(支廛)	동 원산 지전
오사카에서	나가사키	부산	원산까지
35전	50전	1원	1원 85전

이상과 같이 서로 결정하였으나 형편에 따라 증감할 수 있다. 전신환 (電信換)은 그때의 사정에 따른다.

매매 하물 중개 수수료

내외 제반 물화	사는 쪽 중개	1보(步)
	파는 쪽 중개	1보(步) 5리(釐)

이상과 같이 화환어음 및 매매 하물 중개 수수료를 서로 결정하고, 확실히 취급하기에 이르렀으니 편의에 따라 신청하시기 바랍니다.

메이지 15년 4월 18일   부산포   미요시사(三好社) 지점
　각 점포 귀중

朝鮮新報

定期刊行

大日本曆明治十五年三月五日發兌 ｜ 大朝鮮曆壬午年正月廿十日

朝鮮新報 第五號

在釜山港 商法會議所

例言

本所新報刊行之旨趣, 在專叙述經濟論說, 以供日鮮兩國博雅之采覽. 而如其發露中外之奇事異聞, 亦要收拾不遺也. 因希四方諸君子能諒此意, 高論新說必不吝投寄. 而其文務用漢文, 則記者之幸, 以何加之敢望々々.

目次

▸領事館錄事

違警罪目 [前號之續]

左ノ諸件ヲ犯シタル者ハ、一日以上十日以下ノ拘留、又ハ五錢以上壹圓五十錢以下ノ科料ニ處ス。

一 地所ニ關スル諸規則ニ違背シタル者

二 「貸座敷及ビ藝・娼妓營業規則」ヲ除クノ外、總テ居留人民營業規則ニ違背シタル者

三 渡韓・歸國・轉宿幷ニ往來屆方規則ニ違背シタル者

四 家屋建築ニ關スル諸規則ニ違背シタル者

五 市街掃除規則ニ違背シタル者

六 埠頭舟楫ノ通行ニ妨ケアル場所ニ船舶ヲ繫泊シ、或ハ濫リニ棧橋ニ網繩ヲ張ル者

七 裸體、又ハ袒裼シ、或ハ股脚ヲ露ハシ、其他醜體ヲナシタル者

▸朝鮮新報

告 朝鮮國地方長官各位

世間不可無醫. 若無醫, 誰能得保民生乎? 醫不可無術. 若無術, 豈能得肉骨回生乎? 醫而不能治人之疾病, 尙屬無用一朝之誤診, 輕則使民生爲不具之人, 重則至使歸泉下, 豈懼而可不深戒乎? 夫天下之大本莫大於農, 々之大本莫大於土木. 國置土木之官, 所謂不異世間醫之有要也. 若國而不置土木之官, 不幸而逢遭非常之天變, 不啻失人, 世可貴之耕地, 動輒至使饒地爲無人之荒野, 是豈可不深顧哉? 夫土水¹之所最先者, 修繕海邊及大小河川之堤防, 以備非常之海嘯洪水之虞, 而俾耕地不被其害焉. 又修繕道路橋梁

---

1 문맥상 土水는 土木의 오기이다.

時, 或新築之而便人馬往來, 或塡汚池敗澤而力開拓新田, 或鑿池畜水, 以備非常旱魃之虞. 或隨河流設水車而汲水等, 皆依其便宜施之. 然而潮與水不得踰堤防, 入耕地, 而人與馬不知道路之險阻, 河川隔絶之患焉. 若逢遭非常之天災潮水踰堤防, 々々堅固則無土砂侵入之患, 是以耕地不被其害也. 抑有天災非常之變而損國土者, 不異人有非常之病矣. 大小河川之水流不便于民生者, 不異人身之血液不循環矣. 道路險阻, 或河川無橋梁, 而阻絶人馬往來者, 不異手足不自由矣. 便其不便者, 是不異醫之治疾病也. [未完]

◆雜報

○ 或朝鮮人の噂に、日本製の扇子は極めてたくみにして、京城の士大夫も皆これを賞用するといへども、大抵扇子の柄尾尖りたるゆゑ、袖中に入るべからず。何となれば、袖をふる風儀のある本國の如きは爲めに、袖を損ずるの恐れあり。本國製の扇子は總て柄尾を圓にするは、職是の由なりと。又、扇面一體に丹青を書きたるは、傾城の具なりとて、士大夫はこれを用ゐずといへり。此事些々たる事なれども、商家の五參考にもならんかと老婆心。

編者曰: "我國巨商大倉喜八郎、高橋平格兩人者, 上年夏, 我日本爲客, 得所贈朝鮮紳士洪英植、魚允中兩士之文章, 一讀三嘆. 大有關日鮮貿易商業者, 而其論旨如六項實於朝鮮經國之法, 有益者, 盖不鮮々也. 故揭本紙以廣供, 中外君子之覽云爾."

大日本國商大倉喜八郎、高橋平格, 頓首再拜呈書. 大朝鮮國洪英植, 魚允中大兄足下語曰: '溫故知新'. 方今世運一變, 宇內萬國以富國强兵爲務. 殷富如英吉利, 倔彊如鄂羅斯者, 爭紀焉. 而其政事法制, 以至百般之事, 皆無不本于所謂溫知之道. 是彼之所以致盛也. 如我東洋諸國, 治化非不遍, 文教不振. 然比之泰西之富彊, 終不得不輸一籌者, 何也? 盖拘舊習, 持陋見, 膠柱守墨,

而不講究溫知之爲何物也. 於今, 不爲之計, 所謂弱肉彊食者, 早晚將不免, 豈
可不寒心乎? 伏惟大兄足下, 博學勇邁, 蚤負興望, 今也蹶起來遊, 其意果在
於斯乎? 僕等不肖, 與商賈爲伍, 曾往來于貴邦, 數年互市之間. 有一二所經
驗友誼, 不忍默過, 敢布腹心, 足下請少容焉.

　一曰: "砂金, 固貴邦之天産, 詢富國之源也. 然以採製, 不得其道探之也. 旣
勞多而獲少, 及製成精粗混交, 苦分其良否, 而品位之不高, 亦是之由. [未完]

○ 彼の守舊黨の有名なる洪在鶴は、曾て國事につき、當時の政體を誹毀
したる、過激の建言の爲めに、死刑に處せられたるが、今、又、同黨の一人
宋山林[山林は學士の稱號]は、先日、何にか建書したる、其主義は洪在鶴と殆
同じき由、或韓人よりきゝしが、他日、其稿を得ば、尙は、詳報すべし。

○ 朝鮮の通貨は、是れまで孔錢にて常平通寶のみの處、今般、該錢の文
字を改めて、十錢・五錢・一錢の三銅貨錢を鑄造せらるゝとて、目下、着
手中なりと、京城より來りし韓人の話しなるが、これより今一層進んで金銀
貨幣を發行することゝなれば、朝鮮政府の爲めには所謂國を富すの基礎とな
るのみならず、彼我の貿易も進路に趣くや必せり。

○ 古來より服製のたゝしきは、淸鮮のごとき他に比類なきところなるが、彼
の政府にては近々令して、平民衣冠の製度を定めらるゝよし。衣は一般ツル
マク[2]と云ふ、長き筒袖の上衣を着さしめ、冠りは從前の烏帽三分一程に縮
めると。實に我國にては、奇をきそひ新をあらそふの風俗として、歐衣米冠
や甚しきは男子の女裝する等あつて、時の流行ものを好み、特に衣冠の製
いまだ備はらざるは、彼の人にはずるところやあらんか。

○ 時移り物換る、時勢の變遷に隨ふものは、萬國一般の通理にして、自
然野蠻國は文明にすゝみ、開化の國となるや。現に英國の如きとて、初め
より文明と稱し、開化と呼びし國にはあらずして、漸々人智の開け進みしも

---

2 ツルマク는 '두루마기'의 음차로 보인다.

のなり。今や、賢しこくも、かの王后には、過る日、侍女一人、僧一人を召し、梁山郡通道寺[この寺は金剛寺・香山寺・九月寺等と同じく有名なる大寺なり]に參らせられ、これまで無辜にして、死罪に處せられしもののため、先月の末ゑつかたより千燈佛祀てふ供養を執行なさるゝと云ふ。誠に民を愛せらるゝ后慮の程こそ、めでたかりけり。

　○ 東來府伯金善根氏は、從來の府伯中、未曾有の善良なる人にて、昨年の夏、旱魃の時も管下人民の艱難を痛み、わが領事へ依賴して水取機械を需められしゆゑ、領事は早速屬官某氏を派遣せられ、倶に其事に盡力せられしといふ。又、同氏は當春より牛瘡[3]を施んとて、牛を買ひ求め、其施術の事をわが濟生醫院の醫官へ依賴されたりき。實に、其名善根の二字、空しからざる人なり。

　○ 釜山領事裁判所に於て、昨年下半季中に處分せられたる刑事に、勸解に審理罰則違犯者幷に警察所にて違書[4]罪處分等の諸表を得たれば、其要領を摘み左にかゝぐ。

　刑事犯則者三十六名、罰金二十圓五十錢內、贖罪金十一圓廿五錢、取贖金一圓廿五錢なり。勸解棄却十五、願下百十九、調二、不調三十、未濟三十六、總計二百〇二、外に前季より操裁件四十八なり。審理件數十七、新受十七、却下三、願下一、未濟二なり。罰則違犯者六十四人[罪名遲參、不參]罰金二十二圓六十錢なり。

　違警犯者二十六人內、違式十三人、註違十三人、科料金七圓九十六錢なり。

　右の外に、長崎上等裁判所へ送附一人あり。

　○ 去月廿六日の夜、當居留地七福亭に於て語學生諸子が、啫和[5]會一周

3　文脈상 牛瘡은 牛痘를 뜻한다.

4　文脈상 違書는 違警의 오기인 듯하다.

5　啫和는 "서로 조화롭게 어울리다"라는 의미의 諧和 또는 階和의 오기인 듯하다.

年の祝莚を開かれたる其模様を聞くに、會員は陸軍中尉海津三雄氏を始め、參謀本部語學生諸子並に領事館象胥朝鮮人の外に、客員中野許太郎、浦瀬裕兩氏の餘四五名、總て來會したるもの二十名程にて、會長は武田某、幹事は赤羽某。會長は畧は座中の定まりしを見て、開莚の祝詞を述べ終られ、續て日鮮人交も立て、えんぜつ等ありて、各歡をつくしてかへられしは、實に盛會なりしときけり。

○ 草梁居、李喆元等は輕罪を死刑に處せられたるのみならず、其酸酷のあらましは前號にも記載せしが、余りの事故一層探偵を遂し處、幸ひに其ゆかりある人、其刑場にありて現に目撃したる様子を聞くに、杖にて打殺も死に切らず、又、麻繩にて絞るも、其しかけの工みならねばヤレソリアに死なぬ故、腹の上に烈火をおこし立て、漸くに此世を去らしめたりといふ。實に殷の紂王が炮烙の刑にも敢て讓らざるべし。

○ 去る一日のことなるが、東萊居、黃某[四十年]は釜山に於てたらふく酒を飲み、大に酩酊して歸宅せしが、何思ひけん、ゆきなり其女房[二十五年]を歐殺[6]せしよしなるが、それが爲め東萊府の獄につながれ、昨今取調中のよしなるが、多分放心して毆殺せしものなれば、死刑には至らざるべし。

○ 聞く所に依ば、豫て我商賈より朝鮮人に係る貸金催促願に付、此頃東來府より我領事館への照回に身代限りか頻る多き由にて、其筋には餘程の五心配なりと云ふ。

○ 先日去る人のはなしに、朝鮮人は皆頑固なるものと思ひの外、散髮天窓にて日本服を着たる上に、日本語にも頗る通じたる人あり。吾等も初には全く日本人と思ひしが、人に對して酬酢をする時、日本人のことを旅びの人がどうしたかうしたといふたので、はじめて朝鮮人なりし事をしりたりと。之れによつてみれば、隨分朝鮮人にも開化した人があるものと見えます。

---

6 歐殺은 "때려죽이다"의 의미인 毆殺의 오기이다.

　○ 鯨の多いは、恐らく朝鮮地方程の所は、我北海道にも稀なるべし。二三年前より捕鯨の事を願ひ出し人ありて、既に彼の政府へも照會濟になりてをるに、今日まで此事に着手する人のなきはいかなる事にや。

　○ 京城より或人への報知に、有名なる開化黨の參判閔泳翊君[二十五年]は、當春早々我日本へ渡航せらるゝ筈の所、都合に依て彼暦の三月比迄延引せらるゝといふ。

　○ 前號に、九十九丸乘組人藤松作次郎外一名、朝鮮船の覆沒せしを救助したるにより、賞金を賜はりしことを記載せしが、報天丸乘組人渡邊善吉と都合三名のよしに付き、更に爰にしるすになん。

　○ 在釜山港、日本館の老松に蔦のまとへるを見て

– 中臣の紅琴

老松の　重ねて着たる　蔦にしき
去年より今年　色まさりけり

　○ 朝鮮絹紬者, 國産之一也. 織之極精工, 務供外人之用, 則經國之一端也. 唯可惜者, 其製未精工, 且其地簿, 而不堪作日本人之衣矣. 動輒有其端, 織屑糸者, 爲缺丈尺愈不堪用也. 今製之精, 撰其糸, 厚其地, 而其丈數以朝鮮尺四十四尺[卽當日本尺五十七尺二寸], 可堪作其衣也. 又屑糸者, 大其經織以屑糸耳. 日本人稱之曰: "屑糸織最愛焉." 故其價貴, 亦從其物則敢不忌嫌也. 請牧民官諸君敎民以此事, 幸甚.

　○ 朝鮮國の産物中にて未經工品は姑らくさてをき、經工品には是とてよきものはまれなるが、中にも團扇・五座・圓座・簾等は頗る愛すべき好品あり。唯、をしむべきは未だ器械の設けなきゆゑに、多くの人工を費し爲めに、其價の廉ならざるのみ。

　○ 本紙正誤。初丁表、末行ナシタル者の下[以下次號]の四字を脱す。三丁裏七行の(はずる)は(はづる)の誤り。

○ 昨日、寒暖機正午五十三度、前十日間平均五十二度。

・釜山商況

○ 當港の貿易は、此十日間、差たる變動はなけれども、先つ槩して不景氣と云はざるを得ざるなり。如此單に不景氣とのみにては、甚だ了解に苦しまざるを得ざるにより、聊其源因を述べんとす。抑も當港の貿易上、其振起すると否らざるとは、大に韓錢相場の高低に關係する處にして、試に其然る以所を說くときは、韓錢の價格甚だ廉直なるときは賣品の利を見ること能はざるにより、自然賣方の減少するに職として是れよるものなり。然り而して、今や當港の不景氣なるも韓錢相場の下直によるものなり。而して如此韓錢の下落せしは買品の鮮少なるに是れ依ると雖も、其大に關係を來す所のものは市場に於て紙幣の流通、大に蔽塞し、實に近來未曾有の不融通と云ふも、敢て過言に非らざる程の有樣なる是れなり。假令、銀行は幾萬圓の紙幣を積で之を貸付るも、商業の不景氣なるより返濟の目途これなきが故に、自然、紙幣の欠乏を告ぐるに至るものなり。故に市中の不景氣は紙幣の欠乏に根して、紙幣の欠乏は市中の不景氣に根するものなり。

○ 此頃の如く不景氣にては、賣買とも利益なくして損失あるのみなれば、寧ろ手を拱きて商賣を休むとも、損をせぬか勝なりとは各店とも稱道するところなり。

○ 米穀は此頃少しく入り來りしも、直段の取組は出來ぬ故、空しく持ち歸へれり。

○ 煎海鼠は、過日、七八千斤位、韓商の持來る處となるも、今以て買人なし。是れも內地に送りて不引合なればなり。

○ 不相變、朝鮮人の多く輸出し來るものは木綿のみなり。

○ 砂金銀は稀れに見ゆれども甚だ少なし。

○ 近來、當港に入來る韓商は近傍の小商人のみ。都邊の巨商等の入來せざるは、近頃、朝鮮內地に於て山賊甚だ多く爲めに、我居留地に持來る物錢を掠奪せられんことを恐れて然るなりとは、專ら朝鮮人の噂なり。

○ 元山通信はなし。

◆寄書

說之可否信僞, 編者不保焉.

朝鮮國內地通行論

在釜山 東洋生

來往贈答者, 交際上之通誼也.『禮』曰: '來而不往, 非禮.',『詩』曰: '投我以木瓜, 報之以瓊琚', 有來而無往, 有贈而無答, 爲失交際之通誼. 夫日本國與朝鮮國通交, 互以平等之權利, 則當彼是無輕重厚薄焉. 今觀察兩國之交際上, 如不無其厚簿者. 請試擧其一班.

上年朝鮮國紳士數十名之來遊于日本國也, 或由海路, 或由陸路, 得通行內地. 一無不任其所望矣. 而所經歷之地方, 款待優遇亦無所不至. 使朝鮮國人得自由於日本, 旣已如斯. 然而我日本人民航行於朝鮮國, 通商貿易者, 有年于此, 未嘗得入踵於行步, 規程里外之地. 凡通商貿易之要, 在審事物之盛衰, 運輸之便否, 人情風俗等, 而後圖其利害得失. 故我日本政府, 特爲朝鮮國, 與此自由者歟. 嗚呼! 朝鮮國人於日本如此, 而日本人於朝鮮, 霄壤不啻. 是猶有來而無往, 有贈而無答, 無乃失交際之通誼, 與彼是厚簿乎! 想方今朝鮮國賢明有識者不乏其人, 則他日使我日本國人民, 得其內地通行之自由. 猶日本國於朝鮮國, 期而可期也.

◆ 輸出入物價表

輸出入物價表 [自二月廾一日至同廾八日]					
輸入賣品			輸出買品		
品名	量	時價 メ文	品名	量	時價 メ文
内國産			米	一升	〇、〇二六七
丁銅	百斤	一二、〇〇〇			〇、〇二五〇
荒銅	〻	一〇、九〇〇	大豆	〻	〇、〇二〇〇
甲斐絹	一ぴき	二、八〇〇	小豆	〻	〇、〇二五〇
		三、〇〇〇	小麥	〻	、〇一四
摺付木	百だーす	一、三五〇	砂金	十もんめ	一一、五〇〇
		一、四五〇			〇六、〇〇〇
素麵	一はこ	一、六五〇	金地	〻	一一、五〇〇
		一、五〇〇			〇六、〇〇〇
外國産			銀地	一メめ	七〇、〇〇〇
一番義源	一反	二、〇七〇			八三、〇〇〇
		二、〇五〇	紅參	一斤	三、二〇〇
二番 同	〻	一、九〇〇			五、〇〇〇
		一、九四〇	尾人參	百斤	六、〇〇〇
三番 同	〻	一、八三〇	生糸	一斤	一、一〇〇
泰和	〻	一、九〇〇	紬	一ぴき	、九〇〇
		一、九一〇			、八〇〇
生源	〻	一、八三〇	木綿	一反	、二八〇
緋金巾	〻	〇、九五〇			、三二〇
		一、〇〇〇	ほしか	百斤	、八〇〇
天竺	〻	一、二四〇	煎海鼠	〻	一五、八〇〇
		一、三〇〇			一〇、五〇〇
綾木綿	〻	二、五五〇	ふかひれ	〻	一五、〇〇〇
		二、七〇〇	鯨骨	〻	、六二〇
更紗	〻	一、四〇〇	布海苔	〻	二、〇〇〇
澤井	〻	二、四〇〇	天草	〻	、六〇〇
寒冷紗	〻	〇、四五〇	牛皮	〻	八、五〇〇
		〇、五二〇			九、二〇〇
繻子吳絽	〻	二、三〇〇	牛骨	〻	、五〇〇
綿絽	〻	二、二五〇	油粕	〻	、四四〇
絹吳絽	〻	二、四三〇	鷄糞	〻	、五〇〇
唐糸	一まる	一、六二〇	韓錢每日相場 割		
		一、三二〇	二十一日		二七、六
白銅	一斤	、五二〇	二十二日		二七、八
錫	百斤	二三、八〇〇	二十三日		同

亞鉛	、	五、三〇〇	二十四日	二七、七
紅粉	一斤	一、五五〇	二十五日	二八、四
靑粉	、	、四三〇	二十六日	二七、七
紫粉	、	一、五〇〇	二十七日	二七、六
靑竹粉	、	一、三五〇	二十八日	同
黃粉	、	、六五〇	平均	二八、〇
		、七〇〇		
胡椒	、	、〇九五		
明礬	、	、一二〇		
甘草	、	、〇五五		

右賣買物價表は、本紙每發兌前十日間の平均を以て載録するにあれば、即ち其時價なるものは毎日の韓錢相場に照し算すれば、直ちに日本通貨および元價の割合をしるべし。

本局 廣告

〇 本紙廣告料、四號文字一行、二十五字詰、一回金三錢 〇 二回、同四錢 〇 三回以上五回まで同五錢。

　但、二十五字以下も同斷。右は總て前金に申受候。

〇 本紙定價 一冊金四錢 十冊前金[一割引]金三十六錢 〇 十冊以上、總て一割引。尤も、本港外は別に郵便税申受候。且つ前金の期相切れ候共、廢止の御沙汰有之迄は、引續き遞送仕候事。

朝鮮國釜山港日本居留地本町二丁目廿番地
本局　商法會議所
幹理編輯兼印刷　大石德夫

釜山港辨天町三丁目三番地
大取次賣弘所　鈴木忠義

定期刊行
大日本曆明治十五年三月十五日發兌 ｜ 大朝鮮曆壬午年正月廿六日

朝鮮新報 第六號

在釜山港 商法會議所

例言

本所新報刊行之旨趣, 在專叙述經濟論說, 以供日鮮兩國博雅之采覽. 而如其發露中外之奇事異聞, 亦要收拾不遺也. 因希四方諸君子能諒此意, 高論新說必不吝投寄. 而其文務用漢文, 則記者之幸, 以何加之敢望々々.

目次

◆ 領事館錄事 [前號之續]

八 男女粧飾ヲ紊ス者

九 神佛祭典等ノ節、強テ出費ヲ促カス者

十 夜間十二時後、歌舞音曲等、其他喧噪シテ、他ノ安眠ヲ妨ケタル者

十一 市街ニ於テ、便所ニアラザル場所ヘ大小便ヲ爲シタル者

十二 男女入込ノ湯ヲ渡世スル者

十三 湯屋渡世ノ者、戸口ヲ明ヶ放チ、或ハ窓等ヘ見隱ヲ爲サゞル者

十四 火事場ニ關係ナクシテ乘馬スル者

十五 港内溝渠等ヘ塵芥瓦礫ヲ投棄シタル者

十六 干鰯ノ干場外ニ於テ、濫リニ干場ヲ設ヶ及ビ干場ニ妨害ヲ爲シタル者

十七 下掃除ノ者、蓋ナキ糞桶ヲ以テ運搬シタル者

十八 强テ合力ヲ申掛ヶ、又ハ物品ヲ卽賣シタル者

◆ 朝鮮新報

告 朝鮮國地方長官各位 [前號之續]

朝鮮國河海, 畧無堤防, 一遇海嘯河漲, 汎濫洋溢, 道路爲阻絶, 至其甚砂石埋耕地, 田畝淹没. 去年熟田爲今年高原, 昨日饒圃爲今日蘆葦之義, 使民勞一朝歸烏有者亦多矣. 余數往來于東萊府瞻倉浦. 虎川之堤防崩壞, 田圃荒蕪, 而又府中江岸之蘆淤無際涯. 熟謂河川築堤防, 墾蘆淤, 拓新田, 鑿薄地. 畜水漲, 則疏洩以供灌. 旣涸, 則挑起以資糞養, 乃以足富此邑, 利此民也. 爲今之計, 亦唯在築河海之堤防, 長地方者, 宜注意於此焉. 堤防而修理, 使熟田無爲高原之患, 饒圃爲蘆葦之義之害, 道路阻絶之障碍, 則年之豊凶不敢關雨雪之多少, 百穀咸熟, 倉稟充府庫滿, 務出洋, 不可勝盡也. 於是, 國富兵彊而民歌萬歲, 所謂隨天時順地理者, 唯在人之所爲, 何復憾天地爲. 若地方官曰: "朝鮮國經費, 政府有限定之, 今欲興土木, 無如之何." 余將言, 廢出入, 所乘蹶痿之機與所率之尤卒乘代之, 以馬率者以侍史一二輩, 務省尤費,

以充土木之費. 使尤卒轎子, 皆就民業, 則朝無座食之臣, 野無浮食之民, 土水[1]之經費亦立具備焉. 夫農者天下之大本, 而土木者農之大本也. 修之有方, 理之有法. 苟不倣此方法, 妄施行之, 不啻空國庫, 却有招沴其害, 猶庸醫一朝誤診致人命. 故曰: "國置土木[2]之官, 不異世間有醫. 々之要專在治疾病, 土木之要專在興福利也. 請地方長官, 斷有爲之計, 幸甚." [終]

・雜報

○ 是れまでの別差[別差者譯官. 然未曾聞有通日本語者. 彼我願接之際, 必我象胥出而解其語. 是獨非別差, 辨察官亦然矣. 詢譯官之要譯官, 萬國中恐朝鮮一國而己, 不啻敎人不號抱腹抱腹, 所謂坐食之臣, 是之謂乎.]玄某は、瓜滿[滿任の義]に付き、後任兪某東萊府に下りたれども、同人は年才かに十八歳にして、其任に當らざれば、叓に京城に啓文[具申の義]して、兪某は其儘日本語學生となり。玄某故の如く務むるよしなるが、なるほど少年輩には餘りのお役柄とおもはる。

○ 朝鮮の貿易品は未だ製工品とてはなく、皆天然の産物にして、其數もわづか二十餘品ぐらゐなるが、中に就ても米・大豆の如きは最も上等の價格を有するものなり。これについでは卽ち牛皮等なり。然るにその牛皮は數年前までは韓人の食用品なりし處、當時貿易の開けしより、皮は肉よりも貴き價ひとなりしが故ゑ、皆土人等も肉を食ふて皮を賣る處より、終に今日の多きをいたせしなりと、密陽の或韓人來りての話しなるが、又一說には近頃頻りに犬の皮を食ひ始めたるよし。

○ 東萊府伯金善根氏は、老人には珍らしき卓見ありて其開化を好まるゝを、頑固黨の爲めに誣られ、已に交代せらるゝおもむきなりしが、政府にて

も其人才を惜まれ、終に居役せらるゝ事となりたり。

○日本商大倉喜八郎等所贈朝鮮紳士魚允中等書 [前號之續]

我國採鑛之業, 官置鑛山局, 以督之. 許民以借區之法, 任其採掘. 現今官私之坑, 無慮數拾百, 而如砂金, 則用機探之, 其法簡而便. 又有分折衝判精粗也, 極斷矣. 貴邦, 若施用此術, 則宿弊一洗, 而聲價隆興, 將來裨益國家實不量也. 二曰, 牛皮宜製爲革. 我國採于貴邦者, 歲不下萬餘斤, 而需用者, 往々憾不得其製. 若製以吾法, 則其利倍今日, 必矣. 三曰, 陶器須要精巧. 我國陶器, 輓近爲泰西諸國所推稱, 現居輸出品之一. 而繹其本, 古昔取法于貴邦, 終致今日之精. 如聞, 米利堅, 其地墝埆, 本無土可製. 然能出良品奇器者, 無他, 製造得宜也. 吾東洋諸國, 其土適之實尠與也. 貴邦今而精其法, 則博喝采占大利, 可企而待也. 四曰, 農事宜圖改良. 夫農者國之本也, 且如東洋諸國厚生之術, 無若之者. 我國從來以拓地殖産勤民, 凡墾闢榛燕, 則有限內免租之法, 以充補償限滿, 而後始微其租. 近來更置開拓使以督之, 給糧食與器杖, 以助其業. 又設農爨以授稼穡之方, 以故昔時荒漠無人之境, 今則化爲良田, 物産之增殖, 日多. 一日貴邦, 亦宜擇師講其法也.

○ 韓人口錢取のことに付き、往々賣買上に妨け鮮なからざるより、前に商法會議所に於ては其矯正方法を設けられ、既におこなひをられしも、未だ十分の効あらざるのみならず、かれこれ不便を來すこと間々多くありて、其弊害は延いて今日尚ほ甚しき有樣なり。然るに買品の木綿一疋の口錢十文づゝ貪り、否與へらるゝは少々過分にはあらずや。該品の代價はわづか二百八九十文なり。誠に金巾に比すれば倍餘のたがいなり。金巾は一反の價挌[3]二〆〇五六十文に口錢五六文なるは、じつに不相當の極といふべし。これらは

---

3 價挌은 價格의 오기이다.

小事なれども、五月蠅口錢取の奴らにはまことに困り入ると、或商人の話し
なるが、尤もの事なれば、寧ろ賣買品ともに口錢給與のお約束あればよから
んとぞんぜらるゝなり。

　○ 彼の政府は追々開くるに隨て、政策將さに一變せんとするの有樣にはなり
しが、聞く處によれば、元來彼の政治は一府一郡に長官を四五名もおきしを、
今般、これらの制を廢して更に府伯・郡長のみを殘しおかるゝよし。

　○ 近頃の事とか、全羅道の濟州に洋船の來りし處、この地の人民は元來
皆頑愚蒙昧にして、其禽獸を去ること殆と咫尺の間に居るよし。殊にこの
地は朝鮮内地を去こと遠ふき一大島にて、島民は朝鮮の外、他に國あるを知
らざるものも多くあれば、洋人の上陸を見て忽ち一人を打ち殺したる趣き。
然るに洋人は一時此地を引上げ、直に漢城府に向ふて出帆し、わが日本公
使館の手を經て、かの政府に向ひ問罪せしに、かれ大に驚き早速追捕使を
遣せし處、又々濟州人民は該使を打殺したるよし。或朝鮮人の話しの儘、
その信疑は保せざるなり。

　○ 今を距る二百五年前[延保⁴六年]、今の舊館と唱ふる處より我館を此に
移したるのちも、矢張日本人の出入するより、朝鮮政府は舊館の手前に設門
と稱ずる一處を立て、紊りに日本人の出入を禁じたる制札[石碑にて横曲尺二尺
五寸位、竪六尺位なり]の今猶存して、字樣わづかに判りをれば寫して以て、其
昔しの一般をしるに又無益のことにもあるまじとて、この間東萊行の人より
土産の投書、その制札表は左のごとし。

　　一 禁標定界外, 毋論大小事, 闌出犯越者, 以一罪事.
　　一 路浮税, 現捉之後, 與者受者, 同施一罪事.
　　一 開市時, 潛入各房, 密相買賣者, 彼此各施一罪事.
　　一 五日雜物入給之時, 邑吏庫藏通事等, 和人竊勿扶曳敺打事.

4　延保는 延宝의 오기이다.

一 彼此化罪之人, 俱於館門外, 施刑事.

　　在館諸人, 若辦諸用, 告事館司直, 特通札以於訓導別差處, 可爲往來者也.

　　各條制札書, 立館中以此, 爲明鑑者也.

　　癸亥八月 日.

○ 朝鮮銅孔錢は運搬に不便なるのみならず、手數の掛ること實に困難の極と云ふより、かれ此れ便宜を計畫せんが爲め、先きに韓錢受渡所を設けられ、大き良法を立て最早久さしく營なまれしが、今又貿易商は申合せの上、韓人と壹貫文以上の取引は、總て同處の預り切符を以てすること〻、本月三日、商法會議處臨時會に於て議決したれば、これが約束を全ふするに至ては、其不便と困難の二つをまぬかる〻や期して知るべきなり。

○ 朝鮮の開化黨の有名なる金玉均氏は、今般王命を奉し我國に渡航する仕度にて、過日、京城より下りて、今現に舊館の旅店に止宿し居るが、其王命の如何は聊か聞きし事あれども、尙ほ詳細の事を得て誌すことあるべし。又同氏の一行は數十人あるよしにて、不日京城より陸路、或は我軍艦淸輝號に乘組來るおもむきなり。

右一行の旅費は凡そ二萬圓程の見込にて、或商會へ借入れの事を依賴せし處、其商會は前々よりの貸金あつて、今に多分滯り居れば今度は其依賴に應ぜざるやの話しなり。

○ 當港に居留の人民は凡そ二千餘人なるが、其過半數は對馬人にして、中には官員もあれば書生もあり、貿易商もあれば仲買商もありて、自然他の居留人とは違ひ同郷の兄弟多き故ゑ、隨て事に物に團結の氣象あるはじつに賞嘆すべき事なるが、今般淺山某の發起にて對馬大親睦會なるもの[對州回胞會とも聞けり]を開かれ、貴賤貧富の別なく、各一致恊力の精神を以て將來の目的に付き、大に計畫する處あらんとて、本月第一、第二の日曜日に修濟學校に於て衆議せれたるよし。其詳細に至ては次號に載せて審かに報ずべし。

○ 關涉の弊害程、世に甚しきものはなし。譬へ親切はしんせつと雖も、妄に人の自由に立ち入り、人の權理[5]に障るが如きは政府の命令なりとて敢て肯ぜざる處なるが、近頃當港警察所に於ては、戸口調査の際、雇人の月給のお調べあり。我々は實に賤き雇人の身分なれば、素より官員様とは違ひ、少々の給料を戴て、晝夜巡回のみにはあらざれども、或夜はねずの番もせざるを得ざるの苦勞鮮からざる力役者にも拘はらず、給料は僅か六圓か十圓位までなれば、人さまにお話し申すも恥かしき折柄、巡査のおしらべに愕然否椒然罷在、寧ろお答へまをさずと存じたれども、差支なければ申せとの事故ゑ、恥かしながら申上候次第。畢竟これらのおしらべは何になる事や。矢張我々雇人の給料増減、其保護なるか。

○ 學也祿在其中。書き出せば少しかたくろしけれども、祿の字を艶の字に改れば、左程八ヶ間しき事にもあるまいが、さて當港に有名なる東京樓には出稼の藝・娼妓を教育の爲め、其樓上に一大學校を開き本業の餘暇、習字・讀書の稽古をさするとて、樓主桑田の夫婦は大に力を盡して、過日、開校式も濟み既に就業中なるよし。今其模様を開くに、讀書の課目は女大學、習字は先いろはよりはじめ、就業時間は毎朝七時より九時迄、教員は庄司某、餘程五教授相屆くよし。又其生徒の優劣は上等生藝妓で小なつ・小みね・いろは・小はま・小なか、娼妓でおもと・おかね、下等生では同く小ひろ・おきん・千代治・おたま・おもり・おちか・おやす等の十四名、何れも非常の勉強するよし。右に習ふて泉や樓にも近々開校するときけば、この上は定めし自文自筆の五無心狀、否面白き艶書の出來ることならんや。

○ 昨日、寒暖機正午五十四度、前十日間平均五十三度。

5　문맥상 權理는 權利의 오기이다.

◆釜山商況

○ さて當港の商況は、每ノ〵相變らず居据りの姿にて、市場の變動なきなり。

○ 昨今の處にては、賣賈[6]共に少々のみ、韓錢相場の高低もさしたる事なし。去りながら今日の模樣は自然下落の氣配なり。

○ 當港に於て白米小賣、一升十錢より十錢五釐までなり。

○ 金利[7]は日步十五六文、小質口は三割以上、卽ち百圓につき三十圓より四十圓ぐらゐまであるよし。

○ 本月一日より十日まで、各船舶の出入合計十三艘內、入港は氣船一艘、帆船五艘、和船一そう、出港は氣船一艘、帆船三艘、和船一そうなり。

○ 右出入船舶より、輸出入したる貨物の元價總計は三萬三十九百〇七圓四十五錢五釐內、輸入したるものは七千七百二十一圓九十五錢五釐、輸出したるものは二萬六千百八十五圓五十錢なり。

◆元山通信

○ さて當港の商況は、一月以來陸便に五通知候とほり、各店共に賣品切れ間に相成。只、手を空しく致し入船をのみ相待ち居候處、去月二十七日、天氣快晴、敦賀丸入港の黑烟を見るや否や、土商の入舘するもの引きつづき日に相增し、且つ舊臘より持ち堪へし沙金銀、其他牛皮は我見込みよりも猶多分にこれあり。夫れがため我商賈は大に氣配相立ち候も、土商等は例の通り、氣船碇泊中、強氣を見せかけ別して今回は氣強く賣買の決着十中の二三に過ぎず、只、沙金のみは外品にくらぶれば、聊か出來よく其十中の

---

6 문맥상 賣賈는 賣買의 오기이다.
7 문맥상 金利은 金利의 오기이다.

半までにいたりしなり。

〇 氣船入港前日、わか商賈は恊議の上、商估中競賣買せざるやふ、彼我物品の價格を左の如く相定め、今日に至ては是れに反する商賈のこれなき故に、賣買の取組一時不熟なるも、自然この結合力を全ふするに及んでは、各店の利益も鮮なからざるべし。一番義源二貫四百文、沙金十四貫文、牛皮八貫文。［以下次號］

◆ 寄書

說之可否信僞, 編者不保焉.

朝鮮國內地通行論[8]

在釜山 東洋生

諺云 '鑿金玉者, 先必自土砂', 信哉此言也! 苟惡土砂, 便有得金玉之理歟. 又聞 '要千里馬者, 先買死馬之骨矣.' 此二者固天下之通理. 故明君登庸人才也, 必排言路壅塞之弊, 廣納天下之公議. 設令其言不可採, 其罪不及人. 於是乎, 切諫直言之臣, 相爭表至誠, 退方邊陲, 巖穴之士, 滄浪之客, 不遠千里, 皆出歸正于國君, 而可致拱手無爲之化矣.

屬者朝鮮洪在鶴者, 深愛斯民, 痛論國是. 其疏一及 國王殿下, 遂被刑死. 吾輩亦得閱其書, 盖知頑固偏倚之論, 果不合當世也. 然其誠卽同爾. 古人云 '大姦本是忠臣', 況朝鮮國會千載不遇之政革? 幸明君在上, 良相輔其下, 而百姓一體, 將伸鬱結精神.

當此時, 宜開言路博公議, 至馬勃敗鼓之革, 隨鳩集隨折衷, 捨其不可採, 擧其不可廢, 渙然張其國是之所歸, 則百姓誰敢違邪? 而始致其人也必矣.

---

8 원본에는 제목이 없지만, 임의로 붙여서 통일을 꾀하였다.

今洪在鶴之事, 固迕國是之所向. 故斬一人, 以懲天下, 亦似有理. 然退其論, 諭其人, 何不可之有? 夫草芥之一儒, 如彼處之如此, 豈與惡其土砂者, 何擇焉? 吾輩竊爲朝鮮國不敢也. 噫!

・輸出入物價表⁹

輸出入物價表 [自三月一日至同十日]					
輸入賣品			輸出買品		
品名	量	時價 メ文	品名	量	時價 メ文
內國産			米	一升	〇、〇二六七
丁銅	百斤	一二、〇〇〇			〇、〇二五〇
荒銅	〻	一〇、九〇〇	大豆	〻	〇、〇二五〇
甲斐絹	一ぴき	二、八〇〇	小豆	〻	〇、〇二五〇
		三、〇〇〇	小麥	〻	、〇一四
摺付木	百だーす	一、三五〇	砂金	十もんめ	一一、五〇〇
		一、四五〇			〇六、〇〇〇
素麵	一はこ	一、六五〇	金地	〻	一一、五〇〇
		一、五〇〇			〇六、〇〇〇
外國産			銀地	一メめ	七〇、〇〇〇
一番義源	一反	二、〇七〇			八三、〇〇〇
		二、〇五〇	紅參	一斤	三、二〇〇
二番 同	〻	一、九〇〇			五、〇〇〇
		一、九四〇	尾人參	百斤	六、〇〇〇
三番 同	〻	一、八三〇	生糸	一斤	一、一〇〇
泰和		一、九〇〇	紬	一ぴき	、九〇〇
		一、九一〇			、八〇〇
生源		一、八三〇	木綿	一反	、二八〇
緋金巾	〻	〇、九五〇			、三二〇
		一、〇〇〇	ほしか	百斤	、八〇〇
天竺		一、二四〇	煎海鼠	〻	一五、八〇〇
		一、三〇〇			一〇、五〇〇
綾木綿	〻	二、五五〇	ふかひれ	〻	一五、〇〇〇
		二、七〇〇	鯨骨	〻	、六二〇
			布海苔	〻	二、〇〇〇

9 6호의 '수출입물가표'는 판독 불가능한 곳이 많다. 다만 5호와 대부분 가격이 동일하여 보이지 않는 곳은 5호에 준하여 표기했다.

品目	單位	價格	品目	單位	價格
更紗	〃	一、四〇〇	天草	〃	、六〇〇
澤井	〃	二、四〇〇	牛皮	〃	八、五〇〇
寒冷紗	〃	〇、四五〇			九、二〇〇
		〇、五二〇	牛骨	〃	、五〇〇
繻子呉絽	〃	二、三〇〇	油粕	〃	、四四〇
綿絽	〃	二、二五〇	鶏糞	〃	、五〇〇
絹呉絽	〃	二、四三〇			
綛糸	一まる	一、六二〇	韓錢每日相場 割		
		一、三二〇			
白銅	一斤	、五二〇	一日		二七、八
錫	百斤	二三、八〇〇	二日		二七、五
亞鉛	〃	五、三〇〇	三日		同
紅粉	一斤	一、五五〇	四日		同
青紛	〃	、四三〇	五日		二七、四
紫紛	〃	一、五〇〇	六日		同
青竹紛	〃	一、三五〇	七日		二七、五
黃紛	〃	、六五〇	八日		二七、五五
		、七〇〇	九日		二七、五
胡椒	〃	、〇九五	十日		二七、〇
明磐	〃	、二二〇	平均		二七、四
甘草	〃	、〇五五			

右賣買物價表は、本紙每發兌前十日間の平均を以て載録するにあれば、卽ち其時價なるものは每日の韓錢相場に照し算すれば、直ちに日本通貨および元價の割合をしるべし。

本局 廣告

〇 本紙廣告料、四號文字一行、二十五字詰、一回金三錢 〇 二回、同四錢 〇 三回以上五回まで同五錢。

　但、二十五字以下も同斷。右は總て前金に申受候。

〇 本紙定價 一冊金四錢 十冊前金[一割引]金三十六錢 〇 十冊以上、總て一割引。尤も、本港外は別に郵便稅申受候。且つ前金の期相切れ候共、廢止の御沙汰有之迄は、引續き遞送仕候事。

朝鮮國釜山港日本居留地本町二丁目廿番地
本局 商法會議所
幹理編輯兼印刷 大石德夫

釜山港辨天町三丁目三番地
大取次賣弘所 鈴木忠義

定期刊行

大日本曆明治十五年三月廿五日發兌 ｜ 大朝鮮曆壬午年二月初七日

朝鮮新報 第七號

在釜山港 商法會議所

例言

本所新報刊行之旨趣, 在專叙述經濟論說, 以供日鮮兩國博雅之采覽. 而如其發露中外之奇事異聞, 亦要收拾不遺也. 因希四方諸君子能諒此意, 高論新說必不吝投寄. 而其文務用漢文, 則記者之幸, 以何加之敢望々々.

目次

・領事館錄事 [前號之續]

　　十九 新聞・雜誌・雜報類ヲ路上ニ於テ讀賣シタル者
　　二十 人家接近ノ地ニ於テ銃砲ヲ發シタル者
　　廿一 總テ人ノ自由ヲ妨ケ、且驚愕スベキ噪鬧ヲ爲シ出セル者

　　從來、朝鮮人ヘ係ル貸金催促ニ付、東萊府ヘ照會願出候者、文例一定
セズ、調査ノ際、煩雜ヲ生シ候ニ付、自今、左ノ雛形ニ照准シ可願出。此
旨揭示候事。
　　明治十五年一月十四日　　　　　　　　領事近藤眞鋤

　　　　　[願書雛形]
　　朝鮮人ニ係ル貸錢催促ニ付願
　　　　　　　　　　　　何府縣 何國 何郡 何[町][村] 何番地
　　　　　　　　　　　　居留地 第何區 何町 何番地 寄留[士族][平民]
　　　　　　　　　　　　　　債主　　姓名
　　　　　　　　　　　　朝鮮國 何府縣 州郡 何處 居住
　　　　　　　　　　　　　　負債主　姓名
　　　　　　　　　　　　肩書前ニ同シ　擔保人　同前
　　　　　　　　　　　　肩書前ニ同シ　紹介人　同前
　　　　　錢何程　　　　　｛我曆 何年何月日　　貸渡
　　　　　　　　　　　　　　彼曆 何年何月日
　　　　　　　　但、利子每月何步定　利子ノ約定ナキ者ハシルサズ
　　　　　　　　何月何日ヨリ何月何日迄
　　一同何程幾月分利子
　　　　　合計 錢何程　　　　　請求額
　　右事情云々ニ付、其筋ヘ御照會被成下度、此段奉願候也。
　　明治 年 月 日　　　　　　　　　　　　右債主 姓名
　　　　追テ証書アル者ハ、必ズ其寫ヲ副フ可キ事。
　　　　　　以上

✦朝鮮新報

關稅或問 第一

或問曰: "關稅者, 何耶?" 對曰: "商貨稅也." "其所以課之者, 何耶?" 曰: "欲以國用也. 盖文明諸國課稅有數種, 有課土地者, 有課營業者, 有課貨産者, 有課證印者, 有課郵信者焉. 而課商貨者居其一. 熟觀世界各國, 雖不擇何國, 皆有關稅, 而其額之多莫加英國焉. 英之歲入, 大概三億六七千萬, 而其關稅居百之二十五. 佛之歲入, 大概三億八九千萬, 而其關稅居百之十. 美之歲入, 大概二億八千萬, 而其關稅居百之五十. 而我日本之歲入, 大概六千萬, 而其關稅居百之四. 夫是四國, 其關稅有如此等差, 其額之多, 可以見矣. 故各國補其國用莫大於關稅焉.(其稅額之有等差, 職稅則之重輕, 貿易之多寡之由也)" 曰; "然則關稅者, 何課耶?" 曰: "課海關出入之商貨也." "課海關出入之商貨者, 何準耶?" 曰: "有商貨之價格者, 有準商貨之稱量者. 準其價格者, 曰: '從價稅', 準其稱量者, 曰: '從量稅'. 然詳究其理, 從量稅亦從價稅也. 何則? 從量稅, 從其稱量, 而課稅, 其初先詳商貨之價格, 計料何物何斤其價幾圓, 當課稅幾錢, 而定之也. 唯其所異者, 不過於一定之于初擧從時而定其額之間耳. [未完]

✦雜報

○ 東萊府廳より、僅か我十町許り東北の距離に一の溫泉あり。土人は皆々神助藥と稱し、常にその切驗は空なしらざれども[1]、近頃一種奇妙なる無根の臆說を起し、これまで我公使は海路より京城に赴かれしが、今後は直ちに陸行さるゝよし。若し、日本人が陸行することゝなれば、此溫泉へ沐浴するや必定

1　문맥상 空なしらざれども는 空なしからざれども의 오기이다.

なれば、政府はその機に先だち、この溫泉場を廢するとの事故ゑ、我々は生涯の病疾の洗蕩するこそ專一なりとて、俄かに遠近より老若男女の差別なく、陸續と來りて入沐なすといふが、これらは朝鮮國當今の眞面目なるか。

○ 去る十四日の事とか、朝鮮商船一艘我館へ入らんとせし處、誤りて龍尾山と絶影島の間にある淺瀬に乘り上げ、彼れや此れやと非常の困難し居る樣子を、或我商人等は數人集ひ渡り、其船人を誘ふに、深切を以て共に力らを盡し、難なく船を漕ぎ出さしめ、韓人達ちは其恩を謝し大によろこびしが、それに引きかへ、日本人は其載せ來る處の米穀を、無法にも安直段にて買取らんと彊談したれば、韓人等は前の恩もあれば否やは云ひ難く、泣く／＼上陸の上、賣渡したるよし。それがため、米二百六十俵の全價の内、百貫文餘の損失をなしたるとて、今は却て恩者を讐者と恨み居るよしなるが、じつにさもあるべし。これ等の事は、尋常商人のなすべきものにあらざるのみならず、我商業上に大なる害を來す事なれば、以後は決して仁を以て不仁に失するやうな、惡手術はなさぬやうに氣を附けたきものなり。

○日本商大倉喜八郎等所贈朝鮮紳士魚允中等書 [前號之續]

五曰：“火輪船, 宜創其製. 我國古來船艦與貴邦稍同. 是以, 一旦遇怒濤狂瀾, 輒覆沒無遺. 近時患之, 悉取法於泰西, 而所造船艦, 則堅牢而快度, 通商互市, 實資於此. 貴邦若以見託, 則價廉而物實. 盖兩國之利也.”

六曰：“蠶絲, 宜擴張其業. 我國製絲, 用蒸氣機, 其功省, 而其成速, 而聲價噪于宇內, 亦貴邦之所宜留意者也.”

凡此六者, 皆爲溫知之道, 富彊之基. 址全在於此, 漸々擧行, 孜々不息, 必有能得其要領者. 昔者, 范蠡渡江而致百万之富. 今也, 足下遊于我國歸而富其國, 豈止陶朱而已? 實貴邦生民之幸福也. 語曰：“哲人知幾切望, 足下詳思遠察, 務合於溫知之道, 利加於貴邦, 澤及於隣國. 書不盡意, 如賜諒察幸甚.

明治十四年六月十七日

魚允中　洪英植

高橋平格 大倉喜八郎

大兄足下

○ 當釜山港といへるは、我對馬をさる一葦帶水僅かに十里あまりの海路にて、船の通ひもいとかたからぬ處なるが、我館の向ふに絶影島とてひとつの島あり。元來、彼の御馬の牧場なるより、俗に牧の島と名け、所謂絶影島の名にはじざる景色の佳なる、その山容水態はさながら赤㙛[2]も斯くやあらんかと、思ふばかりのよきところなり。さて、爰にひとつの古き祉ろこそあり。こはいつの時代に、誰れの建立せしや、審かならざれども、對州人の云ひ傳へには、我將軍朝比奈を祭りしものとて、今に申せしより、他の人も皆さること丶思ひの外、朝鮮人の說に彼の名將李舜臣を祭り、常に日本館を睥睨せしめ、日本人を驚かし亂暴抔せざるやうとて、立てしもの丶よし。然るに日本人はなか／＼驚くものか。今度はこの祉ろに相對する、我館の龍尾山てふ、船滄の東南に當る一丘、今、俗に呼崎山と云ふ峯に我鬼將 [3]を安置して、互に其威光を示さんと競ふこ丶ろより、終に對州人某の發起にか丶り建立せしものなり。

○ 三寸の筆を以て、天下の大勢を支配するに足る爰ぞ、一身上の小事に關しては放て躊躇するに足らんやと、書き出す者は他に非らず。本紙に載せたる事柄に付き、往々新聞上の説明を受けたきとか何んとか、くだらぬ事を編者の許に來て談判せらる丶人あるが、實に編者の迷惑この上もなき次第のみならず、貴重の光陰を妨害され、却て編者より酒くじを繰らねばならねど、今日までは堪へたるも、此上は決して相對にて談判はいたし申さぬ故ゑ、若

2　문맥상 赤㙛은 중국의 명승지 赤壁의 오기이다.

3　將軍의 軍이 탈락되었거나 또는 명기를 피한 복자(伏字)로 보인다.

しもお氣に入らぬ事のありしときは、則ち正當の路に據て五議論被下度、其時こそ否やは申上げ間じく、右御斷り旁特書候也。

○ 頑固黨の巨魁なる大院君はじつに頑固といへば餘りに甚しき故ゑ、曾て李鴻章より五說諭書を頂戴せし事ありしが、今、其返答に例の密書を以てしたるよし。他日、その稿を得るの手續あれば、得次第載せて詳報すべし。

又、同君には今年六十二歲の高齡なるにも拘はらず、矢張二十あまりの壯年輩と同樣の氣取りにて、兎角頑固な擧動のみあるとの事。近頃、頻りに己れが白髮をぬかしをるといふが、寧ろ頑魄心でも拔けばよいに、誠に困りた爺哉。

○ 昔し、シベリヤに騎馬盜なるもの有て、人民を惱ませし事ありしが、今、朝鮮內地には勢ひ當るべからざる强盜、盛んに八域を橫行するよし。中に就ても忠淸道・全羅道には最も多く、其賊等は一群百人位づゝ徘徊し、皆々手に得物を携へ、旅人と見れバ直ちに捕へて、金錢衣類を奪ひ取り、そのうへ打ち殺ろされしものも間々これあるよし。洋の東西を問はず、國の內外を論ぜず、國の將さに亂れんとするや、國家を惱ますの賊あり。嗚呼、朝鮮、旣に開けんとするの時なる哉。

○ 朝鮮官吏、兎角壓制の甚しきは、今更喋々云ふまでもなけれども、近來都賈と稱して人民の貨物を無法に掠め取り、假令ば米穀にせよ牛皮にせよ、これを極安直段に買取りて、官吏が商法をなすなり。昨今、頻りにこの弊盛んに流行して、我商賈は甚だ困難せしより、商法會議所は別紙の通り書面を領事館へ差出したり。

近來、當港ノ貿易、大ニ衰頹ニ赴キ、就中牛皮等ハ前十日間ニ比スレバ、其輸入殆ト十分一ニダモ過キザルノ有樣ニシテ、其原因タル種々アリト雖モ、慶尙道ヨリ出ル牛皮ヲ、李某等之レヲ都賈シ、嚴ニ金海・梁山・密陽・黃山・遠洞・歸倉・大丘等ノ地ニ於テ、居留地ニ輸送スルモノヲ取押ルノ風說、續々相聞へ、且ツ東萊府ヨリハ釜山舊館草梁等ヘ布達ヲナシ

タル趣キニ付、其實否篤ト探偵仕候處、別紙免許狀ノ如キモノ及ビ一二ノ
人名ヲ得タリ。抑、都賈タルヤ、貿易上ノ大害ナルノミナラズ、正理上、素
ヨリアルベカラザル處ナリ。今ニシテ、此弊害ヲ除カズンバ、益々貿易上ノ
衰頽ヲ見ルニ至ルノミ。仰キ願クハ、目下幸ニ軍艦碇泊中ニモ有之候間、
此機ニ乘シ、嚴重、其筋ヘ御照會被成下候様致度、本會ノ決議ヲ以テ、此
段本願上候也。

商法會議所會頭代理

明治十五年三月十九日　　　　　　　　　副會頭 柁山新介

　　　領事 近藤眞鋤殿 代理

　　　　外務四等屬 宮本羆殿

別紙、都賈狀及び其人名は鄭周伯幷に李某五衛將等なり。

差帖　　　　　　　　　　　　　　　　　　　　　　　尹錫晟

右帖爲成給事, 東萊牛皮一依, 營關準折價文, 貿納爲有矣. 着實擧行俾
無違劃之地, 宜當者.

壬午正月 日

嶺南老所

　右所願の通、速かに聞き届けられ、過る廿日、宮本領事代理には淸輝艦
副長と東萊府へ出張せられ、其五談判の模様は追て詳報すべし。

　○ 頃朝鮮の守舊黨は又々勢力を逞うして、是非に日本との條約は拒絶せ
ざればならぬとか何んとか、八ヶ間敷騒ぎ居るよしなるが、寧ろ一番大戰爭
を始めたらんには、却て開化もし、又彼我の交誼も昔日に倍して厚くなるべ
しと思はる。

4　且ツは 且ツの 오기이다.

右諺譯すること左の如し。

근리 죠션 완고당은 다시 셰력을 어더 압셔 일본과 화친ᄒᆞ던 약됴를 거졀ᄒᆞᆯ만 ᄭᅩ치 못ᄒᆞᆫ다 ᄒᆞ고 대단히 요란ᄒᆞᆯ 모양이나 출아리 속히 큰사홈을 시작ᄒᆞ면 더러혀 기화도 ᄒᆞ고 또 량국교의도 녜날보담 후히 될가 싱각ᄒᆞ노라

○ 本港警察所の戸口調査によれば、本年二月中、人口千八百五十二人內、男千〇八十二人、女七百七十人、戸數四百十八戸、外に空屋九十五軒なり。前月に比すれば、人口五十三人を減じ、戸數十四戸を減ず。空屋は十五軒を增したり。

○ 金玉均氏は、本月十七日出帆の千年丸より日本へ渡航せしが、前號に於て雜報中に、同氏の一行數人追て京城より來る云々、又、或商會へ旅費二萬圓を借り入れの依賴せし云々の話しを載せたる處、同氏は右二項の事情無之とて、取消を我領事館へ申來り。領事館よりは、編者に右の二項取消して遣れとの五口達に依り、全く事實のこれなき事ならば取消べし。却說、同氏今回日本行の目的は、唯、我今日の事情視察のためのみならず、兼て王命を奉じ國債を募る下地相談を、其筋の顯官方に謀るとの事なるよし。何にせよ、同氏は餘程才氣の逞しき人にして、當國開化黨の領袖たり。

○ 本港は寒暖の差、誠に甚しく、常に一晝夜の中にても、數十度の昇降あり。去る十八九日の頃は正午七十二三度にも昇りしが、又二十二三日の兩日は燒山隱しの雪降り、隨て寒暖機も朝四十一度正午四十六度なり。

- 中臣の紅琴

雪見　　常磐木の 六の花のみ 問ふ人は 我身ふり行 老はしらまじ

浪上雪　　沖中の 海士の小船を 便りにて 浪の上にも つもる雪かな

○ 昨日、寒暖機正午四十八度、前十日間平均五十七度。

・釜山商況

○ 抑、本港貿易の景況は毎紙に衰微ノ〵と書き出せしは、元來小貿易のみならず、恰も一升ますに手を入るゝ景狀なれば、即ち盛んなりしとて、漸く一升は一升、若不幸にも衰へ來りしならば、中々に一升に盛り返す手斷の六ヶ敷處なるが故ゑ、いつも其六七分方は皆無事に困み、只遊び居る次第にて、實に昨春以來引續き、今日の市況未だ一升に登る景氣の到來せざるは、抑、又、何に淵原する者や。特に米穀の輸出有ざるに因るか、將他に因るべき者あるか。好しや、砂金・銀・牛皮・生糸等の如き者有と雖も、豈數ふるに足んや。試に、明治十三四の兩年間に米穀を輸出したる、其差異を左に揭げ以て商況の盛衰を示ん。明治十三年中には米九萬二千七百五十五石五斗、元價七十二萬七千九百九十六圓廿六錢、同十四年中には米四萬四千八百九十五石九斗二升、元價三十八萬〇四十圓七十六錢。如斯、十三年に於て十四年よりも盛んなりしは、此れに依て明瞭なれば、即ち十四年に衰へしも、又これによつて知るべし。

○ 此十日間は、例の通り差したる換りなし。賣品は金巾類少々のみ、買品には砂金・木綿の類、是れ又少々あるのみ。右の外、總て取引なし。

○ 金融はすこし緩みし方。日歩は上等の抵當品なれば、百圓につき七八錢、若し下等品なれば、十二錢までに降りしなり。

・元山通信 [前號ノ續]

○ 大豆は相かはらず輸出これあり。元山市場の買入は一升十三文五分、

小豆は十八文、白米は追々騰貴し、現今一升三十三文位なり。

〇 元山津には、兼て我物産展覽處なるものあつて、土商等多く縱覽する
よし。今その來觀人の數なりとて送られたり。

明治十三年、天長節には千三百七十人、同年十二月一日より廿八日まで
に千四百三十八人、同十四年一月より十二月までに二萬四千六百八十二人
なり。

・寄書

說之可否信僞, 編者不保焉.

朝鮮通貨論

在韓 東涯魚史

朝鮮通貨, 時有所聞. 屬者在京城鑄錢署, 而改造補欠之說, 曰: "十錢・
五錢・一錢, 三種, 業已着手焉." 嗚呼! 三韓以前邈矣, 不可得而倣, 暫附之
不間, 以後用銀甁或五綜布作通貨. 至高麗成宗朝, 人煙益滋, 通貨漸乏. 物
貨頓低, 功勞不償. 四民窘迫, 道路訴其難, 首鑄鐵錢, 爲之鑄錢之嚆矢矣.
次爲恭讓之楮弊, 此時五綜布尙幷行. 次爲李朝顯宗之銅錢. 是中興通貨治
革序次也. 然而吾輩未講究何便何失. 試嘗推何在, 或曰: "通貨莫便於五綜
布楮幣. 製作省勞, 融通無煩. 一筐百萬, 且舊新換易之交, 當減所發額之二
三, 政府之利, 亦可從而知矣. 故五綜布永不絶, 所以恭讓復發楮幣. 後成宗
顯有鑄錢者, 盖棄其便, 虞水火之患也. 若通貨用金銀, 則奸商黠重, 收藏不
散, 鑠其形樣, 恣鬻之互布, 其弊漸熾, 內國通貨擧爲一場販賣物. 設令白岳
悉金礦, 鴨綠江湧銀, 何足歟?" 此非私言. 推銀甁之跡, 敢如斯, 是以楮綜利
言之也. 或曰: "百姓所共貴者, 莫大於金銀, 次銅以鐵. 至于五綜布楮幣, 唯
緣其方制如何耳. 不然則致朝出暮改之煩也, 必矣." [未完]

・輸出入物價表

輸出入物價表 [自三月十一日至同二十日]						
輸入賣品			輸出買品			
品名	量	時價 貫文	品名	量	時價 貫文	
内國産			米	一升	〇、〇二六七	
					〇、〇二五〇	
丁銅	百斤	一二、〇〇〇				
荒銅		一〇、九〇〇	大豆	〃	〇、〇二〇	
甲斐絹	一疋	三、一〇〇	小豆	〃	〇、〇二五〇	
		三、〇〇〇	小麥	〃	、〇一四	
摺付木	百打	一、三五〇	砂金	十もんめ	一一、五〇〇	
		一、四五〇			〇六、〇〇〇	
素麵	一箱	一、六五〇	金地	〃	一一、五〇〇	
		一、五〇〇			〇六、〇〇〇	
			銀地	一貫め	七〇、〇〇〇	
外國産					八三、〇〇〇	
一番義源	一反	二、〇三〇	紅參	一斤	一、五〇〇	
		二、〇五〇			五、〇〇〇	
二番 同	〃	一、八一〇	尾人參	百斤	六、〇〇〇	
		一、八四〇	生糸	一斤	一、一〇〇	
三番 同	〃	一、七九〇	紬	一疋	、八五〇	
泰和	〃	一、七八〇			一、〇〇〇	
		一、九一〇	木綿	一反	、二八〇	
生源	〃	一、八三〇			、三三〇	
緋金巾	〃	〇、九六〇	干鰯	百斤	、八〇〇	
		一、〇〇〇	煎海鼠	〃	一六、〇〇〇	
天竺	〃	一、二四〇			一八、五〇〇	
		一、三〇〇	鱶鰭	〃	一五、〇〇〇	
綾木綿	〃	二、五五〇	鯨骨	〃	、六二〇	
		二、七〇〇	布海苔	〃	二、〇〇〇	
更紗	〃	一、四〇〇	天草	〃	、六〇〇	
澤井	〃	二、四〇〇	牛皮	〃	八、五〇〇	
寒冷紗	〃	〇、四五〇			九、二〇〇	
		〇、五二〇	牛骨	〃	、五〇〇	
繻子吳絽	〃	二、三〇〇	油粕	〃	、四四〇	
綿絽	〃	二、二五〇	鷄糞	〃	、五〇〇	
絹吳絽	〃	二、四三〇	韓錢每日相場			
綛糸	一丸	一、六二〇				
		一、三二〇	十一日		二十七割六ア	
白銅	一斤	、五二〇	十二日		同	
錫	百斤	二三、八〇〇	十三日		二十七割九ア	

亞鉛	〻	五、三〇〇	十四日	二十七割七ア
紅粉	一斤	一、五五〇	十五日	同
靑粉	〻	、四三〇	十六日	二十七割八ア
紫粉	〻	一、五〇〇	十七日	二十七割五ア
靑竹粉	〻	一、三五〇	十八日	二十七割七ア
黃粉	〻	、六五〇	十九日	同
		、七〇〇	二十日	同
胡椒	〻	、〇九五	平均	二十七割七ア五
明磐	十斤	、二二〇		
甘草	〻	、六五〇		

右賣買物價表は、本紙每發兌前十日間の平均を以て載錄するにあれば、卽ち其時價なるものは每日の韓錢相場に照し算すれば、直ちに日本通貨および元價の割合をしるべし。

本局 廣告

○ 本紙廣告料、四號文字一行、二十五字詰、一回金三錢 ○ 二回、同四錢 ○ 三回以上五回まで同五錢。

　但、二十五字以下も同斷。右は總て前金に申受候。

○ 本紙定價 一冊金四錢 十冊前金[一割引]金三十六錢 ○ 十冊以上、總て一割引。尤も、本港外は別に郵便稅申受候。且つ前金の期相切れ候共、廢止の御沙汰有之迄は、引續き遞送仕候事。

朝鮮國釜山港日本居留地本町二丁目廿番地
本局 商法會議所
幹理編輯兼印刷 大石德夫

釜山港辨天町三丁目三番地
大取次賣弘所 鈴木忠義

定期刊行
大日本曆明治十五年四月五日發兌 ｜ 大朝鮮曆壬午年二月十八日

朝鮮新報 第八號

在釜山港 商法會議所

例言

本所新報刊行之旨趣, 在專叙述經濟論說, 以供日鮮兩國博雅之采覽. 而如其發露中外之奇事異聞, 亦要收拾不遺也. 因希四方諸君子能諒此意, 高論新說必不吝投寄. 而其文務用漢文, 則記者之幸, 以何加之敢望々々.

目次

⋆朝鮮新報

關稅或問 第 一 [前號之續]

夫定關稅不外於是二者, 而各國立法不一. 或有用價稅者, 或有取量稅者
焉. 如我國則有價稅有量稅, 便于價稅者, 從價而稅之, 便于量稅者, 從量而
稅之. 是我國現行之法也. 雖然以余觀之, 量稅便于官而不便于商. 請陳其說.

夫貨有精有粗. 精粗畢[1]其價, 而其稱量一也(謂精粗同量而其價有貴賤也). 物
有贏有輸. 々贏異其價, 而其稱量一也(謂贏時其價賤而輸時其價貴也). 其稱量
一, 則其稅額一也. 夫其價有貴賤, 而一其稅額, 豈可謂之便商之法乎哉. 今
有甲商輸入洋布一百疋, 其質精而其價貴, 以時價料之, 每疋五圓也. 又有
乙商同輸入洋布一百疋, 其質粗而其價賤, 以時價料之, 每疋三圓也. 若從
精布之例課之, 量稅百分之五, 則甲五百圓出稅二十五圓, 而乙五百圓出稅
四十一圓, 有奇也. 又有甲商當豐熟之時輸出米一百石, 其價五百圓也. 又
有乙商於不熟之歲, 同輸出米一百石, 其價一千五百圓也. 若以豐熟之課例
之, 量稅百分之五, 則甲五百圓出稅二十五圓, 而乙五百圓出稅八圓三十三
錢, 有奇也. 故量稅便于官而不便于商. 便于官者, 省從時定價之煩耳. 雖然
官之不便置二三定價人, 則足以濟之矣. 商之不便不獨止於一. 商一賈適,
足以招交易之縮退也.

夫開港通商者, 何耶? 欲有無相交易, 以圖國民之利益也. 設關課稅者, 何
耶? 欲增其收額, 以補[2]國用之不足也. 然而今開港而交易縮, 設關而稅額減,
則豈其初意乎哉. 故余斷曰: "關稅以價稅爲可. 唯其難已者, 當從于量稅
也." [未完]

---

1 문맥상 畢은 異의 오기이다. 아래 문장의 '輸贏異其價'를 통해서도 확인할 수 있다.
2 문맥상 補는 補의 오기이다.

・雜報

　○ 京城に於て、昨年來、我陸軍中尉堀本氏の教授に據て、取立てられたる彼の新兵八十名は、大に熟練して、最早我兵にも劣らざる有様になりしと。又、右の外に二百五十名は生兵運動もやゝ卒業に近く、不日銃を執らす程に運びたる由、是れ偏に堀本氏の功と云ふべし。さて、其兵士の服は從來の朝鮮服にて、羽織を脱し筒袖斗りにて、袴は常に用ゐるものよりは少しく細く、帽は黑き毛を以て厚羅紗の如くに造りたる冠り(輿昇抔の用ゐる冠り)の回りを少にし、銃を持ちても障らぬ様にして用ゐ、靴は常に用ゐる藁靴なりと。追ノヽ、海陸軍法に注意するものとみゆ、訓練大將某は日々練武所に出て、大に心配せらるゝと聞けり。

　○ 在京城の某より送られたる信書中に、去月上旬、忠淸道懷德縣學士宋秉璿なるもの捧疏して、斥倭を鳴らしたる所、忽ち傳訛失實の批答にて却下せられ、又、前副校理李國應なるものは、外交を擴開し武備を嚴にするは今日の急務たるを云ひ候は、當時珍敷一人物に候。兼て本國に遊行候魚允中、上海より回來して、日本人は油斷がならぬ故ゑ、親近すべからざる旨を奏上せし噂、一度出でゝより、都下の人心恟々、兎角波濤を生じ候勢ひに相見え候。此頃右につき、大院君より密使を天津に發し、李鴻章に書を送り、外交を拒絶する力らを乞ふ云々、專ら流聞仕候。是れ確信しがたき義には候得共、凡て右の如き有様につき、一時落付し人氣も、又ノヽ左右に動搖候姿に相成。少しも戒心の緩なる事無之候云。

　○ 本紙第六號に於て、緊署を載せたる當港居留の對州人親睦會の一件、漸く其會規並に醵金規則等衆議決定したるとて、其稿を寄せられたれば、續て記載すべし。又、本會の役員は會長淺山顯三、副會長半井泉太郎、朝岡小十郎、古川猪太郎、越粕太郎、幾度健一郎、外に會計三名、幹事二十五名、何れも會員投票の上、撰定になりしよし。

同郷親睦會々規

○第一章 ○名稱 ○第一條、本會ハ同郷親睦會ト稱スベシ。○第二章 ○
目的 ○第二條、本會ハ我同郷へ士相會シ交際ヲ厚フシ、信義ヲ重ジ相匡正
シ相救濟スルモノトス。○第三條、本會ハ前條ノ趣旨タルヲ以テ會員ノ醵金
ヲ得テ、之ヲ貯蓄シ會員災害ノ救濟ニ共スルコアル可シ。○第三章 ○會員
○第四條、本會員ノ會ハ本港寄留ノ同郷人ヲ以テ成立スルモノト雖モ、本
州或ハ他地方ニ在テ本會ノ加入ヲ望ムモノハ入會スルモ妨ケナシ。○第五
條、會員ハ品行ヲ愼ミ輕擧ヲ戒メ、外國人ハ勿論内國人ニ對ノ耻辱タルノ
事アル可ラズ。

○ 開化黨の一人たりし魚允中の一奇報は、在京城よりの信書中にも見ゆ
れど、先般京城より歸港せし淸輝艦々長の話しを聞くに、何んと驚嘆に堪え
ざる次第なり。陳て、魚氏は昨年我國に渡航したる十一士の内にも才學共に
他に抽でゝ、我國に於ても、朝鮮には不世出の人物と評したる其一人なるが、
如何なる次第か、歸朝して未だ廟堂にいでざる、前頑固黨の巨魁なる大院
君並に閔某(閔參判の實父)等に説かれ、遂に守舊黨の一人となりて、近日々
本及び支那行の事を建言したる其立論の主義に、日本には萬々疑ひ多く有
て、信ずるもの少なき故ゑ、敢て交誼を厚くするは却て不可なり、故に益ノ
ヽ支那と交際を厚し、諸般の事、皆支那に採るべし。臣、今度李鴻章に謁
し、尙ほ信ずる所あり云々と。然るに [3]國王殿下には右の建言を大に激怒
し玉ひて、急ぎ魚氏を召され玉顔變らせ、痛く叱咤あらせられし所、魚
氏、一言の答辭なく、進退こゝに窮りて、終に發狂せしと云ふ。或説に、
魚氏の發狂は眞の發狂にあらず、全く 國王に奉るの言を失したると守舊黨
に對して更に反省するの説なきとに據て、一時狂の風を學びしとも聞けり。
豈に果して信哉否。

3　국왕 또는 천황, 천자에 대해 언급할 때는 두 세 글자 정도의 빈 칸을 두어 경의를
　　표하고 있다. 이는 한문 기사에도 동일하게 적용되어 있다.

○ 當港徼察所詰。故二等巡査岩崎源太郎氏ハ、客歳九月二十七日を以て病死せしが、同氏の奉職中事蹟の美すべきもの多き中に、就ても品行の方正なりしは言ふまでもなく、常に同僚と交る溫厚にして一心屈らず、況して人民を御するに着實を以てし、若し或ハ人の危急に際會しては提身投死の氣象を顯し、眞に人民の標準たる保護官たりしに、惜哉。天、永く命を氏に假さず、齡二十二年を一期として黄泉の客となりしが、當時近藤領事には痛く氏の死を悲み、棺を送り墓前に立て、左の悼文を讀まれたりとて、某の話し、予も亦聊か感する所あるを以て記す。幸に望む、貴紙の餘白に塡められんことを。

維、明治十四年九月二十七日、領事從六位近藤眞鋤、謹テ、故二等巡査岩崎源太郎氏ノ神靈ニ白ス。昨十三年四月、余ノ始テ任ニ釜山港ニ就クヤ、我大政府ハ警察所ヲ當居留地ニ置クヲ以テ必要ナリトシ、警部巡査十餘名ヲ以テ余ニ付シ派遣セラレタリ。子ハ卽チ其一名ニシテ、余ト同シク東京ヲ辭シ、當港ニ着、警察所を新設スルニ方リ與リテ力アリ、爾後、兩國交際ノ益擴張スル、人民往來、日ニ加リ、徼察事務ノ繁劇ナル、枚擧ニ遑アラズシテ、而テ、子、職ヲ奉スル精密遺サズ、事ニ臨テ勇敢タユマズ、旁ラ律學ヲ研究シ、進テハ所長ヲ補佐シ、退テハ後進ヲ鼓舞シ、勉メテ我居留地ノ安寧ヲ保護シ、務メテ我太政府ノ盛意ニ負カザランコヲ圖ル、其志、誠ニ純ニシテ、其功、誠ニ大ナリト謂フベシ。本年、余ノ衛生會議ヲ開ク、子、亦撰レテ、其議員トナリ。事ヲ談スル着實、敢テ泛論浮議ヲナサズ、其才ノ老成亦以テ見ルベシ。余、深ク望ヲ子ニ屬シ、他日、將ニ大ニ擧用スル所アラントシテ、子、不幸病ニ罹リ以テ起キザルニ至ル。余、深ク惜ム。子ノ才、終ニ世ニ伸ルコヲ得ズシテ、余ノ望モ亦半途ニシテ空シキコヲ。然リト雖モ、子カ平日ノ志ヲ以テ觀レバ、子ハ身ヲ客土ニ埋ムヲ以テ恨トセズ、子ハ必ズ未タ其職ヲ盡サズシテ死スルヲ以テ憾ムナルベシ。然ラハ、則チ余ハ敢テ知ル。子ノ神靈ハ永ク此土ニ在テ、此居留地ヲ保護スル、猶生ル日ノ如クナランコヲ。是、余ノ更ニ望ヲ子ノ神靈ニ屬シテ已マザル所ナリ。嗚呼哀哉。

領事 從六位 近藤眞鉏 謹白。

○ 頃日、其筋の取調へを聞くに、明治十三年五月より同十五年二月まで、遺失物の届は九十六件なりしに、得遺失物の届は六十五件ありと。左れば、三分の二以上の物品は落し主の手に戻りたり。

○ 此程、半井氏より、東京樓の女學校は追ノ＼盛大に趣きしを感心せられ、生徒(藝・娼妓)十八名へ千金丹一袋づゝ惠まれしを、生徒達ちも殊の外喜んで習字・讀書に精出すよしなれば、必ずや千金丹の效も豈復空しからざるべし。

○ 吾等、朝鮮人の兒孩を養育する有樣を見るに、大抵、中人以下は小兒より六七歳に至るまでは、汚物を犬に嘗めさせるなり。又、聞く所によれば、王宮の官官[4]は皆陰莖なき人を撰ぶといふ。夫は、小兒の時、汚物を犬に嘗めさせる際、自然陰莖をくひ切らるゝことありといふ。［以下次號］

○ 編者曰く、朝鮮國烈士林慶業の功績多きは、粗ぼ世人の知る所なるが、曾て同國の學士金花山人の編次したる傳あり。我譯官寶迫繁勝君、頗る烈士の功績を慕ひ、今、其傳を譯せるあり。余、頃日、これを閲するに、誠に烈士の艱難辛苦、看者をして斷腸の思ひあらしめ、かつや自ら朝鮮内地の事情を知るに於て裨益するもの、盖し鮮少ならず、故に、余、敢て稿を君に請ひ、本紙每號雜報欄内に陸續載せて、看官諸彦の高覽に供すと云爾。

朝鮮林慶業傳

朝鮮國 金華山人 原著
日本國 鷲松軒主人 譯述

第一回

往昔、大明崇禎の末にあたり、朝鮮國忠淸道達川と云へる處に、姓は林、

---

4 문맥상 官官은 宦官의 오기이다.

名は鳳岳といへる人あり。其家常に貧しくして、ちかの浦邊にたく鹽のそれ
ならなくに、朝夕にたつる煙りもたえ〴〵のからき月日を送るうち、鳳岳、
やう〳〵十二歳の春をむかへしが、性質怜悧しきうまれゆる、稚なご丶ろの
健氣にも父母が貧苦にせまるをば、いとど心にうれへつ丶、一日、兩親にむ
かひいひけるは、小子もはや十二歳てふはるにもなれば、何がなちからをは
げまして、嚴父や慈母が養育のあつき惠みに酬はんとおもへど、いまだ若年
のなすことさへもあらざれば、此村の李祥賢が家に雇れて、聊かおこ丶ろを
安めたし。あな、聞てよと云ければ、父母は涕の目をしばた丶き、其志ざし
に感じつ丶、かれがまに〳〵任せければ、よろこぶ事一かたならず。翌日より
李祥賢の家に至りて、なにくれとなくまめだちていと慇懃につとめけり。さて
も、此李祥賢といふ人は、常に書籍を鬻ぐをもつて業ひとし、廏中の蓬の直
きや、おのづと博く諸書に通じ、ほとり稀なる識者にて、ことに家とみ榮へ
つ丶、素性慈善の人なれば、彼の新參の鳳岳を我子の如く愛しみ、夜は讀
書に、晝は又家のつとめの隙ごとに手習、その他、なにくれと心をこめて教
しが、うまれつきたる敏捷と倦み怠たらぬこ丶ろから、書筆の道にいとたけ
て、古參の人の上にたつ身とぞなりぬる譽れこそ、勉强、敢爲に外ならず、
實に才士こそ賴母しけれ。されば、夥多の雇れ人も彼の新參の鳳岳が古參
の人の上にたつを、ねたましき事にや思ひけん、何がな彼に恣たせ、そを誣
らに言たて丶、此家の内を逐出さんと、その淺間しき心から初めの程は、色〳
〵とよからぬ事のみ。工みしも、そを爭はぬ鳳岳が爽かなりし心根にはぢて、い
つしか朋友の浪風もなく暮しける、夫光陰は矢の如く隙ゆく駒の止間なく荏
き苒かれ、茲に十年の月日を送りしかば [以下次號]

　○ 去月三月□日朝から降雨、翌曉に至て止む。本月二日朝より昨日朝
迄、引續き降雨。如此春雨の降り續きけり。○ 昨日寒暖機、正午六十三
度、前十一日間平均五十三度。

• 釜山商況

○ 當港の市況は、日に月に益すノ\不景氣の折柄、自然小商人抔に至ては追ノ\手を引て歸朝するもの多く、近來新たに渡韓するものは十分の一に止まりて、歸朝するものは十分の九となりし有樣は、漸く貿易市場の一變する時ぞ實に今日が大事なる場合にて、少し商賣に長じたるものは、よろしく將來の目的に意を注ぎ、計畫せざるを得ざるなり。嗚呼、吾親愛なる商賈諸君よ、將さに開かんとする仁川港あり。諸君、當釜山浦の如き幷に元山灣の如き輕擧の開港を爲ず、凡そ輸出入の平均を考査し以て、資を投ずるにあらざれば、又もや釜山・元山今日の姿なる失敗を招くなん。

○ 此十日間は別に換りなく居据りの儘なり。

○ 千年丸は思ひの外早や航海なりしが、輸入品に金巾三千五百反、寒冷紗九千四百□十反、其外、總て雜品なり。

○ 右同船の船積は至てすくなく、總體の元價は僅かに一萬二千百四十八圓五十錢內、金銀塊の元價七千六百九十四圓、殘り四千四百五十四圓五十錢の雜貨なり。

• 寄書

朝鮮通貨論 [前號之續]

在韓 東涯魚史

獨金銀通貨, 此弊甚爲尠. 彼行銀瓶而敗者, 定位與時價, 不得衡平也. 防之素易, 而朝鮮國, 礦石不少其山. 今指其一二曰: '成川・定川・泰川・寧邊・价川・祥原・高原・文川・咸興・谷山・邊安・瑞興・江陵・三陟等, 自古歷々, 金銀店地. 坼拓供用, 經營通貨, 何不愈於楮幣孔錢耶? 此以金銀利言之也.

顧吾輩謂楮幣綜布之說, 雖曰可信, 我邦維新之前, 各藩或行楮幣, 民間默〻害, 不甚少. 且維新之初, 政府發楯幣, 其製粗薄, 僞造漸起. 更加精良緻密, 始覺便宜. 況保朝鮮無此幣哉? 凡政府一令一敎, 固要百姓之便宜. 單趨利潤, 豈歸不便于百姓? 然則其便宜, 果歸金銀乎? 朝鮮頑然必曰: "金銀者, 國家元氣. 元氣一散, 國勢自微, 鬼神遽去, 何以敵隣國, 何以有社稷? 是宗廟所不容. 故中國都于北京, 瘞埋黃金, 祭祀天地, 稱以金陵. 然則, 果歸孔錢乎? 否. 吾輩嘗聞巷說, 皆曰: "復見高麗成宗之難. 不啻孔錢一種之不便." 旣聞改造補欠之說, 再曰: "政府命一顆十錢五錢一錢之定位, 均是前日孔錢, 何以副天下之望哉!" 由是見之, 今日鑄錢之擧, 尙不爲朝鮮喜焉. 古云 '皮之不存毛存', 通貨不正, 富國不基將安立? 決曰: "力破頑然之說, 開金銀店, 營以通貨而已. 勢不得止則楮幣次焉." 抑鑄錢之策, 至于此, 庶幾上下, 便可不欠, 而巷說得其所願也. 以此反覆訴輿論矣.

朝鮮通貨論 餘言

吾儕嚮論朝鮮通貨也, □眇見不經之言. 雖不可免大方嘲議, 亦非以微意之無所存也. 夫幣也者, 所以輕重百物交易有無. 百里不販樵地, 千里不販糴邊, 使之無不遍通, 固幣之用矣. 其行如流水, 無息, 則草木辟, 貨財殖. 上則富國, 下則富家. 昔日管子設輕重九府, 則桓公以覇, 九合諸候, 一匡天下. 要使幣與物爲平均耳. 然而朝鮮貨幣貴, 物直賤. 乃失相比之位, 常所以農虞工商, 不竭全力, 山澤不辟, 貨財不殖也. 吾儕嘗聞之, 西人曰: "金銀柔質. 故幣必用純金十一和銅一分, 使人償鑄造, 費不過一分之半. 其量較諸物價率四十分之一, 則無有不足." 由是觀之, 今日銅錢果與物價爲平均乎? 三尺童子, 亦知相比相失, 安開市不乏貨財繁殖之原理之得? 故曰: "朝鮮通貨, 宜用金銀矣." 抑國多金銀價直大減, 則直輸出以致. 與人平均, 亦可以獲物利. 且與人同之, 則彼此同價無患, 濫出金坑所出, 以無不存留爾. 於是始貨殖治國之道必立矣. 此吾儕所以起通貨論也.

・輸出入物價表

輸出入物價表 [自三月十一日至同卅一日]					
輸入賣品			**輸出買品**		
品名	量	時價　貫文	品名	量	時價　貫文
内國産			米	一升	〇、〇二六七
丁銅	百斤	一二、二〇〇			〇、〇二五〇
荒銅	同	一一、九〇〇	大豆	同	〇、〇二〇〇
甲斐絹	一疋	三、二〇〇	小豆	同	〇、〇二五〇
		三、〇〇〇	小麥	同	、〇一四
摺付木	百打	一、三五〇	砂金	十もんめ	一一、五〇〇
		一、四五〇			〇六、〇〇〇
素麺	一箱	一、六五〇	金地	同	一一、五〇〇
		一、五〇〇			〇六、〇〇〇
外國産			銀地	一貫め	七〇、〇〇〇
一番義源	一反	二、〇三五			八三、〇〇〇
		二、〇〇〇	紅參	一斤	□、五〇〇
二番 同	同	一、八三五			五、〇〇〇
		一、八四〇	尾人參	百斤	六、〇〇〇
三番 同	同	一、七九〇	生糸	一斤	□、一〇〇
泰和	同	一、八一〇	紬	一疋	、六五〇
		一、八二〇			一、〇□〇
生源	同	一、八三〇	木綿	一反	、二八〇
緋金巾	同	〇、□六〇			、三二〇
		一、〇〇〇	干鰯	百斤	、八〇〇
天竺	同	一、二四〇	煎海鼠	同	一六、〇〇〇
		一、三〇〇			一八、五〇〇
綾木綿	同	二、三五〇	鱶鰭	同	一五、〇〇〇
		二、七〇〇	鯨骨	同	、六二〇
更紗	同	一、四〇〇	布海苔	同	二、〇〇〇
澤井	同	二、四〇〇	天草	同	、六〇〇
寒冷紗	同	〇、四六五	牛皮	同	八、五〇〇
		〇、五二〇			九、二〇〇
繻子呉絽	同	二、三〇〇	牛骨	同	、五〇〇
綿絽	同	二、二五〇	油粕	同	、四四〇
絹呉絽	同	二、四三〇	鷄糞	同	、五〇〇
綛糸	一丸	一、六二〇	韓錢毎日相場		
		一、三二〇	卅一日		二十七割六ア五
白銅	一斤	、五二〇	卅二日		同
錫	百斤	二五、八〇〇	卅三日		二十七割七ア

亞鉛	同	五、三〇〇	廿四日	二十七割七ア
紅粉	一斤	一、五五〇	廿五日	二十七割六ア
青粉	同	、四三〇	廿六日	二十七割六ア
紫粉	同	一、五〇〇	廿七日	二十七割六ア
青竹粉	同	一、三五〇	廿八日	二十七割六ア五
黃粉	同	、六五〇	廿九日	二十七割五ア五
		、七〇〇	三十日	同
胡椒	同	、〇九五	卅一日	同
明磐	十斤	、二二〇	平均	二十七割六ア
甘草	同	、六五〇		

右賣買物價表は、本紙毎發兌前十日間の平均を以て載錄するにあれば、卽ち其時價なるものは毎日の韓錢相場に照し算すれば、直ちに日本通貨および元價の割合をしるべし。

本局 廣告

○ 本紙廣告料、四號文字一行、二十五字詰、一回金三錢 ○ 二回、同四錢 ○ 三回以上五回まで同五錢。

　但、二十五字以下も同斷。右は總て前金に申受候。

○ 本紙定價 一冊金四錢 十冊前金[一割引]金三十六錢 ○ 十冊以上、總て一割引。尤も、本港外は別に郵便稅申受候。且つ前金の期相切れ候共、廢止の御沙汰有之迄は、引續き遞送仕候事。

朝鮮國釜山港日本居留地本町二丁目廿番地
本局 商法會議所
幹理編輯兼印刷 大石德夫

釜山港辨天町三丁目三番地
大取次賣弘所 鈴木忠義

定期刊行

大日本曆明治十五年四月十五日發兌 ｜ 大朝鮮曆壬午年二月二十八日

朝鮮新報 第九號

在釜山港 商法會議所

例言

本所新報刊行之旨趣, 在專叙述經濟論說, 以供日鮮兩國博雅之采覽. 而如其發露中外之奇事異聞, 亦要收拾不遺也. 因希四方諸君子能諒此意, 高論新說必不吝投寄. 而其文務用漢文, 則記者之幸, 以何加之敢望々々.

目次

・朝鮮新報

關稅或問 第 一 [前號之續]

曰: "然則定其稅額, 何爲當耶?" 曰: "各國定關稅不一. 或有入貨課之而出貨不課者, 或有甲貨課之而乙貨不課者, 或有甲乙貨課百分之二十或三十, 而丙丁貨課百分之五或十者焉. 如我國則入貨大抵課百分之五, 而出貨或有不課者矣. 是雖各國現行之例, 亦可不就其閒而分當否也. 盖有人民則有政府, 有政府則有費用. 故政府所要費用, 不擇其多寡, 人民皆當供之. 而人民之貨産, 亦有限, 其力所不及不可以多取焉. 余觀各國稅法, 雖時有高低, 國有輕重, 大槪以十一爲其例. 十一之法納之者, 不甚害, 而收之者, 足以補國用矣. 諸色稅額, 皆然. 故定關稅, 亦可以十一爲其例也.

議者曰: 農之有田, 猶商之有貨也. 農之耕田而有收穫, 猶商之賈貨而有利潤也. 而今十一之法, 在農則從田之收穫而課之, 在商則從貨之全價而課之, 無乃不公平乎?" 曰: "否. 夫稅有直稅, 有間稅(直稅, 謂有産者直出其稅也. 間稅, 謂稅金出于甲手, 而其實歸于乙之負擔, 猶酒稅出乎賣者之手, 而買之者實償其稅也). 有就生産人而稅之者, 有從費消人而稅之者焉. 如田租則直稅也, 就生産人而稅之者也, 貨稅則間稅也, 從費消人而稅之者也. 何則雖貨稅出乎商賈之手, 而商賈隨增其價, 以鬻賣之于費消人也. 譬有日本商輸入洋布一百疋, 其元價五百圓也, 加之船價五圓, 諸費二十圓, 利子二十五圓, 則其賣價爲五百五十圓, 是課稅前之價也. 又有日本商輸入洋布一百疋, 其元價五百圓也, 加之船價五圓, 諸費二十圓, 利子二十五圓, 關稅二十五圓, 則其賣價爲五百七十五圓, 是課稅後之價也. 故在課稅前, 則費消人償價五百五十圓, 可以得洋布一百疋, 而在課稅後, 則非償價五百七十五圓, 不可以得洋布一百疋也. 受其損害者, 不在商賈而在費消人. 故曰: '貨稅者, 間稅也, 從費消人而稅之者也.' 夫貨稅之出於費消人而不出於商賈者, 旣明, 則課之稅, 不準商賈之利潤, 而準貨之全價, 亦可以自明矣."

・雜報

○ 本紙第五號及び第八號に於て、彼の宋山林が上疏云々の事を載せしが、今、其稿を得たれば卽ち本紙雜報欄內に揭げて、讀者諸君の采覽に供す。

山林宋秉璇[1]上疏[2]

職吏曹參議, 居忠淸道懷德縣, 山林之稱道學之士・國之大師.

　　斥倭和以絶邪教. 臣竊謂交隣, 有國之大事, 而今之所謂隣者, 戎狄也.[3] 結以和好, 不使爲梗, 固非急[4]事, 但不審事機, 則和之一字, 徒歸自安,[5] 而適云[6]以凶[7]人之國, 宋之南渡, 是也. 蓋知[8]事, 不可專主卑遜. 古之和戎而安民者多有之, 而最善者, 其惟唐太宗便橋之盟, 宋眞宗澶淵之役乎. 先以兵威, 農[9]耀張皇, 以不可觀之形[10], 然後結以善意, 其和方固. 若徒事卑遜, 惟彼意是循而信其和好, 則是所謂撤籬以媚盜, 而望盜之愛我而不攻者, 豈理也哉?

　　以方今時勢論之, 洋舶之侵撓才[11]息, 而倭使之尋盟勿[12]至, 此豈非腸肚相連, 頭面改形[13]者乎? 舉國之人, 莫不以爲外倭內洋, 臣亦以爲斥倭, 正所以絶

1　璇은 璿의 오기이다.
2　송병선의 문집 『연재 선생 문집(淵齋先生文集)』에 실린 상소문과 대조하니, 오탈자가 많다. 원문에는 『조선신보』에 실린 한자를 그대로 보이되, 문집과 상이한 부분은 각주로 제시한다.
3　戎狄也는 문집에는 直戎狄耳라고 되어있다.
4　急은 문집에는 惡이라고 되어있다.
5　安은 문집에는 愚라고 되어있다.
6　云은 문집에는 足이라고 되어있다.
7　凶은 문집에는 亡이라고 되어있다.
8　知는 문집에는 和라고 되어있다.
9　農은 문집에는 震이라고 되어있다.
10　문집에는 以示不可犯之形이라고 되어있다. 以 다음에 示가 탈락되었고, 觀은 犯의 오기이다.
11　才는 문집에는 纔라고 되어있다.
12　勿은 문집에는 忽이라고 되어있다.

洋也. 然目今所注[14]事者倭也, 則不得不就其著而論矣.[15] 當彼人之啓釁也,[16] 我之所以應待者, 失於大[17]巽, 以致漸肆悖慢. 國恥不輕, 可勝痛歎哉? 其來往條約, 臣不能詳知, 而就其公傳者言之, 無可許者. 臣[18]於築室居接, 尤是前古鄰和之所未有也. 昔晉以不從[19]戎卒, 有五胡之亂. 本處者不從[20], 猶是[21]致亂, 本無者來處, 能不極[22]禍哉? 臣試問看[23]彼意, 何事須如此. 一則爲洋人導接也, 一則欲同[24]知浦港淺深, 民國虛實, 山川險夷, 以成其計也.[25] 以奇技淫巧無用之物,[26] 竭我貨泉·米粟·美禽[27]之源. 將使如大木中朽, 居然顚仆而莫之救. 彼則一日有一口[28]之利, 而我乃墮其術中, 積漸銷削而不悟, 豈非可哀也耶? [未完]

○ 近頃の事とか、京城にて彼の小年輩三十名程、日本語生徒と稱し練武處に來り、參謀本部韓語生武田甚太郞氏に就て、日本語をまなばんと突然の賴みに武田氏は殆どあきれ曰く、我此所に出勤するは我官命に依てなり。我豈韓語訓導たらんやと謝絶せられたれば、然らば誰を依賴せんや。聞く所に據れ

---

13 形은 문집에는 換이라고 되어있다.
14 注는 문집에는 從이라고 되어있다.
15 문집에는 則不得不就著者而論之矣라고 되어있다. 著 다음에 者, 論 다음에 之가 탈락되었다.
16 문집에는 當初彼人之啓釁也라고 되어있다. 當 다음에 初가 탈락되었다.
17 大는 문집에는 太라고 되어있다.
18 臣는 문집에는 至라고 되어있다.
19 從은 문집에는 徙라고 되어있다.
20 從은 문집에는 徙라고 되어있다.
21 是는 문집에는 足이라고 되어있다.
22 極은 문집에는 招라고 되어있다.
23 看은 문집에는 著라고 되어있다.
24 同은 문집에는 周라고 되어있다.
25 문집에는 陰以成其計也라고 되어있다. 以 앞에 陰이 탈락되었다.
26 문집에는 又以奇技淫巧無用之物이라고 되어있다. 以 앞에 又가 탈락되었다.
27 禽은 문집에는 命이라고 되어있다.
28 口는 문집에는 日이라고 되어있다.

ば、釜山在留浦瀬氏は通弁の先生なるよし。同氏に依頼せんか。同氏を聘す
るには幾許の給料にて可ならんやと問ひしに、武田氏答へて曰ふ。浦瀬氏は
釜山にて百圓程の月給なれば、二三百圓ならでは京城まで來るまじと申され
たれば、彼の小年輩は驚愕仰天互に顔を見合し、悄々然と歸りし後は今に何
等の話しもなければ、定めし師の給高きに驚て、斯くやあらんと憫笑して、或
人の話しなりき。

　○ 是まで我軍艦の漢城に赴きたる事は數度なれども、彼の高貴の人々見
物に來りしことなきとの事なるが、先般清輝艦の碇泊中に開化黨の一人た
る閔參判を始め、官位最も高き江華留主某他五名の參艦せし其模樣を聞
くに、彼の紳士等は殘るくまなく艦中を一覽し續て調練を觀、其兵術の工
みなるを大に感心したりと。今まで軍艦に來る抔は國禁にてありし樣子、然
るに今度は特別に　國王殿下よりの命を受けて右七紳士の參艦ありし由。

　○ 又右の七紳士を艦中に於て洋食の饗應ありしに、朝鮮の國風は從一品
たる江華留主と閔參判等は同席する事ならざるとて、七士を四座にして呉れ
よとの事に、我艦長は日本軍艦に於ての饗應なれば、何ぞ必ず朝鮮の禮を要
せらるゝには及ぶまじく、一卓に就て齊しく食事あらんことをと說き、遂に
七士一席にて食事を畢りたりと。さて食事終りて再び調練はじまり、以上
の人々甲板上に覽觀せらる内、隨分長き調練故ゑ退屈の來りしにや、酒爐
を取出し暖め飲まんとするを、艦中見廻りの士官が見認て直ちに艦長に報
ずるや否、艦長、之を取捨つべきの令を取下されたれば、兵士は採て海に投
じたるを、七士、大に驚き且つ怒の樣子にて、其捨たる所以を問ひしに、艦
長の答へに、軍艦は常に火藥の貯へ多く、猥りに火氣を取扱ふことはならざ
る規則、万一火を誤りし時は公等を始め、我士卒一同卽死するの災害を引
起すなり。且我兵士は公等の爲めに斯の如く長時間の調練をなすに、公等
退屈なりとて酒を飲まるゝは何事ぞ、不敬亦甚しからずやと、一本責めつけ
られたれば、一言の辭ばなく七士共に赧然可笑しきも、又可憐容體にてあり

しとき、、あへり。

○ 朝鮮内地に彊盗の盛んに横行すると云ふ事は、兼て本紙にも載せしが、今聞く處によれば、過日陵山郡守より捕吏を出し、遂に十名の賊徒を捕縛して、大丘監司へ護送せられ同所に於て悉く死刑に處せられたりと。右十名の内には古館居住の某ありとて、其妻子は昨今悲歎止む方なく、實に惡むべきは賊なり、又哀れなるはその妻子の有様なりと韓人の話しなり。

○ 京城にて開化主義の人にても、兎角守舊黨の嫌疑を憚り、我官員と直接するを厭ひし風の盛んにして、閔參判抔に謁する事は甚六ヶしきよし。閔氏、先頃吐血の症に罹りし時、我前田大軍醫の診察を乞はれたるも、公然門に至れば閉じて入れず、不得止押して門内に入れば、却て玄關に出迎へ恭しく禮をなす抔、實に奇妙なる有様とや云はん。

○ 當港、消防組頭永瀨永と云ふ人は百般の事に勉勵する性なるが、本年の春、夜廻りのありし時は殊の外部下の者を勵まし、毎夜警察所に詰て市中を見廻り非常を警しめ、中ノ〵の勉勵を感ぜし人ノ〵あつて、此程慰勞金を贈られたるときく。

○ 其筋の人より話しを聞くに、當港に於ては我居留人の中には、間ノ〵實印を粗忽に取扱ふもの有て、誠によからぬ事。一寸、止宿届けするからかせとか、かすとか、譯けなく貸借するは互に人情の親愛なるやうなれども、素とより雙方ともに法律の禁ずる所のみならず、後日如何なる損害を引起すも量り難ければ[29]、人ノ〵よろしく註意すべきに、此弊の止まざるは困り入ると語られたり。

○ 林慶業傳 [前號之續]

鳳嶽[30]も已に壯年つゝ、殊に此家にいりてより長の年月、勵みたるその功

しの現はれて、其名は四方に轟きつ。尋常ならぬ學者とはなりぬ。然ば此事追
ノ丶政府にや達しけん。京城の幹[31]林學校の訓導に徴しければ、主人祥賢の喜
び一方ならず、さながら我子の出立のごとく吉日を撰び、酒饌など調へ暇の席
を設け、いと懇懃に祝しければ、ただ凰[32]岳は嬉し涕にむせびつゝ、此年月の
厚恩を謝し、我家に歸りて近隣の人々へも別れの酒を酌しかば、みな鳳岳が
勉強を讃めはやし、其出立をぞ見送りける。頓て鳳岳は都に着し、夫ノ丶の
手數もはて幹林學校の教官となり、日々生徒を教ふるにも、前の日その身が祥
賢の深き惠みに預りて、斯る出世をせし事を一瞬時間も忘れずして、いと懇懃
に教へしかば、美名漸く輝きて、廣き都に隈もなく人訪ふ者とぞなりにける。
案下休題、爰に又洛中に住める者にて、故幹林院侍講學士金有德という人
あり。二人の子有て、長は男、次は女なり。此少女の名を梅少女と呼て、其
容貌こそ花も羞ぢ月も閉ぢなん美少女の、殊に知惠さへ人にこえ閨の深き
に育しも破瓜てふ、年の花の春梅の笑顔に、いづちより彼のいたづらな鶯の
さゝなきかけぬ其内によきむこがなと、兩親の思ふ折柄、鳳岳の人となりを
ば聞傳へ、婿にほし、と思ふ内、幸によき媒妁有て、程よく縁談をも整へつ。
吉日をえらび祝言の式も畢り、一家睦じく打過ける。陳も、日去月往て、翌
年辛丑の仲の秋、凰岳夫婦の中に一人の男子を擧り。是なん後に慶業と其名
輝く者にこそ、其後年月を經て、又二人の男子と一人の女子を擧りとぞ。除
題、凰嶽の人となり遂に議政府李廷儀の聞に達し、官を尚書侍郎に進め、
位を四品に除せられつ。闕下を辭るとき、其身は賜花を垂らしつゝ、輿に乘
り、右と左は大樂小樂の伶人に、花のかざしを冠りたる童子の數多付添ひ
て、下卒も亦多く前後を圍み、先を拂はせ門を出れば、許多の生徒等、今や
遲しと待かねつ。先師の出るを見るや否、吾ぞ先にと爭ひて彼が寓にぞ送り

---

30 봉악의 이름은 鳳嶽/鳳岳이 병기되어있다.
31 幹은 翰의 오기이다. 이하 동일하다.
32 凰은 鳳의 오기이다. 이하 동일하다.

ける。侍郎は故鄉出て、三年の內に斯る人とはなりぬるに、時移り星轉る中、彼を愛たる祥賢は慈悲の人にも似合ずて、八字あしく妻子にも離れて、今は身ひとつに立る煙りも絶〲の苦しき身とはなり果つ。 其名も高き學者さへいつの程にか名も堙滅て、訪ふ人さへもなかりける。是ぞ世の俚言に、千里の馬も疲たる時は駑馬にも劣るとは。最も哀しき事ぞかし。[以下次號]

○ 朝鮮人子育の話 [前號の續]

是に由て之を觀れば、中人以上も亦汚物を犬に嘗めさせるものと見ゆ。又聞く處に據れば、朝鮮人の男色を好む風の盛んなるは八道同じけれども、小児の時より陰部を犬に嘗めさせ、自然其摩擦の習慣になりて、男子と雖ども陰部を人に扱はるゝも敢て忌みざる由、實に奇妙奇態の風俗なり。又畿內邊は殊に色慾盛んにして姦通する者も頗る多く、夫が爲め實の父母をしらざるもの多しといふ。

　○ 本月一日付にて、在京城の某氏より來信中、前略云々、曾て日本に遊航せし沈相學は平安道成川府使となり兩三日前に赴任したり。○ 兼て開進に盡力せらるゝ尹雄烈は防禦使に、韓根聖[33]は參判に、何れもこの程榮轉せり。○ 洛中の人の、日本に未だ遊ばざるものは、仁川の開港を苦待し居る模樣なり。故に仁川に來る商賈は、其家屋を始めとし諸般の物に注意して、耳目に新らしき事を以て未開の人を導き、且贅澤を好ましめなば、其益鮮々ならんや。

　○ 當地正午寒暖機十日間平均左の如し。○ 三月上旬五十度、同中旬五十二度、同下旬五十度なり。二十二日微霙降りしより少しは寒氣を覺えたれども、亦昨夜は五十四五度なり。

　○ 是まで朝鮮人の、我日本に渡航せし者、明治九年の初夏修信使金錡

33　韓根聖은 韓聖根의 오기이다.

秀以下、官・私用又は遊來機密に渡航せし者を推算すれば、凡そ五百餘名の多數に及べり。

○ 昨日晴天、寒暖機正午五十九度、前十日間平均五十六度。

• 釜山商況

○ 當貿易市場の商況は久しく更に變りなく、每ノ丶不景氣の三字を報道するは、吾輩のこゝろよからざる事なれども、盖し不得止の言と云ふべし。抑も當港一般の景況は皆商況の不活發なるがため、人氣も自然に衰弱を催ふし、目覺しき取引のあらざるは、此れ偏に商業の變動なきに依るものか。それ如何となれば、常に變動の朝に夕に人をして驚かしむるの有樣は、果して商勢の盛んなるてふ此時に當りてや、人氣はなんとなく愉快を覺え、東奔西走孜ノ丶汲ノ丶業務に惰るものあらざれども、若しこれに反し長く變動を見ざるが如きは、遂に手を拱して無事に苦しむの嘆を發すべし。是當港目下の有樣なり。

○ 當時、金巾類の賣れ方は大口なく、只小口僅々のみ。

○ 寒冷紗は、賣れ口の、秋きに際したる故ゑ、他のものよりは景氣甚だよし。

○ 砂金銀類は相變らずぽつノ丶出れども、さしたる事なし。

○ 木綿・牛皮の如きものは僅々出れども、其他に至ては更に輸出物なし。

• 寄書

望于朝鮮政府諸公

在日本瓊港　梅野建一郎稿

朝鮮政府諸公聰明, 而能曉宇内之形勢. 締交于隣邦而計政良誠, 不背于

政府, 諸公之責任也. 若政府諸公而不計改良, 循慣據行, 則朝鮮前途之興廢, 未可知也. 吾儕外邦之書生, 薄聞狹見, 雖不足望于諸公, 吾儕所經歷而有如朝鮮, 今日之現狀也. 隣邦脣齒之親, 不忍默過, 敢不憚鄙見. 告所見.

我邦維新之際, 有惡外人而謀斬殺者, 又有憎外交, 而唱鎖港者, 不異朝鮮今日之現狀也. 然惡外人, 而謀斬殺者, 憎外交而唱鎖港者, 大牽憂國之志士也, 慷慨之人民也. 唯其見識末足曉宇內之形勢而已矣已. 爲憂國之志士, 慷慨之人民, 其見識而有所開發, 則爲國家不爲無益也. 頃者, 聞朝鮮守舊之人, 而建言政府爲死刑之所處. 若此素雖國法之所不免, 顧亦勿過國法之嚴乎? 吾儕爲朝鮮不得不惜也.

方今之時, 爲朝鮮之計, 守舊不適于宇內之大勢者, 漸次啓發其心, 而宜導改進也. 然政府之措置, 不出于此, 則於其大計所失多, 而所益寡矣. 苟使人顧死唱守舊, 慷慨之說者, 而悟宇內之大勢, 知外交之便益, 則爲國家興大利. 盖非小少焉. 古語云, '轉禍而爲福', '避危而就安', 朝鮮今日之計, 宜出于此也. 聊記望于朝鮮政府諸公云爾.

・輸出入物價表

輸出入物價表 [自四月一日至同十日]					
輸入賣品			輸出買品		
品名	量	時價　貴文	品名	量	時價　貴文
內國産			米	一升	〇、〇三六七
丁銅	百斤	一二、二〇〇			〇、〇三五〇
荒銅	同	一一、九〇〇	大豆	同	〇、〇二〇〇
甲斐絹	一疋	三、一〇〇	小豆	同	〇、〇二五〇
		三、〇〇〇	小麥	同	、〇一四
摺付木	百打	一、三五〇	砂金	十もんめ	一一、五〇〇
		一、四五〇			〇六、〇〇〇
素麵	一箱	一、六五〇	金地	同	一一、五〇〇
		一、五〇〇			〇六、〇〇〇
			銀地	一貫め	七〇、〇〇〇

外國産				項目	單位	價
						八三、〇〇〇
一番義源	一反	二、〇三五		紅參	一斤	□、五〇〇
		二、〇〇〇				五、〇〇〇
二番 同	同	一、八三五		尾人參	百斤	六、〇〇〇
		一、八四〇		生糸	一斤	一、一〇〇
三番 同	同	一、七九〇		紬	一疋	、八五〇
泰和	同	一、八一〇				一、〇〇〇
		一、八二〇		木綿	一反	、二八〇
生源	同	一、八三〇				、三三〇
緋金巾	同	〇、九六〇		干鰯	百斤	、八〇〇
		一、〇〇〇		煎海鼠	同	一六、〇〇〇
天竺	同	一、二四〇				一八、五〇〇
		一、三〇〇		鱶鰭	同	一五、〇〇〇
綾木綿	同	二、三五〇		鯨骨	同	、六二〇
		二、七〇〇		布海苔	同	二、〇〇〇
更紗	同	一、四〇〇		天草	同	、六〇〇
澤井	同	二、四〇〇		牛皮	同	八、五〇〇
寒冷紗	同	〇、四六五				九、二〇〇
		〇、五二〇		牛骨	同	、五〇〇
繻子吳絽	同	二、三〇〇		油粕	同	、四四〇
綿絽	同	二、二五〇		鷄糞	同	、五〇〇
絹吳絽	同	二、四三〇				
綛糸	一丸	一、六二〇				
		一、三二〇				
白銅	一斤	、五二〇				
錫	百斤	一五、八〇〇				
亞鉛	同	五、三〇〇				
紅粉	一斤	一、五五〇				
靑粉	同	、四三〇				
紫粉	同	一、五〇〇				
靑竹粉	同	一、三五〇				
黃粉	同	、六五〇				
		、七〇〇				
胡椒	同	〇九五				
明磐	十斤	、二二〇				
甘草	同	、六五〇				

韓錢每日相場　割

一日	二十七割五ア五
二日	二十七割六ア
三日	二十七割六ア五
四日	二十七割七ア五
五日	二十七割七ア五
六日	二十七割八ア五
七日	二十七割七ア五
八日	二十七割八ア五
九日	二十七割八ア
十日	二十七割八ア
平均	二十七割六ア七

右賣買物價表は、本紙每發兌前十日間の平均を以て載錄するにあれば、卽ち其時價なるものは每日の韓錢相場に照し算すれば、直ちに日本通貨および元價の割合をしるべし。

千金丹發賣並諸國妙藥大取次販賣廣告

官許千金丹　　　　　　本鋪 對州嚴原　　　　　三山回生堂製

　右發賣ノ傍ラ、左ノ通兼テ、天下有名ノ妙劑數品、何レモ本鋪ト約シ、獘堂ニ於テ大取次開業罷在候ニ付、若シ取次御望ノ向ハ御報知次第、千金丹同樣各本家規則ノ割引ヲ以テ、卸賣可仕候間、江湖愛顧ノ諸彦、多少ニ拘ハラズ、陸續御購求アランヿヲ希望ス。

　○寶丹寶丹水 ○精錡水 ○穩通丸 ○鎭溜飮 ○補養丸 ○麟丸 ○寶丹舍里別 ○雞肉ゲレー ○資生堂神藥回陽丹其他數品 ○ピツトル ○開達丸同散 ○虫藥菓子百花精並長生糖 ○赤蛙丸 ○キントル散 ○神液 ○一晝夜藥 ○寶明水 ○瘋病妙藥 ○明治水 ○聖藥 ○英藥 ○五龍圓 ○天壽丸 ○正産湯 ○宜命散 ○小兒胎毒丸 ○除毒神方 ○生長丸 ○藥サポン ○鎭嘔丹 ○鶴聲丹玉龍丹 ○眞龍散 ○粒用丹 ○其他數十品

正眞大取次所　　　　　　對馬國嚴原國分町　　　　回生堂三山
　　　　　　　　　　　　朝鮮國釜山港本町　　　　右出店福田

　右各氏ノ調製數品ヲ、數百ノ海上ヲ經テ、數ヶ所ヘ御注文アルヨリハ、寧ロ、同品同價ノ者ハ當國幷朝鮮國ニ限リ、獘舖ヘ一手ニ御注文アレバ、事約ニメ用博ク、第一多少ノ手數ト失費ヲ省クハ、最モ請賣各位ニ於テ、有益ノ一端ト存候。是レ敢テ私利ヲ量ルノ意ニアラズ、全ク便理ヲ極メ候ニ付、尙ホ御良考ノ上、一層御引立ノ程奉祈願候。謹言。

本局 廣告

○ 本紙廣告料、四號文字一行、二十五字詰、一回金三錢 ○ 二回、同四錢 ○ 三回以上五回まで同五錢。

　但、二十五字以下も同斷。右は總て前金に申受候。

○ 本紙定價［一冊金四錢］［十冊前金］［一割引］［金三十六錢］　○ 十冊以上、總て一割引。尤も、本港外は別に郵便稅申受候。且つ前金の期相切れ候共、廢止の御沙汰有之迄は、引續き遞送仕候事。

朝鮮國釜山港日本居留地本町二丁目廿番地
本局　商法會議所
幹理編輯兼印刷　大石德夫

釜山港辨天町三丁目三番地
大取次賣弘所　鈴木忠義

定期刊行

大日本曆明治十五年四月廿五日發兌 ｜ 大朝鮮曆壬午年三月初八日

朝鮮新報 第拾號

在釜山港 商法會議所

例言

本所新報刊行之旨趣，在專叙述經濟論說，以供日鮮兩國博雅之采覽．而如其發露中外之奇事異聞，亦要收拾不遺也．因希四方諸君子能諒此意，高論新說必不吝投寄．而其文務用漢文，則記者之幸，以何加之敢望々々．

目次

◆ 朝鮮新報

關稅或問 第 一 [前號之續]

曰: "然關稅無論出入, 不擇要否, 皆可以課稅十分之一乎?" 曰: "何然? 凡制法者須廣觀利害如何, 決不可任一理而立之也. 抑課稅之本, 雖出於補國用, 而立之法, 亦不可不參觀國民之利害也. 故自補國用之一方論之, 則論之則無論出入, 不擇要否, 皆可課稅十分之一. 而若參觀國民之利害, 則商業有旣開者有未開者焉, 工事有旣興者焉, 百貨有必要者有不必要者焉. 商業未開, 則不可以課重稅, 而沮礙之. 工事未興, 則不可不加意而保護之. 百貨必要者, 可容以利民, 而其不必要者, 不可防以戒弊也.

何謂'商業未開, 則不可以課重稅而沮礙之'? 夫通商, 雖有無之交易, 有基於分業之便利者, 有起於土宜之不同者, 基於分業之便利者, 不可不務其益廣也, 起於土宜之不同者, 不可不勝其愈遠也. 盖民之生, 莫不要衣食住之三者. 旣要是三者, 不得不作是三者. 然而一人獨手作是三者, 與三人各作其一而交易之, 孰便利耶? 不若三人各作其一而交易之便利也. 是分業之法也. 因是理推之, 三人之交易, 不如十百人之交易, 十百人之交易, 不若千萬人之交易. 是交易之所以不可不務益廣也. 又世界各國, 其風氣不一風氣. 不一, 則物産不同, 或有生于南方, 而不生于北地者, 或有適于西土, 而不適于東國者. 非南北和易東西相換, 何以足其用哉? 此交易所以不可不務愈遠也. 交易之不可不務且遠也, 如此, 而開稅沮之礙之者也. 故商業旣開如歐如美者, 或不爲重稅所沮妨, 商業未開如我東洋諸國者, 一課重稅, 則幾不能便商業大開也. 故曰'商業未開, 則不可以課重稅而沮妨之也.'

何謂'工事未興, 不可不如意而保護之'?[1] 夫交易者有無之交易也. 有之就無, 猶水之就下也. 日本支那之絲茶能售于歐米兩洲, 印度米洲之木綿能賣

1　이 문단의 마지막 문장 '工事未興, 則不可不加意而保護之也'를 통해, 본 문장 '工事未興, 不可不如意而保護之'는 則이 생략되었고, 如意는 加意의 오기임을 알 수 있다.

于東西兩洋, 佛蘭西之葡萄酒英吉利之麥酒能及于世界各國者. 皆有之就無也, 有之就無者天則也. 故從天則, 則皆可以足民富國, 而其間亦有不可執天則而論者焉. 何耶? 人工是也. 人工之妙有幾紊天則者. 印度米洲能産綿之國也, 而洋布之用却抑之于英吉利矣, 日本支那能産絲之國也, 而有佛蘭西之絹布輸入于日本支那者矣. 是非英佛之克産綿絲, 其人工遠出乎諸國之上, 使諸國不能受天然之利也. 故曰'工業未興, 則不可不加意而保護之也'.

何謂'百貨必要者, 可容以和民, 而其不必要者, 不可不防以戒弊'? 盖貨有必要者, 有不必要者焉. 利民生, 開民智, 助民業者, 皆必要之貨也. 不省之稅額, 而勤其入, 則不可使民利生足財也. 長民奢, 助民樂, 妨民業者, 皆不必要之貨也. 不課之重稅, 而制其入則, 不可使民守儉勉業也. 故曰: '百貨必要者, 可容以利民, 而其不必要者, 不可不防以戒弊也.' 夫制者, 先不可不明其法之所由起. 其所由起旣開, 則於立規說, 則必當無大過. 故余今當草稅法, 先論其所由起, 然後漸及之云爾. [大尾]

• 釜山商況[2]

○ 宋秉璿上疏 [前號之續]

且衣裳·鮮介, 混處阡陌, 非我族類, 其心必異, 積漸撕捱, 釁孼必生. 是豈久長和順之勢耶? 或者以觸忤生釁, 大擧深入爲慮, 此正所謂自愚之見也. 噫! 先正臣趙憲辛卯疏語, 明白痛快, 是[3]以打破邪說, 先見驗於唐[4]時, 鑑戒昭於後世. 今人何不以知[5]於前者徵[6]於後耶[7]? 流俗姑息之論, 可謂古今一

---

2 雜報의 오기이다.
3 是는 문집에는 足이라고 되어있다.
4 唐은 문집에 當이라고 되어있다.
5 知는 문집에는 失이라고 되어있다.
6 徵은 문집에는 懲이라고 되어있다.

轍, 豈寒心哉?[8] 若夫以洋事言之, 國朝邪教之禁, 本自竣[9]嚴, 至於年前鋤[10]治之後, 近稱銷落, 若無可慮.

[내용 결락] 間忽ち大淵は飛石に中りて頭部を傷けられ流血湧が如く、彼等は追擊倍々急にして既に咫尺の間に迫り、大淵、高く聲を放つて兒玉に銃を發せん事を促す。兒玉、聲に應じ銃を空中に放發し虛威を示して、其勢ひを防ぎたるより彼等は逡巡進むを得ず、五人は時こそ得たりと、間を見て又走る事殆ど二丁斗り、遙に前の橋上を顧れば大勢の惡漢共皆去りて、僅に二三名我小荷物を押へ人足を毆打し、荷物を掠奪するの有樣なれば、兒玉・蓮元の兩人、之を制せん爲め、再び橋に向ふて行くこと五六十間至りし頃、人足のもの遁れ來るに逢ひ、茲に於て荷物を整理し又之を負はしめ、三人共に徐々歸路に就く。時に大淵は路傍に止りて傷所を包み、蓮元・兒玉二人の來るを待つ。谷・濱手の二人は徐步先行する事殆ど一丁餘り、其内橋上再び大勢の惡漢等顯はれ出で、發鉋[11]三四度、大聲を放つて追跡し來る。兒玉・蓮元等飛ぶが如く走りて、大因[12]に逢ひ共に三人走ること三四丁の所にて、終に惡漢等の取卷く所となり(此時谷・濱手は幸に遁る)て、最早遁るべき道なければ三人共に意を決し、群集の中に相應の人物を見認め、溫言以て我窮情の場合を談じ、只管一片の保護を依賴したれば、彼れ衆に向ひ何か頻りに辨ぜしなれども、其中の一人俄然大木を揮て打掛るや否、四方の惡黨一時に取掛り散々に毆擊せられて、大因、此處に倒れ全く死者の體を爲して俯す。蓮元は亂擊の下をくゝり走ること四五間にして、頭部を痛く打たれて又此所に倒る。

7　耶는 문집에는 也라고 되어있다.
8　문집에는 豈不寒心哉라고 되어있다. 豈 다음에 不이 탈락되었다.
9　竣은 문집에는 峻이라고 되어있다.
10　鋤는 문집에는 鉏라고 되어있다.
11　鉋는 砲의 오기이다.
12　이하 大困은 大淵의 오기이다. 다음호(11호)에서 바로잡고 있다.

惡黨、刀を背・頭に指し卽死す。兒玉は頭及び面部・肩・背とも打たるゝ
こと數限りなく、遂ひに又此所に倒る。較ノゝあつて、大困、頭を擡げ四方
を顧睨するに、大勢の惡黨等皆去り、僅に一名此所に彷徨する者あり。大
困、難を懼れ再び默して俯す。彼、忽ち聲を放つて、惡黨に非らざるを告
ぐ。大淵、能く之れを視れば、先きに道連れとなり共に土橋を渡り、我爲め
に安邊に至り、驛馬五足を牽ひ來らんことを托せしものなれば、大因、漸
くにして起き上り、兒玉・蓮元等を呼び起すと雖も、蓮元は更に應答なく兒
玉は僅に呼吸あるのみにして起き上ること能はず。故に大困は先づ人家のある所
に至り、人を雇ひ迎ひに來らんことを約し、彼の彷徨せるものに只管依賴し、
彼れに負はれて到ること四五間、彼れ微力にして堪へ難く、且つ後難を恐る
るとて、送る能はざるを以て强て辭し去る。大困、不得止、匍匐同樣、漸に
して一里半步し、二軒屋まで來りし途中、辨察[13]官・通事二名に出會告る
に右の事情を以てす。急に兒玉・蓮元を護送し來らんことを依賴し、其身
は二軒屋に投じ暫時此所に休息し、韓人三名を雇ひ自ら指圖し、二本の丸
太を以て釣臺の如きものを出來し、右に乘りて同日午後十二時頃歸宅。直
ちに矢野軍醫の治療を乞ひ、夫れより兒玉・蓮元等は韓人一名にて(韓語枝
藝)(荷物を負ふ器にて、我國の負子なり。卽ち木の枝二個を以て造りしなり。恰も鹿の
角を立てたるに似たり)に負はれて、四月一日午前四時頃、辨察所小吏一名、
附添來る其體、さも死したる犬・豚を負ふが如く、此體を見て我居留の人
民は切齒振腕[14]、恍慨悲憤[15]の情、忽ち面に顯はれ皆曰ふ。朝鮮政府の慘酷
無情なること言ふべからず。且つ我日本人を常に輕蔑すること知るべし。兒
玉は未だ苦痛息まずして、言を談ずる能はざれば、其現場の模樣を聞き糺す
に由なしと雖モ、右の有樣を以て推考するときは、必定彼の慘酷なる取扱に

會しや又知るべし。是より先き、谷・濱手等は元山市街迄來り、彼の知人の家に投じ、暫く此處に於て蓮元等三人のかへるを待てども、更に歸り來らざれば、谷は尚は其家に止まり、濱手は急を報ぜん爲、急行してかへり。夫より迎への者若干名を雇ひ、再び元山へ赴んとしたれども、最早夜中なれば小人數にては元山より先きに到ること能はざれば、官の保護を得て行んことを欲し、巡査に懇々願ひ出るも、何にか官の五都合ありてか保護を得ず。不得止、本願寺・三菱會社・大倉組等の雇韓人數名を引連れ、再び夜中を犯して元山に向ふて發し、途中大淵のかへり來るに逢ひ、初めて事の大なるを知り、何れも驚愕仰天。是より本願寺・大倉組の者は元山津辨察處に到り、蓮元・兒玉等のかへりを待つ。翌朝に至り歸宅す。三菱會社よりの迎ひは大淵と共に歸宅し、直ちに警察所へ届出。四月一日正午十二時頃、矢野大軍醫・戸田副軍醫・伊藤警部・辨察所の譯官・海關將の五名、同道にて臨撿相成りたりと。

　○ 今度、元山津より歸釜せし人の話しを聞に、元山の市中は申に及ばず、兎角人心恟々皆切齒して彼等の暴擧を憤り、既に後讐とも出掛けんとする有樣なりし所、總領事より嚴令を下し制せられたるを以て、其擧もなかりしが、居留人民は却て不滿の樣子にてありしなりと。又聞く處に據れば、前田總領事は今回の事件に付て、德源府使へ右の顚末を照會なりし其主意は、本紙雜報に載せし意味と大同小異にして格別變りはなけれども、仍ほ照會の要を摘んで誌さん。死者蓮元、重傷者兒玉・大淵云々。雨中、豚犬を負ふが如くにして來れば、重症は更に一層の重きを加へ、殘酷無情誰れか惻怛せざるものあらん。其命脉の危險なる本官、日夜苦悶に堪へず候。死軀及び負傷者の現狀は、翌朝、貴譯官金某・首執事金某、會同して撿視せしに付、貴明府既に詳悉せられたる義と存候云々。抑此事は兩間の一大事變にして、本官限り處措すべきものに非らざれば、政府に具狀し謹んで裁許を仰ぐべく候條。此段御承知有之度候云々。敬具。斯の如き主意を以て照

會せられし所、德源府使鄭學默氏よりは左の如き回答ありしと。

爲照覆者[16], 第十四号書翰. 敎示業已洞悉無餘而卽爲具由修報我 政府及巡營矣. 待回題第當委報諒悉焉. 敬具. 壬午二月二十日. 又府使は左の如き傳令書を所々に張出したるよし。

傳令元山兩里々長及銘石院里長, 與各社民人處

爲惕念, 擧行事. ‘彼人間行時, 我人之無或作梗’, 前后嚴飭非止一再是去乙, 惟我愚侮之萌, 罔知法意之如何, 終不悛習. 致有日者, 安邊之變, 言念及此, 萬々驚骇. 慮民有一半分不善, 擧行之端. 玆又別飭爲去乎, 從玆以後, 各別嚴飭于彼人所到處之民, 人等一々布曉申束后, 令辭揭付通衢壁上, 使往來之人, 常目視之, 而無陷重辟之地, 宜當者. 壬午二月二十日.

○ 日本四月五日[卽當朝鮮二月十八日], 淸國 皇帝陛下爲奸臣所鳩.

○ 四月六日報曰: “英國廟議, 將征愛耳蘭.”

○ 各國所以有博覽會之設者, 何耶? 不論洋之東西, 不問國之內外, 千貨萬物聚, 以便人之縱覽, 務博世間之耳目, 而專在興農務工業, 圖國家之富强也. 我國嘗設博物館, 以便人之縱覽. 今又一層進步, 新建築博物館, 土木旣竣功. 四月八日, 天皇陛下親臨行開館式.

○ 四月十一日, 大北電信會社報曰: “印度疫大行.”

○ 本紙二葉裏第六項[釜山商況]は全く[雜報]の誤置。

○ 昨日靑天、寒暖機正午六十八度、前十日間平均六十度。

16　爲照覆者는 외교문서의 끝머리에 오는 상용어구로 문서의 본문이 끝났음을 나타낸다.

・釜山商況

○ 此前十日間は別にかはりなし。相變らず例の不景氣と云ふべし。去りながらこの兩三日前より、少しく米・大豆・牛皮の如きもの、輸出し來たれり。

○ 本月十二三日の頃より、小賣小買の飯米切れとなり、當時の有樣は實に飢死もやせんかと迄に困難せし所、幸ひ十四五日に至て某商會より賣出したる飯米ありて、皆一時の窮を免れしもの少なからず。當時小賣飯米壹升十四錢五釐までに登りしなり、昨今は下りて日本米上等一升十二錢以下九錢五釐まで。

○ 當時寒冷紗は例に依て、販途の季節なれども、今年は至て大口の取引なく、只ノ〻小口のみ。實に本品の如きさへ斯る樣ゆゑ、他の賣品に至ては猶叟不氣味合也。

・元山通信

○ 本港の商況は、三月五日敦賀丸出港後、賣買取引は各店共に不相變ぼつ〻有りし所、我金銀貨の下落に付、各商共に見込を失ひたり。茲に三月三十一日、本港に一大事件の起りしより、土商の入館するもの僅少にして、これがため居留商一般、手を束ねて、一時は、唯事件を評せしのみ。然る所、本月六日比より、追ノ〻土商も入館し加ふるに、敦賀丸も本月八日を以て入港せし故ゑ、各廊とも相應の取引をなしたり。

・寄書

說之可否信疑, 編者不保焉.

回東第三篇, 係余明治七年閏所稿. 自今觀之, 雖議論屬陳腐, 而精神所凝不忍棄也. 且自言於觀東洋大勢, 有一日先乎人者焉. 因收舊稿投之于貴社, 々々幸賜探錄是望.

　　　　　　　　　　　　　　　　　　　　在日本 回東生

回東策 上

自古定國家之大計, 求子孫之久安者, 必先審天下之大勢, 然後爲之計. 苟天下之大勢不審, 則國家之大計, 不可定國家之大計, 不可定, 則欲求子孫之久, 安豈可得哉! 蓋英國之致富, 魯國之致强, 彼非偶然而得之也. 觀之於初甚明, 慮之於前甚遠, 守之愈固, 謀之益力, 月積歲累, 以致今日之勢矣. 今我東洋則不然. 天下之大勢, 無所觀, 國家之大計, 無所慮. 貿々焉, 莫知其所向. 夫如此, 則將何以求子孫之久安哉!

方今議者皆曰: "國家之大計, 旣定, 子孫之大謀, 已立, 豈徒求目安之倖安, 豈徒圖子孫之無患! 將歐米富强之治, 可不日而致也." 嗟呼! 亦痛矣哉. 夫天下之勢, 有變遷, 昔日之計, 不可以制今日之勢. 且彼所謂國家之大計子孫之大謀者, 果觀於天下之大勢乎而定之乎? 抑定之於國內之小勢乎? 定之於天下之大勢, 則不可以今日之道而爲焉, 定之於國內之小勢, 則不可以求子孫之久安焉. 苟觀國內之小勢而爲之計, 豈可謂之國家之大計子孫之大謀乎哉! 然則定國家之大計求子孫之久安, 將如何? 而可審天下之大勢, 然後可以爲之謀也.

蓋民生之初殖者, 大槩三. 而東方以漢土爲先, 而安南 · 朝鮮 · 邏羅諸國次之. 西方以埃及及猶太爲首, 而蔓衍於歐洲諸國, 印度居其間而漸及四近. 是人民所殖之本也. 而其初者, 東方人民獨雄於天下, 而四五百年以來, 漸爲西方人民所魘, 至於今日, 則西方人民, 將獨步於宇內. 是天下之所以一變也.

○ 草稿のおほき故ゑ、物價表は附錄に出す。

〈報告〉

長崎縣長崎區外浦町四拾七番戶ヘ設立セシ、有限責任三好社、資本金五萬圓ヲ八萬圓トシ、本月ヨリ荷爲換幷ニ賣買荷物取次等ヲ兼業致候ニ付、爲換取組場所及手數料等左ニ揚ク。

荷爲換取組所

長崎本店	大坂支店	朝鮮釜山支廳	同元山支廳
大坂ヨリ	長崎	釜山	元山マデ
三十五錢	五十錢	壹圓	壹圓八十五錢

前記之通、相定ムルト雖モ、都合ニヨリ增滅[17]スルコアルベシ。電信爲換ハ時ノ都合ニ依ルベシ。

賣買荷物取次手數料

| 內外諸物貨 | 買方取次 | 壹步 |
| 同 | 賣方取次 | 壹步五釐 |

右之通、荷爲換幷ニ賣買荷物取次ノ手數料相定、確實ニ取扱致候ニ付、御便宜ニ依テ御申込アランコヲ希望候也。

明治十五年四月十八日　　　釜山浦　三好社支店
各店御中

---

17 滅은 減의 오기이다. 이하 동일하다.

千金丹發賣並諸國妙藥大取次販賣廣告

官許千金丹　　　　　　　本鋪 對州嚴原　　　　　　　三山回生堂製

　右發賣ノ傍ラ、左ノ通兼テ、天下有名ノ妙劑數品、何レモ本鋪ト約シ、獎堂ニ於テ大取次開業罷在候ニ付、若シ取次御望ノ向ハ御報知次第、千金丹同様各本家規則ノ割引ヲ以テ、卸賣可仕候間、江湖愛顧ノ諸彦、多少ニ拘ハラズ、陸續御購求アランコヲ希望ス。

　○寶丹寶丹水　○精錡水　○穩通丸　○鎭溜飲　○補養丸　○麟丸　○寶丹舍里別　○雞肉ゲレー　○資生堂神藥回陽丹其他數品　○ピツトル　○開達丸同散　○虫藥菓子百花精並長生糖　○赤蛙丸　○キントル散　○神液　○一晝夜藥　○寶明水　瘢病妙藥　○明治水　○聖藥　○英藥　○五龍圓　○天壽丸　○正産湯　○宜命散　○小兒胎毒丸　○除毒神方　○生長丸　○藥サポン　○鎭嘔丹　○鶴聲丹玉龍丹　○眞龍散　○粒用丹　○其他數十品

正眞大取次所　　　　　　　　對馬國嚴原國分町　　　回生堂三山
　　　　　　　　　　　　　　朝鮮國釜山港本町　　　右出店福田

　右各氏ノ調製數品ヲ、數百ノ海上ヲ經テ、數ヶ所ヘ御注文アルヨリハ、寧ロ、同品同價ノ者ハ當國并朝鮮國ニ限リ、獎舗ヘ一手ニ御注文アレバ、事約ニノ用博ク、第一多少ノ手數ト失費ヲ省クハ、最モ請賣各位ニ於テ、有益ノ一端ト存候。是レ敢テ私利ヲ量ルノ意ニアラズ、全ク便理ヲ極メ候ニ付、尙ホ御良考ノ上、一層御引立ノ程奉祈願候。謹言。

本局 廣告

○ 本紙定價［一冊金四錢］［十冊前金］［一割引］［金三十六錢］ ○ 十冊以上、總て一割引。尤も、本港外は別に郵便稅申受候。且つ前金の期相切れ候共、廢止の御沙汰有之迄は、引續き遞送仕候事。

朝鮮國釜山港日本居留地本町二丁目廿番地
本局 商法會議所
幹理編輯兼印刷 大石德夫

釜山港辨天町三丁目三番地
大取次賣弘所 鈴木忠義

定期刊行
大日本曆明治十五年五月五日發兌 ｜ 大朝鮮曆壬午年三月十八日

朝鮮新報 第拾壹號

在釜山港 商法會議所

例言

本所新報刊行之旨趣, 在專叙述經濟論說, 以供日鮮兩國博雅之采覽. 而如其發露中外之奇事異聞, 亦要收拾不遺也. 因希四方諸君子能諒此意, 高論新說必不吝投寄. 而其文務用漢文, 則記者之幸, 以何加之敢望々々.

目次

○ 朝鮮新報
○ 雜報
○ 釜山商況
○ 元山通信
○ 寄書
○ 附錄物價表

・朝鮮新報

民權論

蓋聞民權也者, 見行文明開化之國, 不見行未開野蠻之國焉. 五等之制, 失多得少, 郡縣之治, 則反焉. 我國立國之創, 用郡縣之治, 聖主放鄭聲遠佞人. 夫德之體明點陟日用, 上之觀下猶赤子, 下之觀上猶父母. 是以沈恩聲敎無不洽下, 而民皆懷之以成盤石之固矣. 中古自慕倣唐制, 已降稍國政歸于武門. 於是乎, 立其封疆之典, 財其親疏之宜, 封畛之制隆焉. 漸而五等之君各嚴關界, 使甲地之人容易不入乙地, 而掩世間之耳目, 遂使 天子之國致敗焉. 我國世以 聖明天子在上, 未至是也.

今上天皇之登極也, 悉廢舊制, 復古昔郡縣之治, 而人才英奇日用. 然天皇猶以沈恩之未廣, 懼聲敎之未勵, 誓天地神明曰: "萬機決公論爾衆庶共議.", 遂布之于海內而設左院[左院, 今稱元老院], 廣納天下之公議, 而尙采英奇於海外, 諸國信萬物, 咸得其宜於是乎. 五等之夭雲¹掃地而去矣. 夫五等之制始於黃唐, 郡縣之治, 創自秦漢, 至其得失成敗, 先賢論之曰: "五等之君, 爲已念治, 郡縣之長, 爲利圖物." 先賢旣已知此弊, 惜哉! 未知防之矣.

於歐米各國旣創郡縣之治, 立共和之法, 而恐其弊起爲防之, 與民以民權. 雖出在鼎台之位者, 入則其權無異人民而不問官職之高下, 不論門戶之尊卑. 苟有違規背則害人民者, 則人民得訴之于法司, 々々聽訴, 則必無不處之. 是故, 郡縣之長, 雖欲爲利圖物, 不能, 人民爲暴官酷吏無所壓. 而朝無座食之臣, 野無浮食之民, 國家欲不富, 豈可得乎? 固得其法度之宜, 有堯舜猶不及者. 是所以我國近世斟酌歐米之法也, 豈不熾乎?

現今觀察朝鮮之世態, 用郡縣之治. 其實無毫異五等之法矣. 盖卿相之位, 非鼎食之資不庸, 郡縣之長, 非豪家勢族不能入. 劉毅所云, '下品無高門, 上品無賤族者也.', 固智不能伸, 愚無不庸. 乃苟在官職者, 皆自稱兩班, 恬然

---

1 문맥상 夭雲은 妖雲의 오기이다.

世其食祿, 仰覲上, 不能開口, 伏瞰下, 猶視犬馬. 而文武混淆, 賞罰無度, 而恩信皆以賄賂生. 其弊旣及下民, 皆倣焉, 國欲振, 豈可得乎? 古人有言, 防民之口, 甚於防川宜哉, 言是所以衛巫被寵而勵王奔□也. 苟君人者, 宜注意于此. 今日朝鮮政府以英斷, 廢舊制, 薦人才, 擧英奇, 與民以民權務, 而定經國之憲, 則不日而東洋生一强國, 以可得防暴俄之瓜牙也.

• 雜報

○ 京報曰: "前日咸鏡道監司, 德源安邊兩府伯, 及元山辦察官, 幷罷職. 此四員常主鎖港, 曾怨日本人. 日本三月三十一日[卽當朝鮮二月十三日], 蓮元憲誠等赴安邊近傍, 爲土人所暴橫. 朝鮮官無敢防之, 終致其命. 是以朝鮮政府怒監司以下, 怠其職務, 遂徵褫其官職. 將正刑典, 現今查覆中云, 其口招及糾彈之畧如左.

法官曰: "汝等在地方長, 愚人害國家不敢顧. 遂致日本人之命, 使我政府, 懷此憂者, 何故耶?"

犯人曰[犯人, 卽謂監司以下]: "倭奴侵彊而入此地, 遇此災, 其自需而已矣."

法官怒曰: "汝等吐何言乎? 我人民入日本內地之時, 日本政府特許其隨意間行爾. 乃地方官保護之, 且其優偶款待極厚矣. 借使日本政府, 故彼人間行於我內地於理, 不得拒之. 唯恐愚民之騷動未許耳. 汝等拒彼人侵行, 返之務不可不鄭重. 胡爲使部下之民, 致彼人之命乎? 爾等在其職, 而盍平日念之其罪不歸爾等, 而誰尤? 四犯, 遂無所答, 愕然下獄云.

又據漢城道路之說, 四犯幷當所處流刑云.

日本人爲朝鮮土人所殺處分, 或韓客問.

或韓客問曰: "向日我土人暴殺貴國人者, 貴政府以如何法處之乎?" 答曰: "據萬國公法, '其害公使者, 使其政府償之. 其金額三十萬圓, 乃至四十萬圓以下, 各有差. 大抵害其人民者, 其贖金五萬圓, 乃至十萬圓也'. 我國維

新之始, 愚偆殺許多之洋人. 我政府爲之費巨萬之金額矣. 屬者如台灣土人暴殺我琉球人者, 我政府派兵于彼□其暴人. 其後我國與淸國開論端, 以台灣其屬淸國云, '淸國政府給銀兩四十萬兩, 被暴橫者之家以十萬兩報, 我政府之軍費出, 合計五十萬兩以謝之.'. 由是觀之, 今蓮元憲誠之事, 我政府處之者, 要貴政府, 金五萬圓, 乃至十萬圓, 以慰其遺族而已矣." 韓客愕然曰: "我政府, 豈得出此巨萬之金乎? 若不能出之, 則如之何?" 答曰: "是或訴兵火否, 不可知也."

○ 漢城より通信 (四月十一日着)

昨年暮に、釜山を發せし韓人の所有なる西洋形風帆船は、去月十九日、漢江の三浦(京城を距ること我里法一里)に着し、兩國政府の物件多く積み來れり。中には砂金器械も積送りたれども、固より其使用法を知るものなきゆゑ、陸揚せし儘なり。又此器械を陸揚するに、人足二百名を要し、漸くのことで卸したるよし。船將は我譯官に曰ふやうは、釜山にて積ときは日本人の力を借りし故ゑ、僅かに二十名にて事足りしが、今二百名の人足を要せしを以て推せば、後來此器械を使用するも、亦然るならんと云しは實に名言なり。

○ 例の魚允中は李祖淵氏と共に考選官として、來る二月十七日(陰曆)に出立して、支邪[2]天津に赴くと云ふ。其主意は過日大院君より李鴻章へ送りし書意もあれば、彼此李氏の所見を聞かしむるなりと。信僞は知らず。

○ 近頃京中にて、日本人は朝鮮婦人を見れば、其血を吸ふと云ふ流說、盛んにして甚だしきは、俄かに辮髮を束るあり(日本にて往年、洋人は日本婦人を見れば連れ歸へるとて、齒を染めし類)。又、尹雄烈の宅には頻りに日本人の出入ありとて、其近傍にて女子を持つものは皆、他町の知る邊に預ける由。是れ畢竟守舊黨徒らに訛傳を出して、人心日本を厭ふ謀るものなるべし。

---

2 邪는 那의 오기이다.

　○ 朝鮮にて邊戰とて、數百名兩邊に分れて、石を投け合ふて戰ふ遊びあり。當地には毎月の如く、下都監(陸軍教練場)近傍にて此遊びをなせしが、此頃　國王殿下より直令して、下都監には日本人の寓居あるにより、万一、出入の際、過ち有てはならぬとて、一切これを禁ぜられたり。

　○ 淸水館幷に下都監に在る日本人は少勢故ゑ、日ノ〻のはなし種もつき、消閑の策なきゆゑ、釜山の脚夫便を苦待すること、實に戀婦の情郎々々の戀夫を待か如く、新聞のよみ返へし數回におよぶ。

　○ 日本行步は期程なく、却て釜山より遠步す。城內も現今は自由に往來し、人の邸宅を訪ふも殆んど自由なり。

　○ 京中一般の人氣は、去年中、諸道の儒者輩、上疏幷に季載先の反逆等にて、頗る騷しかりしが、今春に至り漸く穩かなり。

　○ 彼の政府にては兼て日本語學生を募りしも、頃日までは振はざりしが、聞く所に據れば、王家婚事を終へ次第、一大語學校を設け、日本人を聘して專修せしむべしと。

　○ 東萊府伯金善根氏は、兼て善政のきこえ高く、管下の人民皆其德に懷きしが、今聞く所に據れば、本月二十五日、官稟を開きて、籾米二百俵を槐亭に於て沙下面十二ヶ村の人民の中ちに、寒苦にして糊口に窮するものへ、各三斗づ〻、惠與せられたりと。又、本日は釜山近傍の村ノ〻にて、同樣のものへも惠まる〻と聞き合へしは、去月二十六日のことなりき。

宋秉璇上疏 [前號之續]

　臣竊聞, 近有一種爲識時務之論者, 多以西事, 歸之時運事勢, 以爲莫可如何. 蓋以新聞紙萬國公報及黃書等文字爲據, 指陳時狀, 殆同李鄞之張皇, 臣竊怪焉. 天下至黃[3], 苟非身歷, 何可以傳說遙度? 設令眞如其言, 我國事

3　黃은 문집에는 廣이라고 되어있다.

力, 實難爲計, 寧有譽於先聲, 自隳國域[4]? 且苟能自治自强, 兵食俱足, 訓養人民, 知親上事甚[5], 則豈以三千里邦城[6], 畏人於層溟萬里之外哉?[7]

是故, 愚臣敢以樂聞過以請政本, 節財用以格[8]國儲爲說, 至於重放[9]而未已. 伏願聖明, 赫然奮勵, 中[10]發禁令於方內, 或有西敎遺積[11], 草薙而禽獮[12], 幷歸[13]市朝, 以壯先聲, 其規模制置. 而其中通商學語, 國人無不駭惑. 盖蹄跡相交, 鴃舌相和, 其勢必至無變不生, 無慮不到, 以殿下之明, 獨不念及於此乎? 更加財察, 丞[14]罷此等名目, 以祛國人之惑焉. 伏乞聖明, 特賜財幸云

君上批答

傳訛失實更不煩疏

○ 林慶業傳 [前々号の續]

却說、祥賢は何ひとつ手に取る業も中々に、貧すれば猶どんするの例言にもれず、落はて、人の情もあらし。男の轎舁とまで零落つ。京城邊をさすらへて、僅の賃錢にやうやくも今日と暮して、飛鳥川水の流れと人の身の定めなきこそうたて鳬。案下除題、世の中はいづれの國を問はずして、其蒼生の中にしは貴賤尊卑の差別あり。尊ふき人は平坦なる道も車や轎に乗り、賤しき人は凸凹のたださへつらき谷坂も、たつきの爲に昇く駕籠の、過去の由緣の

---

4 域은 문집에는 威라고 되어있다.
5 知親上事甚은 문집에는 使知親上死長之道라고 되어있다.
6 城은 문집에는 域이라고 되어있다..
7 문집에는 而畏人於層溟萬里之外哉라고 되어있다. 畏 앞에 而가 탈락되었다.
8 格은 문집에는 裕라고 되어있다.
9 放은 문집에는 復이라고 되어있다.
10 中은 문집에는 申이라고 되어있다.
11 積은 문집에는 種이라고 되어있다.
12 獮은 문집에는 獮이라고 되어있다.
13 歸는 문집에는 肆라고 되어있다.
14 丞은 문집에는 亟이라고 되어있다.

可否善惡で、尊卑の別のある中に、殊にあはひの隔たりし朝鮮國の節にて、いかに富貴の人とても、其身官吏にあらされば轎に乗りつゝ往道も、最早官吏に逢ふ時は轎を降るの風慣にて、實に不自由の事にこそ、一日、落中を數多の下僕を引率れたる兩班の先を拂はせ過るあり。兎角、朝鮮の癖として兩班に付添ふ者は、下僕まで虎の威をかり、人をまた虫蟲のごとく賤視なしつ。少しの事にも悶着をつけ、賄賂を取るいとも賤しき風習なり。折から向ふより、轎に乗つゝ來れる人あり。下卒どもは其轎に乗れる人の、町人なる事を能も熟知得、一術きと心に工み、態と聲高に其轎より降らぬを嚴しく咎めつゝ、轎を透して覗てやれば、爰に有名有福家の隱居にて、年は八十じの老衰に耳も聞えず眼も見えぬ老人にぞありければ、よき僥倖と、下卒等は密ノヽ心に喜びつ。猶、聲高に雷鳴うち、何事やらんと、侍郎は轎の垂慢をば寶上て、暫らく覗み居たりしが、何おもひけん、早くも轎を降りつゝ下卒を制して、官服を脱ぎ平服に着替つゝ、親しく其轎夫の前に奇り、最も慇懃に手をつかへ、三拜したる其姿、最ど怪しき事なれば、下僕等は得も云ず有と、ありあふ人ノヽは暫時し目瞬口呆ていたり鳧。(以下次號)

○ 書感　　　　　　　　　　　　　　在釜山 二十四朶榁客

偶然來寄釜山津，　觸目風光自斬新.
韓地凍氷猶未解，　官庭紅梅已迎春.
小西遺址穴荒廢，　甍島古壕徒塡塏.
宇内法規君識否，　修文偃武好交隣.

○ 第七勺，一作五大洲中有公法.

○ 去る三日、午前七時、磐城艦入港。花房公使、仁川領事兼書記官近藤眞鋤君、及び屬官四名丼に巡査六名乗込れたり。聞く所に據れば、今般、公使は陸行に決定の所、何か至急の御用ありて、俄に海路より赴かるゝ事にな

りたりと。右艦は本日十二時、拔錨の筈と聞ぬ。

○ 豫て、本港に在留ありし陸軍參謀本部附淺山顯三君は、此度外務へ轉じ公使へ隨行せらるよし。

○ 去る三日、午后六時三十分、氣船敦賀號入港。元山津を經て、魯國浦潮へ向け、本日、拔錨の筈。

○ 東萊府伯は、豫てより、我公使來港の祝詞として、昨日、入館せらるゝ筈なりしが、去る三日、薄暮より作日正午まで、雨、車軸を注ぎたるゆゑ、無堤防の倉浦・虎川、洪水にて道を遮られ、入館もあるまじと、思ひの外、府伯幷に辨察官も入館ありて、公使、無恙着港の祝詞を伸べられ、我領事館よりは頗る饗應ありたりと聞ぬ。

○ 豫て、本紙第四号に載せたる、辨天町通の道路修繕は、已に落成し樹木も植付け、又、此頃路燈も建設し、一昨夜より始て點燈し、韓地にては往昔より未曾有の不夜の有樣を見るは、當時、不景氣中に、吾輩、三文なしか錢いらずの愉快なり。

○ 正誤。前號、第四葉、元山變動事件中、(大困)は總て(大淵)の淵の古字を誤る。本紙、初葉、五行(點陟)誤(黜陟)、同十五行(夭雲)誤(妖氛)、同二十行(尊卓)誤(尊卑)。

○ 昨日后、一時より晴天。寒暖機正午六十八度、前十日間平均六十度。

•釜山商況

○ 當港の商況は、前十日間は異狀なし。從て、物價の高低もなく、市場は矢張不景氣也。

・元山通信

明治十四年朝鮮國元山港輸出入商況槩畧

　昨十四年中、本港輸出入の商況を以て、一昨十三年、開港以後(七月より十二月まで)の景況に比較し、之を熟察するときは、漸々其體面を改進し、較や商路を擴張せしものゝ如し。卽ち、十三年七月より十四年十二月までを三期に區別し、其輸出入の全計は内外産を合せて、

　　　十三年七月より十二月迄
　　　　輸入高……二十六萬九千百七十三圓十錢四釐
　　　十四年一月より六月迄
　　　　仝上……三十八萬〇九百七十二圓十錢四釐
　　　　　增……十一萬千七百九十九圓
　　　仝年七月より十二月迄
　　　　仝上……三十八萬九千四百七十二圓四十九錢七釐
　　　　　增……八千五百圓〇〇三十九錢三釐
　　　十三年七月より十二月まで
　　　　輸出高……十三萬五千八百八十圓七十九錢
　　　十四年一月より六月まで
　　　　仝上……三十萬二千〇八十二圓八十六錢四釐
　　　　　增……十六萬六千二百〇二圓〇七錢四釐
　　　同年七月より十二月まで
　　　　仝上……四十二萬六千三百五十五圓三十三錢六釐
　　　　　增……十二萬四千二百七十二圓四十七錢二釐

　右の如く、輸入品に就ては、毎期四割以上、或は二分以上の增額を顯し、又、輸出品に於るも、全く一倍以上、或は四割強の增加を現せり。然りと雖も、本港は開港以來、日未だ淺く、加ふるに、本會議所の如きは本年一月を以て開設せしものなれば、調査上、憑據として取るべきものなし。故に、斯く

一期每に非常の增額を顯せしも、畢竟、調查上、前期に粗にして後期に密な
るより生ぜしものなるや、或は眞の狀勢に依て斯くの如く劇進せしものなる
や、未だ容易に斷言し能はずと雖も、現今、實際の景況に依て觀想を下す時
は、逐日、改進擴充せしことは本會議所の信じて疑はざる所なり。(未完)

•寄書

說之可否信疑, 編者不保焉.

回東策上 [前號之續]

　余請爲議者說其畧. 夫巴彼偸脊臘者, 邈矣. 至羅馬中葉, 分爲東西, 旣而
西羅馬爲峩賊所敗, 東羅馬爲土耳其所滅. 羅馬亡, 而歐洲各國興. 曰英曰
佛, 以紀元四百年建國者也. 曰日曰魯, 以紀元八百年, 稱王者也. 曰葡曰班
曰以, 皆以次興. 而土耳其亦以紀元千四百年, 始取東羅馬. 爾來四百餘年,
歐洲騷然, 日事兵革, 有運深謀, 欲呑四海者焉. 有逞雄材, 欲倂宇內者焉.
天下無事, 則各盡其智, 以修民政, 一有事, 則極其力, 以擅政畧, 日奸月磨,
以至於今日. 則歐洲人民智力獨雄於天下. 於是乎, 始有輕視宇內之志, 爭
務分取. 是以前之, 則驅逐亞墨利加人, 而奪其中土, 後之, 則排斥亞非利加
人, 而據其要地. 墨非二洲, 旣無所取焉, 於是, 始東其鋒, 欲以爭我亞細亞
大洲. 蓋其初者, 阿葡班諸國, 專務遠畧, 而至近世則英魯二國, 獨銳其鋒.
英自南進, 而取印度, 掠緬甸而及淸之香港. 魯自北侵, 而畧新疆蒙古滿洲
之邊, 以至我樺太洲. 夫此二國者, 皆以絶大之力, 欲逞其志於我亞細亞大
洲. 然則, 我亞細亞大洲, 幾何而不爲墨非二洲? 余每一念至此, 未嘗不長大
息也.
　嗚呼! 世之議者, 以我亞細亞大洲所底止, 果爲何如乎? 西半旣爲歐人所
制, 東半僅存淸國及諸小國耳. 而若衆人所視, 則淸國亦將不久而歸於歐人

之手. 清國旣歸於歐人之手, 則諸小國固不能支, 諸小國不能支, 則我國獨能孤立於東海乎? 是余之所以謂'國家之大計, 不可以定於國內之小勢也'. [未完]

〈報告〉

長崎縣長崎區外浦町四拾七番戶ヘ設立セシ、有限責任三好社、資本金五萬圓ヲ八萬圓トシ、本月ヨリ荷爲換幷ニ賣買荷物取次等ヲ兼業致候ニ付、爲換取組場所及手數料等左ニ揚ク。

荷爲換取組所

長崎本廊	大坂支廊	朝鮮釜山支廊	同元山支廊
大坂ヨリ	長崎	釜山	元山マデ
三十五錢	五十錢	壹圓	壹圓八十五錢

前記之通、相定ムルト雖モ、都合ニヨリ增減スルコアルベシ。電信爲換ハ時ノ都合ニ依ルベシ。

賣買荷物取次手數料

內外諸物貨	買方取次	壹步
同	賣方取次	壹步五釐

右之通、荷爲換幷ニ賣買荷物取次ノ手數料相定、確實ニ取扱致候ニ付、御便宜ニ依テ御申込アランコヲ希望候也。

明治十五年四月十八日　　　釜山浦　三好社支店
　　各店御中

千金丹發賣並諸國妙藥大取次販賣廣告

官許千金丹　　　　　　　本鋪 對州嚴原　　　　　三山回生堂製

　右發賣ノ傍ラ、左ノ通兼テ、天下有名ノ妙劑數品、何レモ本鋪ト約シ、獘堂ニ於テ大取次開業罷在候ニ付、若シ取次御望ノ向ハ御報知次第、千金丹同樣各本家規則ノ割引ヲ以テ、卸賣可仕候間、江湖愛顧ノ諸彦、多少ニ拘ハラズ、陸續御購求アランコヲ希望ス。

　○寶丹寶丹水　○精錡水　○穩通丸　○鎭溜飲　○補養丸　○麟丸　○寶丹舍里別　○雞肉ゲレー　○資生堂神藥回陽丹其他數品　○ピツトル　○開達丸同散　○虫藥菓子百花精並長生糖　○赤蛙丸　○キントル散　○神液　○一晝夜藥　○寶明水　○癎病玅藥　○明治水　○聖藥　○英藥　○五龍圓　○天壽丸　○正産湯　○宜命散　○小兒胎毒丸　○除毒神方　○生長丸　○藥サポン　○鎭嘔丹　○鶴聲丹玉龍丹　○眞龍散　○粒用丹　○其他數十品

正眞大取次所　　　　　　對馬國嚴原國分町　　　回生堂三山
　　　　　　　　　　　　朝鮮國釜山港本町　　　右出店福田

　右各氏ノ調製數品ヲ、數百ノ海上ヲ經テ、數ヶ所ヘ御注文アルヨリハ、寧ロ、同品同價ノ者ハ當國幷朝鮮國ニ限リ、獘舖ヘ一手ニ御注文アレバ、事約ニノ用博ク、第一多少ノ手數ト失費ヲ省クハ、最モ請賣各位ニ於テ、有益ノ一端ト存候。是レ敢テ私利ヲ量ルノ意ニアラズ、全ク便理ヲ極メ候ニ付、尙ホ御良考ノ上、一層御引立ノ程奉祈願候。謹言。

本局 廣告

○ 本紙廣告料、四號文字一行、二十五字詰、一回金三錢　○ 二回、同四錢
○ 三回以上五回まで同五錢。
　但、二十五字以下も同斷。右は總て前金に申受候。

○ 本紙定價[一冊金四錢][十冊前金][一割引][金三十六錢] ○ 十冊以上、總て一割引。尤も、本港外は別に郵便税申受候。且つ前金の期相切れ候共、廢止の御沙汰有之迄は、引續き遞送仕候事。

朝鮮國釜山港日本居留地本町二丁目廿番地
本局 商法會議所
幹理編輯兼印刷 大石德夫

釜山港辨天町三丁目三番地
大取次賣弘所 鈴木忠義

定期刊行
大日本曆明治十五年五月十五日發兌 ｜ 大朝鮮曆壬午年三月廿八日

朝鮮新報 第拾貳號

在釜山港 商法會議所

例言

本所新報刊行之旨趣, 在專叙述經濟論說, 以供日鮮兩國博雅之采覽. 而如其發露中外之奇事異聞, 亦要收拾不遺也. 因希四方諸君子能諒此意, 高論新說必不吝投寄. 而其文務用漢文, 則記者之幸, 以何加之敢望々々.

目次

˙朝鮮新報

回東生之寄稿, 回東策上篇, 旣兩回本紙, 雖揭寄書於欄內, 未終, 而今亦
所奇其中下兩編, 大有所見取, 而換本紙之首款云.

回東策 上 [前號之續]

且彼英魯者, 亦非直以力逼於我也. 彼雖心欲之, 而不好受其名, 雖志求
之, 而不欲背其義. 是我之所以得爲謀也. 大凡天下之患, 莫大乎以其然爲
不然. 以其然爲不然者, 禍敗迫於目前, 而不能爲之謀也. 是以趙宋不謀金
元之後患, 而取覆亡之禍, 土耳其不慮魯西亞之深害, 而致衰弱之勢, 是皆
以其然爲不然也.

且夫兵以急至者, 雖不可禦之於前, 而可以復之於後. 日耳曼諸邦之於拿
破翁氏是也. 以漸逼者, 雖可禦之於前, 而不可以復之於後. 波蘭之於澳普
魯是也. 然則今日東方亞細亞之於英魯二國, 將波乎? 土乎? 抑趙宋乎? 不
審其勢, 而爲之謀, 亦將取三國覆滅之禍.

故爲趙宋謀者, 可蓄力養威, 待金元之衰, 以恢[1]復中原, 而不可廟堂, 樹黨
宴安自溺也. 爲波蘭謀者, 可結媾修睦, 以漸保持國勢, 而不可妄開釁隙, 而
速寇讐也. 爲土耳其謀者, 可勤儉修政, 漸振起國勢, 以絶魯國之覬覦而不可,
驕奢淫佚自樂也. 而爲東方亞細亞謀者, 可審天下之大勢, 察宇內之事情, 以
漸修淸明富强之治, 而不可驕傲自高頑陋, 自固以爲苟且偸, 安之謀也.

凡此四計者, 皆其國一定不拔之大計, 而不可易者也. 夫唯知其然, 而不
能爲之謀. 是以若趙宋宴安自溺, 而爲金元所覆, 若波蘭妄開釁隙, 而三國
所分, 而若土耳其驕奢自樂, 而爲魯西亞所弱. 嗚呼! 自非天下之大豪傑, 誰
挽衰弱之勢, 而拒方强之敵乎哉?

余嘗論, 邦國之興, 不在土地之大, 而在人民之衆, 而在俊乂之多. 苟有大

---

1 문맥상 恢은 回의 오기이다.

豪傑焉, 而審天下之大勢, 審天下之大勢, 而立一國之大計, 雖小國寡民, 亦可以興其國矣. 夫魯西亞窮北之小夷耳, 土地沍寒, 人民稀少, 嘗係蒙古之韄輗者, 二百餘年矣. 當是時, 誰信其子孫之稱彊於天下? 然一旦得彼得帝, 則始廣廟署敎國富民, 未百年而遂雄於天下. 英吉利, 亦北海之一島耳, 土地不足爲廣, 人民不足爲衆, 其初亦嘗爲太尼所侵畧, 幾頻亡滅者, 數矣. 當是時, 亦誰知其後世之稱富於宇內? 然一日定其大計, 則通商賈惠土藝黽勉勤苦, 以致今日盛. 由此觀之, 則人民雖寡, 苟得其人, 可以稱强於天下, 土地雖小, 苟定其計, 亦可以稱富於宇內. 況以土地之大, 人民之衆乎? 余故以回復東方亞細亞爲國家之大計, 以漸及其餘云. [上尾]

▪ 雜報

○ 彼の政府に於ては、今般、新錢(失張[2]銅孔錢)を鑄立ると云ふ。今、其法を聞くに、名づけて私鑄錢と稱す。此事たるや、政府は資力ある者、二十六人に命じ、各人より錢文七十貫文を前きに官へ納めしめ、私に通貨を鑄ることを免すなり。之れを手短かに言はば、右の七十貫文は私鑄錢の免許料なるべし。さて、官より各人に命ずるには、何月何日何時より何十日間と限り、一日に錢千貫文づヽ鑄さしむ、所謂六公四私の法を以て、その六百〆文を官に出さば、殘り四百〆文は地金、其他の雜費として免許人に與ふ。故に、假令一日に二千〆文を鑄りたつるとも、定則の六百〆文さへ納むれば不 [이하 내용 결락][3]

---

2 문맥상 失張는 矢張의 오기이다.
3 이하 본문 내용이 결락되었다. 원본에는 이하 부분이 백지 상태이다.

○ 林慶業傳 [前號之續]

陳、兩班のいと穩かに云けるは、陳々大老は何なる事にて、斯は零落たまひしぞ。下卒どもが無禮のかずノヽ、何とぞ平に御免をと、詫る言葉に、さてもノヽ訝ぶかしき事をのたまふものかな。儕父は生れつきての下素下郎、いまだ出世は致さねど、零落し事さらになく、轎夫の子か轎を昇くを、何おちぶれたとはのたまふぞ。とまれかくまれ、儕父が無禮の罪を尤めなく、お赦免なされて下さらば、此上もなき御高恩、ひたすら願ひたてまつるといへば、猶更、兩班は腰折り屆め、ことばを卓げ、其御不審はさることながら、斯申す小生は、大老が深き恩惠にて、人となりたる鳳岳なり。數多の人にかしづかれ、何不自由なき今の身は、完く大老の賜ものと、寐ても覺ても、道芝の葉末における露ほども、忘るゝ隙はなけれども、兎角公務に支へられ、思ひながらの疎遠の罪を許してと、詫入し言葉に、礑とこゝろづき、あな鳳岳よな、懷しやと云んとせしが、今の身の果敢なき姿に恥入て、先達ものは涕なり。鳳岳、猶も慇懃に、ちとおこがましき事なれど、有爲轉變は世のならひ、朝歌の市に牛を屠りし呂望は、周の大將となり。武勇剛毅の項王も烏江に命を縮めたり。世間に例しも多き事なるに、今、大老の御零落、さのみな歎きたひぞと、己が着替をきせ代へつ。去來、おんたちと進められ、嬉しさあまりし悲さとまた恥かしさに、詳賢[5]は只口ごもり、涕にむせぶのみなるを、漸く介抱し、下卒どもに誘はせ、己が寓にぞ連歸り㲳。されば、往來の人もいと多き洛中の事なれば、又、千態萬狀の噂をたて誹るも有ば、賞るもあり。一時は風說まちノヽなり。鳳岳は恩人を我寓に連れ歸りてより、眞の親と尊ふとみつ。いとねんころに待接せば、誰れいひ彼のかたりてや、德の報ひはいつしかに國王殿下の上聞に達し、一日、鳳岳を御前に徵れ、李祥賢の一伍一什を

---

4 문맥상 卓는 提의 오기이다.
5 詳賢은 祥賢의 오기이다.

問せられ、殿下、叡感斜めならず。殊に鳳岳が祥賢に逢ひしとき、官服を脱て見えしを、いとも喜みさせ玉ひつ、實に寡人が肱股の臣、忠臣なりや、義士なりと、即日、官を禮曹參議に進められ、位を正三品にぞ除したまふ。鳳岳、いたく涕感し、再三辭して止ざれども、聽せ玉はぬ叡慮に、恩を謝しつゝ罷りけり。[以下次號]

　○ 聞く所に據れば、米國は朝鮮に向ふて、交際を肇むるとて、今や漢城府に艦隊談判中なりといふ。餘は確報を得て詳告すべし。

　○ 本年三月中、當港警察所の戸口調査に據れば、人口千八百二十九人內、男千〇六十六人、女七百六十三人、戸數四百三十三戸、空屋七十九軒。此れを前月に比すれば、其減少したること、人口には二十三人、戸數には更に十五戸を增し、空屋には十六軒を減したり。又、四月中は、戸數四百〇八戸、空屋百〇一軒、人口は千七百八十三人內、男千〇四十五人、女七百三十八人。前月の比較は同時に掲ぐるを以て別に誌さざるなり。

　○ 昨日、正午寒暖機六十九度、前十日間平均六十二度。去月中、寒暖晴雨風の平均寒暖、平均六十二度一分。○ 最高六十八度 ○ 最低五十四度 ○ 晴天十六日 ○ 半晴三日 ○ 雨七日 ○ 風雨二日 ○ 曇二日ありしなり。

・釜山商況

　○ 當港の商況は、每ノヽ衰微ノヽ、不景氣ノヽと申しながら、矢張ボツノヽ取引のあるにて、左程憂ふるにも足らず。所謂衰ふるの極は盛んなるの始め、又、盛んなるの極は衰ふるの肇めとや云ふ。然らば、今日の不景氣は他日の繁昌なるか。果してしかるか否やは、未だ期して知るべからざることなれ共、豫て活機なる商法を以て、時に臨み變に應じ、よろしく計畫する所あれば、譬へ如何なる危險の場合に出逢ふとも、さしたる苦るしみはなかるべけん。此れ特だに忍耐の一片と一致協同の力らに賴るべし。若し、此等

の考へなくんば、朝鮮貿易はグヅノヽ然たるべし。

　〇　前十日間の商況は別にかはりなし。

　〇　米はたまノヽ百俵、或は二百俵位、持ちくることもあれど、直段の高
に取引少なし。

　〇　大豆は少々づヽ來りて價も中々よし。

　〇　牛皮は不相變彼の官吏が都買のため今に出薄し。

　〇　右の如く買物のあらざるより、賣物とてはさつぱり捌けず。只、日々寒
冷紗[6]の五反や十反位ゐなるのみ。

・元山通信

元山港輸出入商況 [前號の續き]

　斯の如く論じ來れば、本港居留商估に於ては、其利潤も自ら相應し、各
其慶を被むりしものゝ如しと雖も、其實際に於ては、却て昨年十四年こそ、
眞に本港の凶難と曰ふべき有樣にして、我輩をして大に患苦を極めしめたり
き惡年なり。其理由たるや、一昨十三年創業の際には、我供給甚だ僅少に
して、常に彼の需用を滿たしむるを得ず。故ゑに、我輸入品は自ら價額を增
し、隨て幾分の利益を得しも、十四年に至ては、漸く居留商估も增殖し、輸
入品も、亦、隨て多額を加へ、遂に其幾互に競賣買をなすに至れり。甚だし
きは、當時、郵船、隔月の航通なるを以て、元仕入高の金利に壓せられ、
二ヶ月間の貯賣をもなし得ず、僅かに四五日間、郵船の碇泊中に賣買し終
るものあり。斯の如き有樣なれば、何ぞ薄利を厭ふに遑あらんや。猶、甚だ
しきは焦眉の急に迫り、現に損失をも顧みざるものあり。故ゑに、種類に依
ては、本邦の價額よりも、當港に於て却て安價なるものあるに至れり。是昔

6　寒冷紗는 寒冷紗의 오기이다.

日の價額をして、頓に下落せしめ、我輩をして大に患苦を極めしめたる源因なり。然りと雖も、漸く十日比の交に至り、各商估等の恊議も畧ぼ一決し、自ら競賣買の弊風も改良し、又、郵船も舶通も毎月一回となり加ふるに、貿易品の首領たる金巾の如きも、追ノヽ時期に向ひたれば、自然商況恢復の色を徵し初めて、各商估等の愁眉を解くに至れり。故に、今十四年を三期に區別し、其實況を左にしるす。

　第一季(一月より四月まで) 四ヶ月間利益、凡そ一分五釐(卽ち、百圓につき壹圓五十錢)

　第二季(五月より九月まで) 五ヶ月間利益なし

　第三季(十月より十二月まで) 三ヶ月間利益、凡そ一割五分(卽ち、百圓につき十五圓) [以下次號]

・ 寄書

説之可否信疑, 編者不保焉.

交隣ノ要

在釜山 是水 某

　古人曰ク、信アレハ必ズ德アリト。宜ベナル哉。言ヤ、苟モ人ニ信ナカルベカラズ、若シ人ニ信ナクンバ、亦、德アルベカラズ。其レ德ナク信ナクンバ、寧ロ交隣ノ要アランヤ。吾人思ヘラク、日鮮ノ交際タルヤ、決テ忽視スベカラズ、決テ輕思スベカラズ。看ヨヤ、西ニ淸アリ、北ニ魯アリ。相俱ニ我失ヲ俟ツカ如シ。我、萬一過チ有テ、信ヲ傷フカ如キハ、淸魯、之レヲ措テ許スノミナラズ、將來如何ナル管繫ヲ惹起スヤ、未ダ得テ知ルベカラズト雖モ、豫シメ慮ラザルヲ得ザルナリ。故ニ、信ハ益堅ク、德ハ愈厚ク以テ、交隣ノ要トスベシ。

吾人、當港ニ客タルヤ久シ矣。而テ、常ニ我彼ノ情態ヲ窺フニ、我商賈輩
ノ彼レ等ニ接スルヤ、實ニ言フニ忍ブベカラザル輕躁浮薄ノ擧動アリ。殆ト
弱肉强食ノ風。一ニ信ナク、二ニ德ナク、動モスレバ、則チ人外視シ、禽獸視
ス。彼レ如何ニ蠻野ノ民ト雖モ、豈ニ木石ナランヤ。況ヤ禽獸ニ於テヲヤ、必
ズ痛楚相悲ミ、憂感相扶クルノ情アルベシ。焉ゾ、人外禽獸視スルヲ得ベケ
ンヤ。然ルヲ、慮ラズ妄リニ蠻民ト侮トリ、信ヲ輕ンジテ、爲スベカラザルヲ
爲シ、德ヲ重ンゼズシテ、行フベカラザルヲ行フガ如キ、之レ有ルニ於テハ、
彼レ豈ニ何ヲ以テ報ゼントス。彼レ暴ヲ以テ暴ニ報スルカ、否、然ラズシテ、
若シ彼レ反對ノ點ニ出テ報スルニ、信ヲ以テシ、德ヲ以テセバ、我レ此レ恥
ナキ歟。大凡、道理ヲ知ルモノハ、忍ブベカラザル羞辱トヤ謂ン。遠クバ、昨
年ノ初秋、九浦ノ變ノ如キ、近クバ、今年元山ノ變ノ如キ、彼レ何ニ據テ、
暴行ヲ逞フシタルカ、試ニ其源由 [내용 오류]⁷ ヲ尋ヌレバ、九浦ニセヨ元山ニ
セヨ、我皆足ヲ期程外ニ踏ンテ、事ノ此ニ起リシニアラズヤ。然リト雖モ、彼
レ黨ヲ結テ、我レヲ殺傷シタルモノハ、彼レ未タ公法ノ如何ヲ知ラズ、唯、衆
ノ勢ヒニ乘シテ、暴發シタルノミ。所謂暴ヲ以テ暴ニ換ヘタルガ如シ。故ニ、
人ヲ殺傷シタル罪ハ、素ヨリ公法ノ免サザル所ナレモ、彼レノ公法ヲ犯サシ
メタルモノハ、抑モ我レノ罪ニアラズシテ誰ソヤ。此レ、畢竟、信ヲ輕ンジ
テ、德ヲ重ンゼザルノ致ス所ナリ。

　前陳ノ如ク論シ來レバ、交隣ノ要ハ旣ニ明カナリ。苟モ朝鮮ニ命ヲ奉スル、
公使タリ領事タルモノハ、宜ロシク意ヲ此ニ注カザルヲ得ザルナリ。而テ、貿
易ニ從事スル商賈タルモノハ、尙更、直接ノ關係、營利ノ親密アルヲ以テ、造
次ニモ忽カセニスベカラズ。吾人、聊カ感スル所アリテ、草此稿矣。

〈報告〉

長崎縣長崎區外浦町四拾七番戸ヘ設立セシ、有限責任三好社、資本金五萬圓ヲ八萬圓トシ、本月ヨリ荷爲換幷ニ賣買荷物取次等ヲ兼業致候ニ付、爲換取組場所及手數料等左ニ揚ク。

荷爲換取組所

長崎本廰	大坂支廰	朝鮮釜山支廰	同元山支廰
大坂ヨリ	長崎	釜山	元山マデ
三十五錢	五十錢	壹圓	壹圓八十五錢

前記之通、相定ムルト雖モ、都合ニヨリ增減スルコアルベシ。電信爲換ハ時ノ都合ニ依ルベシ。

賣買荷物取次手數料

內外諸物貨	買方取次	壹步
同	賣方取次	壹步五釐

右之通、荷爲換幷ニ賣買荷物取次ノ手數料相定、確實ニ取扱致候ニ付、御便宜ニ依テ御申込アランコヲ希望候也。

明治十五年四月十八日　　釜山浦　三好社支店
　各店御中

영 인

朝鮮新報

報告

長崎縣長崎區外浦町四拾七番戸ヘ設立セシ有限責任三好社資本金五萬圓ヲ八萬圓トシ本月ヨリ荷爲換幷ニ賣買荷物取次等ヲ兼業致候ニ付爲換取組場所及手數料等左ニ揭ク

荷爲換取組所

長崎本廰　大坂支廰　朝鮮釜山支廰　同元山支廰
大坂ヨリ　長崎釜山　元山マテ
三十五錢　五十錢　壹圓　壹圓八十五錢

前記之通相定ムルト雖モ都合ニヨリ増減スルコアルヘシ電信爲換ハ時ノ都合ニ依ルヘシ

賣買荷物取次手數料

内外諸物貨賣方取次　壹步
同　賣方取次　壹步五釐
右之通荷爲換幷ニ賣買荷物取次ノ手數料相定確實ニ取扱致候ニ付御便宜ニ依テ御申込アランコヲ希望候也

明治十五年四月十八日

各店御中

釜山浦　三好社支店

ヲ尋ヌレバ九浦ニセヨ元山ニセヨ我皆足ヲ期程外ニ踏シ
テ事ノ此ニ起リシニアラズヤ然リト雖モ彼レ蠻ヲ結テ我
レヲ殺傷シタルモノハ彼レ未タ公法ノ如何ヲ知ラズ唯泉
ノ勢ヒニ乗シテ暴發シタルノミ所謂暴ヲ以テ暴ニ換ヘタ
ルガ如シ故ニ人ヲ殺傷シタル罪ハ素ヨリ公法ノ免サザル
所ナレモ彼レノ公法ヲ犯サシメタルモノハ柳モ我レノ罪
ニアラズシテ誰ツヤ此レ畢竟信ヲ輕ンジテ德ヲ重ンゼザ
ルノ致ス所ナリ

前陳ノ如ク論シ來レバ交隣ノ要ハ既ニ明カナリ荷モ朝鮮
ニ命ヲ奉スル公使タリ領事タルモノハ宜ロシク意ヲ此ニ
注カザルヲ得ザルナリ而テ貿易ニ從事スル商賣タルモノ
ハ尚更直接ノ關係營利ノ親密アルヲ以テ造次ニモ忽カセ
ニスベカラズ吾人聊カ感スル所アリテ草此稿矣

報告

長崎縣長崎區外浦町四拾七番戶ヘ設立セシ有限責任三好社資本金五萬圓ヲ八萬圓トシ本月ヨリ荷爲換幷ニ賣買荷物取次等ヲ兼業仕候ニ付爲換取組場所及手數料等左ニ揚ク

手數料等左ニ揚ク

前記之通相定ムルト雖モ都合ニヨリ增減スルコアルベシ電信爲換ハ時ノ都合ニ依ルベシ

荷爲換取組所

長崎　本店

大坂ヨリ長崎　釜山　元山マデ
三十五錢　五十錢　壹圓　壹圓八十五錢

大坂支店　朝鮮釜山支廰　同元山支廰

賣買荷物取次手數料

內外諸物貨買方取次　壹步
同　賣方取次　壹步五釐

右之通荷爲換幷ニ賣買荷物取次ノ手數料相定確實ニ取扱致候ニ付御便宜ニ依ヲ御申込アランコヲ希望候也

明治十五年四月十八日

釜山浦　三好社支店

各店御中

強之治可不日而致也嗟呼亦痛矣哉夫天下之勢有變遷昔日

之計不可以制今日之勢且彼所謂國家之大計子孫之大謀者

果觀於天下之大勢乎而定之乎抑定之於國內之小勢乎定之

於天下之大勢則不可以今日之道而爲定之於國內之小勢

則不可以求子孫之久安焉苟觀國內之小勢而爲之計豈可謂

之國家之大計子孫之大謀乎哉然則定國家之大計求子孫之

久安將如何而可審天下之大勢然後可以爲之謀也益民生之

初殖者大槩三而東方以漢土爲先而安南朝鮮暹羅諸國次之

西方以埃及及猶太爲首而蔓衍於歐洲諸國印度居其間而漸

及四近是人民所殖之本也而其初者東方人民獨雄於天下而

四五百年以來漸爲西方人民所壓至於今日則西方人民將獨

步於宇內是天下之所以一變也

○草稿のおほき故も物價表は附錄に出す

153

我商買輩ノ彼レ等ニ接スルヤ實ニ壹ニ忍ブベカラザル
輕躁浮薄ノ舉動アリ殆ト弱肉强食ノ風一ニ信ニ德
ナク動モスレバ則ケ人外視シ禽獸視ス彼レ如何ニ蠻野ノ
民ト雖ヒ豈ニ木石ナランヤ況ヤ禽獸ニ於テヤ必ズ痛楚
相悲ミ憂戚相扶クルノ情アルベシ焉ゾ人外禽獸視ルヲ
得ベケンヤ然ルヲ慮ラズ妄リニ蠻民ト侮トリ信ヲ輕ンジ
テ爲スベカラザルヲ爲シ德ヲ重ンゼズシテ行フベカラザ
ルヲ行フガ如キ之レ有ルニ於テハ彼レ豈ニ何ヲ以テ報ゼ
ントス彼レ暴ヲ以テ暴ニ報スルカ否然ラズシテ若シ彼レ
反對ノ點ニ出テ報スルニ信ヲ以テシ德ヲ以テセバ我レ此
レ恥ナキ歟大凡道理ヲ知ルモノハ忍ブベカラザル羞辱ト
ヤ謂ン遠クバ昨年ノ初秋九浦ノ變ノ如キ近クバ今年元山
ノ變ノ如キ彼レ何ニ據テ暴行ヲ遑フンダルカ試ニ其源由

（十五圓）

〇　寄　書　（以下次號）

説之可否信疑編者不保焉

交隣ノ要

在釜山　是水某

古人曰ク信アレハ必ズ德アリト宜ベナル訣言ヤ苟モ人ニ
信ナカルベカラズ若シ人ニ信ナクンバ亦德アルベカラズ
其レ德ナク信ナクンバ寧口交隣ノ要アランヤ吾人思ヘラ
ク日鮮ノ交際タルヤ決テ忽視スベカラズ決テ輕忽スベカ
ヲズ看ヨヤ西ニ清アリ北ニ魯アリ相倶ニ我失ヲ俟ツカ如
シ我萬一過ナ有テ信ヲ傷フカ如キハ清魯之レヲ措テ許ス
ノミナラズ將來如何ナル禍繫ヲ惹起スヤ未ダ得テ知ルベ
カラズト雖モ豫シメ慮ラザルチ得ザルナリ故ニ信ハ令堅
ク德ハ愈厚ク以テ交隣ノ要トスベシ
吾人當港ニ容タルヤ久シ矣而テ當ニ我彼ノ情態ヲ窺フニ

間の貯賣をもなし得ば僅かに四五日間郵船の碇泊中に賣買し終るものあり斯の
如き有様なれば何ぞ薄利を厭ふに遑あらんや猶甚だしきは焦眉の急に迫り現に
損失をも顧みざるものあり故をに種類に依ては本邦の價額よりも當港に於て却
て安價なるものあるに至れり是昔日の價額をして頓に下落せしめ我輩をして大
に患苦を極めしめたる源因なり然りと雖も漸く十日比の変に至り各商佔等の協
議も畧ぼ一決し自ら競賣買の弊風も改良し又郵船の航通も毎月一回となり加ふ
るに貿易品の首領たる金巾の如きも追々時期に向ひたれば自然商況恢復の色
を徴し初めて各商佔等の愁眉を解くに至れり故に今十四年を三期に區別し其實
況を左にしるす

第一季(一月より四月まて)四ヶ月間利益凡そ一分五釐 (即ち百圓につき壹
圓五十錢)

第二季(五月より九月まて)五ヶ月間利益なし

第三季(十月より十二月まて)三ヶ月間利益凡そ一割五分 (即ち百圓につき

○大豆は少々づゝ來りて價も中々よし

○牛皮は不相變彼の官吏が都買のため今に出薄し

○右の如く買物のあらざるより賣物とてはさつぱり捌けず只日々寒冷紗の五反や十反位ゐなるのみ

元 山 通 信

元山港輸出入商況前號の續き

斯の如く論じ來れば本港居留商估に於ては其利潤も自ら相應し各其慶を被むりしもの、如しと雖も其實際に於ては却て昨年十四年こそ眞に本港の凶難と曰ふべき有樣にして我輩をして大に患苦を極めしめたりき惡年なり其理由たるや一昨十三年創業の際には我供給甚だ僅少にして常に彼の需用を滿たしむるを得ざ故ゑに我輸入品は自ら價額を增し隨て幾分の利益を得しも十四年に至ては漸く居留商估も增殖し輸入品も亦隨て多額を加へ遂に其獎互に競賣買をなすに至れり甚だしきは當時郵船隔月の航通なるを以て元仕入高の金利に壓せられ二ヶ月

○昨日　正午寒暖機六十九度前十日間平均六十二度去月中寒暖晴雨風の平均寒暖平均六十二度一分○最高六十八度○最低五十四度○晴天十六日○半晴三日○雨七日○風雨二日○曇二日ありしなり

釜　山　商　況

○當港の商況は毎〻衰微〻〻不景氣〻〻と申しながら矢張ボツ〳〵取引のあるにて左程憂ふるにも足らざ所謂衰ふるの極は盛んなるの始め又盛んなるの極は衰ふるの聲めとや云ふ然らば今日の不景氣は他日の繁昌なるか果してしかるか否やは未だ期して知るべからざることとなれ共豫て活機を以て時に臨み變に應じよろしく計畫する所あれば譬へ如何なる危險の場合に出逢ふともさしたる苦るしみはなかるべけん此れ特だに忍耐の一片と一致協同の力らに頼るべし若し此等の考へなくんば朝鮮貿易はグツ〳〵然たるべし

○前十日間の商況は別にかはりなし

○米はたまゝ〻百俵或は二百俵位持ちくることもあれど直段の高に取引少なし

挨せば離れいひ彼のかたりてや德の報ひはいつしかに國王殿下の上聞に達し一

日鳳岳を御前に召れ李祥賢の一伍一什を間せられ殿下叡感斜めならず殊に鳳岳

が祥賢に逢ひしとき官服を脱て見しをいとも喜みさせ玉ひつ、寶に寡人が

胘股の臣忠臣なりや義士なりと即日官を禮曹參議に進められ位を正三品に

除したまふ鳳岳いたく涕感し再三辭して止ざれども聽せ玉はぬ叡慮に恩を謝し

つ、罷りけり

〔以下次號〕

〇聞く所に據れば米國は朝鮮に向ふて変際を肇むとて今や漢城府に艦隊談判

中なりといふ餘は確報を得て詳告すべし

〇本年三月中賞港督察所の戶口調査に據れば人口千八百二十九人内男千。六十

六人女七百六十三人戶數四百三十三戶空屋七十九軒比れを前月に比すれば其減

少したること人口には二十三人戶數には更に十五戶を増し空屋には十六軒ぐ滅

したり又四月中は戶數四百。八戶空屋百。一軒人口は千七百八十三人内男千。

四十五人女七百三十八人前月の比較は同時に揭ぐるを以て別に誌さざるなり

ら願ひたてまつるといへば猶更兩斑は腰折り屆めことをば早げ其御不審はさ

ることながら斯申す小生は大老が深き恩惠にて人となりたる鳳岳なり數多の人

にかしづかれ何不自由なき今の身は完く大老の賜ものと覺ても道芝の葉は

末における露ほども忘るゝ隙はなけれども兎角公務に支へられ思ひながらの跡

遠の罪を許してと詫入し言葉に硯ところづきあな鳳岳よな懷しやと云んとせ

しが今の身の果敢なき姿に先達いのは涕なり鳳岳も慇懃にちとをこ

がましき事なれど有爲轉變は世のならひ朝歌の市に牛を屠りし呂望は周の大將

となり武勇剛毅の項王も烏江に命を縮めたり世間に例しも多き事なるに今大老

の御零落さのみな歎きたひぞと巳が若替をきせ代へつ去來おんたちと進ぬられ

嬉しさあまりし悲さとまた恥かしさに詳賢は只口ごもり涕にむせぶのみなるを

漸く介抱し下卒どもに誘はせ巳が寓にぞ連歸り愚されば往來の人ゝいと多き洛

中の事なれば又千態萬狀の噂をたて誹るゝも有ば賞るゝもあり一時は風說まちく

なり鳳岳は恩人を我寓に連れ歸りてより眞の親と尊ふとみついとねんころに待

○林慶業傳 （前編之續）

陳兩班のいと穩かに云けるは陳々大老は何なる事にて斯は零落たまひしぞ下卒

どもが無禮のかど〲何とぞ平に御免をと詫る言葉にさても〱訝かしき事

とのたまふものかな傖父は生れつきての下素下郎いまだ出世は致さねど零落し

事さらになく轎夫の子が轎を舁くを何おちぶれたとはのたまふぞとまれかくま

れ傖父が無禮の罪を允めなくお赦免なされて下さらば此上もなき御高恩ひたす

145

何日何時より何十日間と限り一日に錢千貫文づゝ鑄さしむ所謂六公四私の法を
以てその六百〆文を官に出さば殘り四百〆文は地金其他の雜資として免許人に
與ふ故に假令一日に二千〆文を鑄りたつるとも定則の六百〆文さへ納むれば不

係蒙古之羈軛者二百餘年矣當是時誰信其子孫之稱彊於天
下然一旦得彼得帝則始廣廟畧敎國富民未百年而遂雄於天
下英吉利亦北海之一島耳土地不足爲廣人民不足爲衆其初
亦嘗爲太尼所侵畧幾頻亡滅者數矣當是時亦誰知其後世之
稱富於宇內然一日定其大計則通商賈惠土藝黽勉勤苦以致
今日盛由此觀之則人民雖寡苟得其人可以稱强於天下土地
雖小苟定其計亦可以稱富於宇內況以土地之大人民之衆乎
余故以回復東方亞細亞爲國家之大計以漸及其餘云（上尾）

○　雜　報

◉彼の政府に於ては今般新錢（失張銅孔錢）を鑄立ると云ふ今其法を聞くに名づ
けて私鑄錢と稱す此事たるや政府は資力ある者二十六人に命じ各人より錢文七
十貫文を前きに官へ納めしめ私に通貨を鑄ることを免すなり之れを手短かに言
はば右の七十貫文は私鑄錢の免許料なるべしさて官より各人に命だるには何月

為趙宋謀者可蓄力養威待金元之衰以恢復中原而不可廟堂

樹黨宴安自溺也為波蘭謀者可結媾修睦以漸保持國勢而不

可妄開釁隙而速寇讐也為土耳其謀者可勤儉修政漸振起國

勢以絕魯國之覬覦而不可驕奢淫佚自樂也而為東方細亞

謀者可審天下之大勢察宇內之事情以漸修清明富強之治而

不可驕傲自高頑陋自固以為苟且倫安之謀也凡此四計者皆

其國一定不拔之大計而不可易者也夫唯知其然而不能為之

謀是以若趙宋宴安自溺而為金元所覆若波蘭開釁隙而三

國所分而若土耳其驕奢自樂而為魯西亞所弱鳴呼自非天下

之大豪傑誰挽衰弱之勢而拒方強之敵乎哉余嘗論邦國之與

不在土地之大而在人民之眾而在俊乂之多苟有大豪傑焉而

審天下之大勢審天下之大勢而立一國之大計雖小國寡民亦

可以與其國矣夫魯西亞窮北之小夷耳土地洹寒人民稀少嘗

142

朝鮮新報

回東生之寄稿回東策上編既兩回本紙雖揭寄書於欄內未終

而今亦所奇其中下兩編大有所見取而換本紙之首歟云

回東策 上 〔前號之續〕

且彼英魯者亦非直以力逼於我也彼雖心欲之而不好受其名

雖志求之而不欲背其義是我之所以得爲謀也大凡天下之患

莫大乎以其然爲不然以其然者禍敗迫於目前而不能

爲之謀也是以趙宋不謀金元之後患而取覆亡之禍土耳其不

應魯西亞之深害而致衰弱之勢是皆以其然爲不然也且夫兵

以急至者雖不可禦之於前而可以復之於後日耳曼諸邦之於

拿破翁氏是也以漸逼者雖可禦之於前而不可以復之於後波

蘭之於澳普魯是也然則今日東方亞細亞之於英魯二國將波

乎土乎抑趙宋乎不審其勢而爲之謀亦將取三國覆滅之禍故

例言

目次

本所新報刊行之旨趣在專叙

述經濟論說。以供日鮮兩國博

雅之采覽。而如其發露中外之

奇事異聞。亦要收拾不遺也。因

希四方諸君子能諒此意。高論

新說必不吝投寄。而其文務用

漢文則記者之幸以何加之哉

甚々々。

定時刊行

大日本曆明治十五年五月十五日發兌

朝鮮新報

號貳拾第

大朝鮮曆壬午年三月廿八日

在釜
山港 商法會議所

在朝鮮國
釜山港商
法會議所

同品同價ノ者ハ當國幷朝鮮國ニ限リ弊舖ヘ一手ニ御注文アレバ事約ニ
ノ用博ク第一多少ノ手數ト失費ヲ省クハ最モ請賣各位ニ於テ有益ノ一
端ト存候是レ敢テ私利ヲ量ルノ意ニアラズ全ク便理ヲ極メ候ニ付尚ホ
御良考ノ上一層御引立ノ程奉祈願候謹言

本　局　廣　告

○本紙廣告料四號文字一行二十五字詰一回金三錢○二回同四錢○三回以上五回
まで同五錢

○本紙定價（一册金四錢）（十册前金）（一割）（金三十六錢）○十册以上總て
　　但二十五字以下も同斷右は總て前金に申受候
一割引尤も本港外は別に郵便税申受候且つ前金の期相切れ候共廢止の御沙汰有
之迄は引續き逓送仕候事

朝鮮國釜山港日本居留地本町二丁目廿番地

本　　局

幹理編輯兼印刷　　大　石　德　夫

商　法　會　議　所

釜山港辨天町三丁目三番地

大取次賣弘所

鈴　木　忠　義

千金丹發賣並諸國妙藥大取次販賣廣告

官許　千金丹　　本鋪　　對州嚴原　　三　山　回　生　堂　製

右發賣ノ傍ヲ左ニ通兼テ天下有名ノ妙劑數品何レモ本舗ト約シ繁堂ニ
於テ大取次開業罷在候ニ付若シ取次御望ノ向ハ御報知次第千金丹同樣ニ
各本家規則ノ割引ヲ以テ御賣可仕候間江湖愛顧ノ諸彦多少ニ拘ハス
陸續御購求アランコヲ希望ス

○寶丹寶丹水　○精錡水　○穩通丸　○鎭溜飲　○補藝丸　○麟丸　○寶丹

舍利別　○雞肉ゲレー　○資生堂神藥回陽丹其他數品　○ビットル　○開達

丸同散　○虫藥菓子百花精並長生糖　○赤蛙丸　○キントル散　○神液

一豐夜藥　○寶明水　○痲病沙藥　○明治水　○聖藥　○英藥　○玉龍圓

○天壽丸　○正命散　○小兒胎毒丸　○除壽神方　○生長丸　○

藥サボン　○鎭嘔丹　○鵄醉丹玉龍丹　○眞龍散　○粒用丹　○其他數十品

正眞大取次所

對馬國嚴原國分町　　回生堂三山
朝鮮國釜山港本町　　右出店福田

右各氏ノ調劑數品ヲ數百ノ海上ヲ經テ數ヶ所ヘ御注文アルヨリハ寧ロ

九

【影印廣告參照】

報 告

長崎縣長崎區外浦町四拾七番戸ヘ設立セシ有限責任三好社資本金五萬圓ヲ八
萬圓トシ本月ヨリ荷爲換幷ニ賣買荷物取次等ヲ兼業致候ニ付爲換取組場所及
手數料等左ニ揚ク

荷爲換取組所

長崎本店	大坂支店 朝鮮釜山支店	同元山支店
大坂ヨリ	長崎 釜 山	元 山 マデ
三十五錢	五 十 錢 壹 圓	壹圓八十五錢
三十五錢 五十錢 壹 圓 壹圓八十五錢

前記之通相定ムルト雖モ都合ニヨリ增減スルコアルベシ電信爲換ハ時ノ都合
ニ依ルベシ

賣買荷物取次手數料

内外諸物貨買方取次 壹 歩
同 賣方取次 壹 歩 五 釐

右之通荷爲換幷ニ賣買荷物取次ノ手數料相定確實ニ取扱致候ニ付御便宜ニ依
テ御申込アランコヲ希望候也

明治十五年四月十八日

釜山浦 三好社支店

各店御中

136

日則歐洲人民智力獨雄於天下於是乎始有輕視宇內之志爭
務分取是以前之則驅逐亞墨利加人而奪其中土後之則排斥
亞非利加人而據其要地墨非二洲旣無所取焉於是始東其鋒
欲以爭我亞細亞大洲盖其初者阿葡班諸國專務遠畧而至近
世則英魯二國獨鐵其鋒英自南進而取印度掠緬何而及淸之
香港魯自北侵而畧新彊蒙古滿洲之邊以至我樺太洲夫此二
國者皆以純大之力欲遂其志於我亞細亞大洲然則我亞細亞
大洲幾何而不爲墨非二洲余每一念至此未嘗不長大息也嗚
呼世之議者以我亞細亞大洲所底止泉爲何如乎西半旣爲歐
人所制東半僅存淸國及諸小國耳而若泉人所視則淸國亦將
不久而歸於歐人之手淸國旣歸於歐人之手則諸小國固不能
支諸小國不能支則我國獨能孤立於東海乎是余之所以語國
家之大計不可以定於國內之小勢也　（未完）

として取るべきものなし故に斯く一期毎に非常の増額を顯せしも畢竟調査上前

期に粗にして後期に密なるより生ぜしものなるや或は其の狀勢に依て斯くの如

く劇進せしものなるや未だ容易に斷言し能はざと雖も現今實際の景況に依て觀

想を下す時は逐日改進擴充せしことは本會議所の信じて疑はざる所なり（未完）

○　寄　書

説之可否信疑編者不保焉

回東策　上

〔前號之續〕

余請爲識者説其畧夫巴彼倫希臘者逸矣至羅馬中葉分爲東

西既而西羅馬爲峨賊所敗東羅馬爲土耳其所滅羅馬亡而歐

洲各國與日英曰佛以紀元四百年建國者也曰日曰魯以紀元

八百年稱王者也曰葡曰班日以皆以次與而土耳其亦以紀元

千四百年始取東羅馬爾來四百餘年歐洲驕然日事兵革有運

深謀欲吞四海者爲有遐雄材欲併宇内者爲天下無事則各盡

其智以修民政一有事則極其力以擅政器日甚月磨以至於今

全　上〻〻〻三十八萬九千四百七十二圓四十九錢七釐

　　　　　　　增〻〻〻八千五百圓〇〇三十九錢三釐

十三年七月より十二月まで

　輸出高〻〻〻十三萬五千八百八十圓七十九錢

十四年一月より六月まで

全　上〻〻〻三十萬二千〇八十二圓八十六錢四釐

　　　　　　　增〻〻〻十六萬六千二百〇二圓〇七錢四釐

同　年七月より十二月まで

全　上〻〻〻四十二萬六千三百五十五圓三十三錢六釐

　　　　　　　增〻〻〻十二萬四千二百七十二圓四十七錢二釐

右の如く輸入品に就ては每期四割以上或は二分以上の增額を顯し又輸出品に於るも全く一倍以上或は四割强の增加を現せり然りと雖も本港は開港以來日未だ淺く加ふるに本會議所の如きは本年一月を以て開設せしものなれば調查上憑據

○昨日后一時ゟ晴天寒暖機正午六十八度前十日間平均六十度

釜山商況

○當港の商況は前十日間は異狀なし從て物價の高低もなく市場は矢張不填氣也

元山通信

明治十四年朝鮮國元山港輸出入商況槩畧

昨十四年中本港輸出入の商況を以て一昨十三年開港以後（七月より十二月まで）の景況に比較し之を熟察するときは漸々其體面を改進し較や商路を擴張せしの、如し即ち十三年七月より十四年十二月までを三期に區別し其輸出入の全計は内外産を合せて

十三年七月より十二月迄
輸入高 ……… 二十六萬九千百七十三圓十錢四釐

十四年一月より六月迄
全 上 ……… 三十八萬〇九百七十二圓十錢四釐

全 年七月より十二月迄
增 ……… 十一萬千七百九十九圓

文偓武好交隣。　○第七勾。一作五大洲中有公法。

○去る三日午前七時磐城艦入港花房公使仁川領事兼書記官近藤眞鋤君及び屬官四名幷に巡査六名乘込れたり聞く所に據れば今般公使は陸行に決定の所何か至急の御用ありて俄に海路より赴る、事になりたりと右艦は本日十二時抜錨の筈と聞ぬ

○豫て本港に在留ありし陸軍參謀本部附澄山顯三君は此度外務へ轉じ公使へ隨行せられるよし

○去る三日午后六時三十分氣船敦賀號入港元山津を經て魯國浦潮へ向け本日抜錨の筈

○東萊府伯は豫てより我公使來港の祝詞として昨日入館せられ、筈なりしが去る三日薄暮より昨日正午まで雨車軸を注ぎたるゆゑ無堤防の倉浦虎川洪水にて道を遮られ入館もあるまじと思ひの外府伯幷に辨察官も入館ありて公使無恙港の祝詞を伸べられ我領事館よりは顔る饗應ありたりと聞ぬ

○豫て本紙第四号に載せたる辨天町通の道路修繕は已に落成し樹木も植付け又此頭路燈も建設し一昨夜より始て點燈し韓地にては往昔より未曾有の不夜の有様と見るは當時不景氣中に吾輩三文なしが錢いらどの愉快なり

○正誤前號第四葉元山變動事件中（大因）は總て（大淵）の淵の古字を誤る本紙初葉五行（黜陟）誤（黜陟）同十五行（天雲）誤（妖氛）同二十行（尊卓）誤（尊卑）

過るあり兎角朝鮮の癖として両班に付添ふ者は下僕まで虎の威をかり人をまた

虫蝎のごとく賤視なしつ少しの事にも悶着をつけ賂路を取るいとも賤しき風習

なり折から向ふより轎に乗つ來れる人あり下卒どもは其轎に乗れる人の町人

なる事を能も熟知得一術きと心に工み態と聲高に其轎より降らぬを嚴しく咎め

つ、轎を透して覘てやれば爰に有名有福家の隱居にて年は八十じの老衰に耳も

聞ねど眼も見れぬ老人にぞありければよき僑倖と下卒等は密く心に喜びつ猶

聲高に雷鳴うち何事やらんと侍郎は轎の驕慢をば寢上て暫らく覘み居たりしが

何おもひけん早くも轎を降りつ、下卒を制して官服を脱き平服に着替つ、親し

く其轎夫の前に奇り最も懇勲に手をつかへ三拜したる其姿最ど怪しき事なれ

ば下僕等は得も云ふ有とありあふ人ぐは暫時し目瞬口呆ていたり愚（以下次號）

○書感

在釜山　二十四朵楂客

偶然來等釜山津。觸目風光自斬新。韓地凍氷猶未解。官庭紅梅

已迎浮。小西遺址穴荒廢。麗島古壤徒壞埋。宇内法規君識否。修

幸云

君上批答 傳訛失實更不煩疏

○林熈業傳（前々号の續）却説祥賢は何ひとつ手に取る業も中々に貧すれば猶どんするの例言にもれど落はて、人の情もあらし男の轎舁とまで零落つ京城邊をさすらへて僅の賃錢にやうくも今日を暮して飛鳥川水の流れと人の身の定めなきことそうたて愚案下除題世の中はいづれの國を問はずして其蒼生の中には貴賤尊卑の差別あり尊ふき人は平坦なる道も市や轎に乗り賤しき人は凸凹れたゝさへつらき谷坂もたつきの爲に昇く駕籠の過去の由縁の可否善惡て尊卑の別のある中に殊にあはひの隔たりし朝鮮國の節にていかに富貴の人とても其身官吏にあらされば轎に乗りつ、往道も最早官吏に逢ふ時は轎を降るの風慣にて實に不自由の事にこそ一日洛中を數多の下僕を引卒れたる兩班の先を挑はせ

十六日のことなりき

○宋秉璿上疏　（前號之續）

臣竊聞近有一種爲識時勢之論者多以西事歸之時運事勢以

爲莫可如何蓋以新聞紙萬國公報及黃簿等文字爲據指陳時

狀殆同李鄴之張皇臣竊悀焉天下至黃苟非身歷何可以傳說

遙度設令眞如其言我國事力實難爲計寧有聲於先聲自隳國

或且苟能自治自強兵食俱足訓養人民知親上事甚則豈以三

千里邦城長人於層晃萬里之外哉是故愚臣敢以樂聞遇以請

政本節財用以格國儲爲訟至於重放而未已伏願聖明赫然奮

勵中發禁令於方內或有西敎遺積草薙禽獮幷歸市朝以壯先

聲其規模制置而其中逈商學語國人無不駭惑蓋蹄跡相交鵠

舌相和其勢必至無變不生無慮不到以殿下之明獨不念及於

此乎更加財察丞罷此等名目以祛國人惑焉伏乞聖明特賜財

びをなぜしが此頃　國王殿下より直令して下都監には日本人の寫府あるによ

り万一出入の際過ち有てはならぬとて一切これを禁ぜられたり◉清水館并に下

都監に在る日本人は少勢故を日〳〵のはなし種もつき消閑の策なきゆゑ釜山の

脚夫便を苦待すること實に戀婦の情郎々々の戀夫を待が如く新聞のよみ返へし

數回におよぶ〇日本行步は期程なく却て釜山より遠步す城內も現今は自由に往

來し人の邸宅を訪ふも殆んど自由なり①京中一般の人氣は去年中諸道の儒者輩

上疏并に李載先の反逆等にて頗る騷しかりしが今春に至て漸く穩かなり②彼の

政府にては兼て日本語學生を募りしも頃日までは振はざりしが聞く所に據れば

王家婚事を終へ次第一大語學校を設け日本人を聘して專修せしむべしと

〇東萊府伯金善根氏は兼て善政のきゝに高く管下の人民皆其德に懷きしが今聞

く所に據れば本月二十五日官禀を開きて籾米二百俵を槐亭に於て沙下面十二ヶ

村の人民の中ちに寒苦にして糊口に窮するものへ各三斗づゝ惠與せられたりと

又本日は釜山近傍の村〳〵にて同樣のものへも惠まるゝと聞き合ては去月二

四二等法會所

械も積送りたれども固より其使用法を知るものなきゆゑ陸揚せし儘なり又此器械を陸揚するに人足二百名を要し漸くのことで卸したるよし船將は我譯官に日ふやうは釜山にて積ときは日本人の力を借りし故を僅かに二十名にて事足りしが今二百名の人足を要せしを以て推せば後來此器械を使用するも亦然るならんと云しは實に名言なり●例の魚允中は李祖淵氏と共に考選官として來る二月十七日(陰曆)に出立して支那天津に赴くと云ふ其主意は過日大院君より李鴻章へ送りし薔意もあれば彼此李氏の所見を聞かしむるなりと信僞は知らど●近頃京中にて日本人は朝鮮婦人を見れば其血を吸ふと云ふ流説盛んにして甚だしきは俄かに辯髮を束るあり（日本にて往年洋人は日本婦人を見れば連れ歸へるとて齒を染めし類）又尹雄烈の宅には頻りに日本人の出入ありとて其近傍にて女子を持つものは皆他町の知る邊に預ける由是れ畢竟守舊黨徒らに訛傳を出して人心日本を厭ふを謀るものなるべし○朝鮮にて邊戰とて數百名兩邊に分れて石を投げ合ふて戰ふ遊びあり當地には毎月の如く下都監（陸軍教練場）近傍にて此遊

平答曰擴萬國公法其害公便者使其政府償之其金額三十万

圓乃至四十万圓以下各有差大抵害其人民者其贖金五万圓

乃至十萬圓也我國維新之始愚儒殺許多之洋人我政府爲之

費巨萬之金額矣屬者如台灣土人暴殺我琉球人者我政府派

兵于彼殺其暴人其後我國與淸國開論端以台灣其屬淸國云

淸國政府給銀兩四十萬兩被暴橫者之家以十萬兩報我政府

之軍費出合計五十萬兩以謝之由是觀之今蓮元憲誠之事我

政府區之者要貴政府金五萬圓乃至十萬圓以慰其遺族而已

矣韓客愕然曰我政府豈得出此巨萬之金乎若不能出之則如

之何答曰是或訴兵火否不可知也

○漢城より通信

（四月十一日着）

昨年暮に釜山を發せし韓人の所有なる西洋形風帆船は去月十九日漢江の三浦（京城を距ること我里法一里）に着し兩國政府の物件多く積み來れり中には砂金器

法官曰汝等在地方長愚人害國家不敢顧遂致日本人之命

使我政府懷此憂者何故耶

犯人曰(犯人即詣監司以下)倭奴侵彊而入此地遇此災其自

需而已矣

法官怒曰汝等吐何啻乎我人民入日本內地之時日本政府

特許其隨意間行爾乃地方官保護之且其優偶欵待極厚矣

借使日本政府故彼人間行於我內地旅理不得拒之唯恐愚

民之騷動未許耳汝等拒彼人侵行返之務不可不鄭重胡爲

使部下之民致彼人之命乎爾等在其職而盡平日念之其罪

不歸爾等而誰尤四犯遂無所答愕然下獄云

又據漢城道路之說四犯并當所處流刑云

日本人爲朝鮮土人所殺處分或韓客問

或韓客間曰向日我土人暴殺貴國人者貴政府以如何法處之

在韓帝國釜山港

二,司法會議所

賤族者也固智不能伸愚無不屈乃苟在官職者皆自稱兩班恬
然世其食祿仰觀上不能開口伏廐下猶視犬馬而文武混淆賞
罰無度而恩信皆以賄賂生其弊旣及下民皆做爲國欲振豈可
得乎古人有言防民之口甚於防川宜哉豈乎是所以衛巫被寵
而厲王奔彘也苟君人者宜注意于此今日朝鮮政府以英斷廢
舊制薦人才擧英奇與民以民權務而定經國之憲則不日而東
洋生一强國以可得防暴俄之爪牙也

○雜報

○京報曰前日咸鏡道監司德源安邊兩府伯及元山辨察官幷罷
職此四員常主鎭港曾怨日本人日本三月三十一日(即當朝鮮
二月十三日)遣元憲誠等赴安邊近傍爲土人所暴橫朝鮮官無
政防之終致其命是以朝鮮政府怒監司以下怠其職務遂徵褫
其官職將正刑典現今查覈中云其口招及糾彈之罟如左

元老院）廣納天下之公議而尚采英奇於海外諸國信萬物咸得

其宜於是乎五等之天雲掃地而去矣夫五等之制始於黃唐郡

縣之治創自秦漢至其得失成敗先賢論之日五等之君爲己念

治郡縣之長爲利圖物先賢旣已知此弊惜哉未知防之矣於歐

米各國旣創郡縣之治立共和之法而恐其弊起爲防之與民以

民權雖出在鼎台之位者入則其權無異人民而不問官職之高

下不論門戶之尊卑苟有違規背則害人民者則人民得訴之于

法司々々聽訴則必無不處之是故郡縣之長雖欲爲利圖物不

能人民爲暴官酷吏無所壓而朝無座食之臣野無浮食之民國

家欲不富豈可得乎固得其法度之宜有義舜猶不及者是所以

我國近世斟酌歐米之法也豈不熾乎現今觀察朝鮮之世態用

郡縣之治其實無毫異五等之法矣蓋卿相之位非鼎食之資不

庸郡縣之長非豪家勢族不能入劉毅所云下品無高門上品無

朝鮮新報

民權論

蓋聞民權也者見行文明開化之國不見行未開野蠻之國焉五
等之制失多得少郡縣之治則反焉我國立國之創用郡縣之治
聖主放鄭聲遠佞人夫德之休明豔陽日用上之觀下猶赤子下
之觀上猶父母是以沈恩聲教無不洽下而民皆懷之以成盤石
之固矣中古自慕倣唐制已降稱國政歸于武門於是乎立其封
彊之典財其親踈之宜封畛之制隆焉漸而五等之君各嚴關界
使甲地之人容易不入乙地而掩世間之耳目遂使　　天子之
國致敗焉我國世以　　聖明天子在上未至是也
今上天皇之登極也悉廢舊制復古昔郡縣之治而人才英奇日
用然　天皇猶以沈恩之未廣懼聲教之未屬誓天地神明曰
萬。機。決。公。論與。爾衆庶共議遂布之于海內而設左院(左院今稱

例言

目次

本所新報刊行之旨趣在專叙
述經濟論説。以供日鮮兩國博
雅之采覽。而如其發露中外之
奇事異聞。亦要收拾不遺也。因
希四方諸君子能諒此意。高論
新説必不吝投寄。而其文務用
漢文則記者之幸以何加之歟
云尒々々。

朝鮮新報

定時刊行

大日本曆明治十五年五月五日發兌

大朝鮮曆壬午年三月十八日

在釜山港 商法會議所

號壹拾第

118

長崎縣長崎區外浦町四拾七番戸ヘ設立セシ有限責任三好社資本金五萬圓ヲ八
萬圓トシ本月ヨリ荷爲換幷ニ賣買荷物取次等ヲ兼業致候ニ付爲換取組場所及
手數料等左ニ揚ク

報　告

荷爲換取組所

長崎本店　大坂支店　朝鮮釜山支廳　同元山支廳

大坂ヨリ　長崎　釜　山　元山マテ

三十五錢　五十錢　壹　圓　壹圓八十五錢

前記之通相定ムルト雖モ都合ニヨリ增減スルコアルヘシ電信爲換ハ八時ノ都合
ニ依ルヘシ

賣買荷物取次手數料

内外諸物貨賣方取次　　　　　壹　步

同　　　賣方取次　　　　壹步五釐

右之通荷爲換幷ニ賣買荷物取次ノ手數料相定確實ニ取扱致候ニ付御便宜
ニ依テ御申込アランコチ希望候也

明治十五年四月十八日

各店御中　　釜山浦　三好社支店

強之治可不日而致也嗟呼亦痛矣哉夫天下之勢有變遷昔日
之計不可以制今日之勢且彼所謂國家之大計子孫之大謀者
果觀於天下之大勢乎而定之乎抑定之於國內之小勢乎定之
於天下之大勢則不可以今日之道而爲焉定之於國內之小勢
則不可以求于孫之久安焉苟觀國內之小勢而爲之計豈可謂
之國家之大計子孫之大謀乎哉然則定國家之大計求子孫之
久安將如何而可審天下之大勢然後可以爲之謀也蓋民生之
初殖者大槩三而東方以漢土爲先而安南朝鮮暹羅諸國次之
西方以埃及猶太爲首而其衍於歐洲諸國即民居其間而漸
及四近是人民所殖之本也而其初者東方人民獨雄於天下而
四五百年以來漸爲西方人民所盛至於今日則西方人民將獨
步於宇內是天下之所以一變也
○草稿のおほき故ゑ物價表は附錄に出す

115

回東第三篇係余明治七年間所稿自今觀之雖議論屬
陳腐而精神所凝不忍棄也且自審於觀東洋大勢有一
日先乎人者焉因收舊稿投之于貴社々々幸賜採錄是
望

在日本 回東生

回東策 上

自古定國家之大計求子孫之久安者必先審天下之大勢然後
爲之計苟天下之大勢不審則國家之大計不可定國家之大計
不可定則欲求子孫之久安豈可得哉盖英國之致富曾國之致
強彼非偶然而得之也觀之於初甚明慮之於前甚遠守之愈固
謀之益力月積歲累以致今日之勢矣今我東洋則不然天下之
大勢無所觀國家之大計無所慮賀々焉莫知其所向夫如此則
將何以求子孫之久安哉方今議者皆曰國家之大計旣定子孫
之大謀已立豈徒求目安之倖安豈徒圖子孫之無患將歐米富

○昨日晴天寒暖機正午六十八度前十日間平均六十度

釜山商況

○此前十日間は別にかはりなし相變らず例の不景氣と云ふべし去りながらこの両三日前より少しく米大豆牛皮の如きもの輸出し來たれり

○本月十二三日の頃より小賣小買の飯米切れとなり當時の有樣は實に飢死もやせんかと迄に困難せし所幸ひ十四五日に至て某商會より賣出したる飯米ありて皆一時に窮を免れしもの少なからど當時小賣飯米壹升十四錢五釐までに登りしなり昨今は下りて日本米上等一升十二錢以下九錢五釐まで

○當時寒冷紗は例に依て販途の季節なれど今年は至て大口の取引なく只々小口のみ買に本品の如きへ斯る樣ゆゑ他の賣品に至ては猶更不氣味合也

元山通信

○本港の商況は三月五日敦賀丸出港後賣買取引は各店共に不相變ぼつ〳〵有りし所我金銀貨の下落に付各商共に見込を失ひたり茲に三月三十一日本港に大事件の起りしより土商すろもの僅少にしてこれが為活留商一般手を束ねて一時は唯事件を評せしのみ然る所本月六日比より追〳〵土商も入館し加ふるに熱賀丸も本月八日を以て入港せし故え各團とも相應の取引をなしたり

○寄書 説之可否信疑編者不保焉

上明洋團釜山巷　七二年去會幾斤

再是去乙惟我愚儒之萌罔知法意之如何終不悛習致有日者
安邊之變宜念及此萬々驚慮民有一半分不善舉行之端玆
又別飾爲去乎從玆以後各別嚴飾于彼人所到處之民人尊一
々布曉申束后令辭揭付通衢壁上使往來之人常目視之而無
陷重碑之地宜當者壬午二月二十日

○日本四月五日(即當朝鮮二月十八日)

濟國

皇帝陛下爲奸臣所弑

○四月六日報日英國廟議將征愛耳蘭

○各國所以有博覽會之設者何耶不論洋之東西不問國之內
外千貨萬物聚以便人之縱覽務博世間之耳目而專在與農
務工業圖國家之富強也我國營設博物館以便人之縱覽今
又一層進步新建築博物館土木既竣功四月八日
天皇陛下親臨行開舘式

○四月十一日大北電信會社報日印度疫大行

○本紙二葉裏第六項(釜山商況)は全く(雜報)の誤置

在朝鮮國釜山浦

商況會議所

使へ右の顛末を照會なりし其主意は本紙雜報に載せし意味と大同小異にして格
別變りはなけれども仍ほ照會の要を摘んで誌さん死者邊元重傷者兒玉大洞云々
雨中豚犬を貪ふが如くにして來れば重症は更に一層の重きを加へ殘酷無情誰れ
か惻怛せざるものあらん其命脉の危險なる本官日夜苦悶に堪へ乞候死軀及び貧
傷者の現狀は翌朝貴譯官金某首執事金某會同して撿視せしに付貴明府既に詳悉
せられたる義と存候云々抑此事は兩間の一大變にして本官限り處措すべきも
のに非らざれば政府に具狀し謹んで裁許を仰ぐべく候條此段御承知有之度候云
々敬具斯の如き主意を以て照會せられし所德源府使鄭𦔮獻氏よりは左の如き回
答ありしと

為照覆者第十四号書翰　敎示業已洞悉無餘而即爲具由修報我　政府及巡警矣待
回題第當委報諒悉焉敬具壬午二月二十日又府使は左の如き傳令書を所々に張出
したるよし

傳令元山兩里々長及銘石院里長與各社民人處

為惻𢢷舉行事彼人間行時我人之無或作梗前后嚴飭非止一

り夫より迎への者若干名を雇ひ再び元山へ赴んとしたれども最早夜中なれば小

人数にては元山より先きに到ること能はざれば官の保護を得て行んことを欲し

巡査に戀々願ひ出るも何にか官の五都合ありてか保護を得ぞ不得止本願寺三菱

會社大倉組等の雇韓人數名を引連れ再び夜中を犯して元山に向ふて發し途中大

淵のかへり來るに逢ひ初めて事の大なるを知り何れも驚愕仰天是より本願寺大

倉組の者は元山津辨察處に到り蓮元兒玉等のかへりを待つ翌朝に至り歸宅す

三菱會社よりの迎ひは大淵と共に歸宅し直ちに醫察所へ届出四月一日正午十二

時頃矢野大軍醫戸田副軍醫伊藤特部辨察所の譯官海關將の五名同道にて臨檢相

成りたりと

○今度元山津より歸釜せし人の話しを聞に元山の市中は申に及ばど兎角人心恟

々皆切齒して彼等の暴擧を憤り既に後響とも出掛けんとする有様なりし所總領

事より嚴令を下し制せられたるを以て其擧もなかりしが居留人民は却て不滿の

様子にてありしなりと又聞く處に據れば前田總領事は今回の事件に付て德源府

まて來りし途中辨察官通事二名に出會告るに右の事情を以てす急に兒玉蓮元を護送し來らんことを依賴し其身は二軒屋に投じ暫時此所に休息し韓人三名を雇ひ自ら指圖し二本の丸太を以て釣臺の如きものを出來し右に乘りて同日午後十二時頃歸宅直ちに矢野軍醫の治療を乞ひ夫れより兒玉蓮元等は韓人一名にて（韓語枝藝）（荷物を負ふ器にて我國の貧子なり即ち木の枝二個を以て造りしなり恰も鹿の角を立てたるに似たり）に負はれて四月一日午前四時頃辨察所小吏一名附添來る其體さも死したる犬豚を負ふが如く此體を見て我居留の人民は切齒振腕恍慨悲憤の情忽ち面に顯はれ皆曰ふ朝鮮政府の慘酷無情なること言ふべからず且つ我日本人を常に輕蔑すること知るべし兒玉は未だ苦痛息まずして音を談るる能はざれば其現場の模樣を聞き糺すに由なしと雖も右の有樣を以て推考するときは必定彼の慘酷なる取扱に會しや又知るべし是より先き谷濱手等は元山市街迄來り彼の知人の家に投じ暫く此處に於て蓮元等三人のかへるを待てども更に歸り來らざれば谷は尚は其家に止まり濱手は急を報ぜん爲急行してかへ

衆に向ひ何か頻りに辨ぜしなれども其中の一人俄然大木を揮て打掛るや否四方の惡黨一時に取掛り散々に毆撃せられて大困此處に倒れ全く死者の體を爲して俯す蓮元は亂撃の下をくゞり走ること四五間にして頭部を痛く打たれて又此所に倒る惡黨刀を背頭に指し即死す兒玉は頭及び面部肩背とも打たるゝこと數限りなく遂ひに又此所に倒る較々あつて大困頭を擡げ四方を顧眄するに大勢の惡黨等皆去り僅に一名此所に彷徨する者あり大困難を懼れ再び默して俯す彼忽ち聲を放つて惡黨に非らざるを告ぐ大淵能く之れを視れば先きに道連れとなり共に土橋を渡り我爲めに安邊に至り驛馬五足を牽ひ來らんことを托せしものなれば大困漸くにして起き上り兒玉蓮元等を呼び起すと雖も蓮元は更に應答なく兒玉は僅に呼吸あるのみにして起き上ることも能はざ故に大困は先づ人家のある所に至り人を雇ひ迎ひに來らんことを約し彼の彷徨せるものに只管依賴し彼れに負はれて到ること四五間彼れ微力にして壃へ難く且つ後難を恐るとて送る能はざるを以て强て辭し去る大困不得止佪佪同樣漸にして一里半を步し二軒屋

間忽ち大淵は飛石に中りて頭部を傷けられ流血湧が如く彼等は追撃愈々急にし
て既に咫尺の間に迫り大淵高く聲を放つて兒玉に銃を發せん事を促す兒玉聲に
應じ銃を空中に放發し虚威を示して其勢ひを防きたるも彼等は逡巡進むを得ず
五人は時こそ得たりと間を見て又走る事殆を二丁斗り逃に前の橋上を願れば大
勢の惡漢共皆去りて僅に二三名我小荷物を押へ人足を毆打し荷物を掠奪するの
有樣なれば兒玉運元の兩人之を制せん爲め再び橋に向ふて行くこと五六十間至
りし頃人足のもの遁れ來るに逢ひ茲に於て荷物を整理し又之を負はしめ三人共
に徐々歸路に就く時に大淵は路傍に止りて傷所を包み運元兒玉二人の來るを待
つ谷濱手の二人は徐步先行する事殆と一丁餘り其內橋上再び大勢の惡漢等顯は
れ出て發鉋三四度大聲を放つて追跡し來る兒玉運元等飛ぶが如く走りて大淵に
逢ひ共に三人走ること三四丁の所にて終に惡漢等の取卷く所となり（此時 谷濱
手は幸に遁るゝて最早遁るべき道なければ三人共に意を決し群集の中に相應の
人物を見認め溫情以て我窮情の場合を談じ只管一片の保護を依賴したれば彼れ

長民督助民樂妨民業者皆不必要之貨也不課之重稅而

制其入則不可使民守儉勉業也故曰百貨必要者可篡以

利民而其不必要者不可不防以戒篡也夫制者先不可不

明其法之所由起其所由起既明則於立規說則必當無大

過故余今當草稅法先論其所由起然後漸及之云爾〔大尾〕

釜山商況

○宋秉璇上疏 〔前號之續〕

且衣裳鮮介混處阡陌非我族類其心必異積漸撕摇獸寶必生

是豈久長和順之勢耶或者以蜩忤生獸大纍踩人爲慮此正所

詔自愚之見也噫先正臣趙憲辛卯疏誾明白痛快是以打破邪

說先見驗於唐時鑑戒昭於後世今人何不以知於前者徵於後

也流俗姑息之論可謂古今一轍豈寒心哉若夫以洋事靑之國

朝邪教之禁本自峻嚴至於年前鋤治之後近稱銷落若無可慮

意而保護之夫交易者有無之交易也有之就無猶水之就
下也日本支那之絲茶能售于歐米兩洲印度米洲之木綿
能罩于東西兩洋佛蘭西之葡萄酒英吉利之麥酒能及于
世界各國者皆有之就無也故從天則而論者爲何
則皆可以足民富國而其聞亦有不可執天則
耶人工是也人工之妙有幾紊夫則者印度米洲能産綿之
國也而洋布之用却抑之于英吉利矣日本支那能産絲之
國也而有佛蘭西之絹布輸入于日本支那者矣是非英佛
之克産綿絲其人工遠出乎諸國之上使諸國不能受天然
之利也故曰工業未興則不可不加意而保護之也何罰曰
貨必要者可容以利民而其不必要者不可不防以戒儲益
貨有必要者有不必要者爲利民開民智助民業者皆必
要之貨也不省之稅額而勘其入則不可使民利生足財也

105

廬也起於土宜之不同者不可不勝其愈遠也盖民之生莫
不要衣食住之三者既要是三者不得不作是三者然而一
人獨手作是三者與三人各作其一而交易之孰便利耶不
若三人各作其一而交易之便利也是分業之法也因是理
推之三人之交易不如十百人之交易之十百人之交易不若
千萬人之交易是交易之所以不可不務益廣也又世界谷
國其風氣不一則物產不同或有生于南方而不若
生于北地者或有適于西土而不過于東國者非南北和易
東西相搆何以足其用哉此交易所以不可不務愈遠也故交
易之不可不廣且遠也如此而關稅沮妨之者也故商
業既開如歐如美者或不爲重稅所沮妨商業大開也故曰商業未
洋諸國者一課重稅則幾不能復商業未開也何謂工事未與不
開則不可以課重稅而沮妨之也何謂工事未與不可不如

104

關稅或問 第一 （前號之續）

曰然關稅無論出入不擇要否皆可以課稅十分之一乎曰

何然凡制法者須廣觀利害如何決不可任一理而立之也

抑課稅之本雖出於補國用而立之法亦不可不參觀國民

之利害也故自補國用之一方論之則無論出入不

擇要否皆可課稅十分之一而若參觀國民之利害則商業

有既開者有未開者爲工事有既與者爲百貨有必要者有

不必要者爲商業未開則不可以課重稅而沮礙之工事未

與則不可不加意而保護之百貨必要者可容以利民而其

不必要者不可不防以戒弊也何謂商業未開則不可以課重

稅而沮礙之夫通商雖有無之交易有基於分業之便利者

有起於土宜之不同者基於分業之便利者不可不務其益

例言

本所新報刊行之旨趣在專叙
述經濟論說。以供日鮮兩國博
雅之采覽。而如其發露中外之
奇事異聞。亦要收拾不遺也。因
希四方諸君子能諒此意。高論
新說必不吝投寄。而其文務用
漢文則記者之幸以何加之歌
望々々。

目次

○朝鮮新報

○雜報

○釜山商況

○元山通信

○寄書

○物價表

定時刊行

大日本曆明治十五年四月廿五日發兌

朝鮮新報

大朝鮮曆壬午年三月初八日

在釜山港商法會議所

第拾號

在朝鮮國釜山港商法會議所

同品同價ノ者ハ當國幷朝鮮國ニ限リ縣舖ハ一手ニ御注文アレバ事約ニ

〆用請ク第一ハ多少ノ手數ト失費ヲ省クハ最モ講賣各位ニ於テ有益ノ一

端ト存候是レ敢ラ私利ヲ量ルノ意ニアラズ全ク便理ヲ極メ候ニ付尚ホ

御長考ノ上ニ層御引立ノ程奉願候書

本局廣告

○本紙廣告料四號文字一行二十五字詰一回金三錢〇二回同四錢〇三回以上五回
まで同五錢

○本紙定價(一册金四錢)(十册前金)(一割引)(金三十六錢)〇十册以上ハ總て
一割引尤モ本港外は別に郵便税申受候且つ前金の期相切れ候共廢止の御沙汰有
之迄は引續き遞送仕候事

但二十五字以下も同斷右は總て前金に申受候

朝鮮國釜山港日本居留地本町二丁目廿番地

本局　商法會議所

幹理編輯兼印刷　大石德夫

釜山港辨天町三丁目三番地

大取次賣弘所　鈴木忠義

千金丹發賣並諸國妙藥大取次販賣廣告

官許千金丹　本鋪　對州嚴原　三山回生堂製

右發賣ノ傍ヲ左ノ通兼テ天下有名ノ妙劑數品何レモ本舖ト約シ繋堂ニ
於テ大取次開業能在候ニ付若シ取次御望ノ向ハ御報知次第千金丹同樣ニ
各本家規則ノ割引ヲ以テ御賣可仕候間江湖愛顧ノ諸彦多少ニ拘ハス
陸續御購求アランコヲ希望ス

○寶丹錡丹水　○精錡水　○穩通丸　○鎭溜飲　○補養丸　○臟丸　○寶丹
舍里別　○鷄肉ゲレー　○資生堂神藥回陽丹其他數品　○ビットル　○開達
丸同散　○虫藥菓子百花精滋長生糖　○赤蛙丸　○キントル散　○神液
一壽夜藥　○寶明水　○痳病妙藥　○明治水　○翠藥　○五龍圓
○天靈丸　○正斋湯　○牢命散　○小兒胎毒丸　○除毒神方　○生長丸
藥サボン　○鎭靈丹　○鶴齢丹玉福丹　○眞龍散　○粒用舟　○其他數十品

正眞大取次所

對馬國嚴原國分町　　　　回生堂三山
朝鮮國釜山港本町　　　　右出店福田

右希氏ノ調劑數品ヲ數百ノ海上ヲ經ヲ數ヶ所ヘ御注文アルヨリハ寧ロ

九

右東魚國釜山港

綿	紗	井	紗	綿	絽	紬	糸	銅	鉛	粉	粉	粉	粉	椒	磐	椒	粉	草
木	更	冷 子吳	寒吳	縮緬	絹	綿	絲	錫	白	亞	紅	青	紫	青	黄	胡	明	甘竹

| 同 | 同 | 同 | 同 | 同 | 同 | 百斤 | 一斤 | 一斤 | 九斤 | 一同 | 五斤 | 一同 | 一同 | 同 | 同 | 同 | 同 | 十斤 | 同 |

一、四三〇〇
一、四〇〇
二、四〇〇
〇〇、五四二六
二、三〇〇
二、二〇〇
二、四〇〇
一、三〇〇
一五〇〇
五、三〇〇
一、五五〇
一、四〇〇
一、五〇〇
一、三〇〇
一、〇九五
一、七六〇五
一、二二〇
六五五

雛	油	牛	牛	天	布
				海	
糞	粕	骨	皮	草	苔

| 同 | 同 | 同 | 同 | 同 | 同 |

二、〇〇〇
九、二三五〇
八、〇〇〇
、五〇〇
、四四〇
、六〇〇

三府法官署

韓錢每日相場

一日　二十七割八ア
二日　二十七割八ア五
三日　二十七割七ア五
四日　二十七割七ア五
五日　二十七割七ア五
六日　二十七割六ア
七日　二十七割六ア
八日　二十七割八ア
九日　二十七割八ア五
十日　二十七割六ア七

平均　二十七割六ア七

右賣買物價表は本紙每發兌前十日間の平均を以て載錄するにあれば即ち
其時價なるものは每日の韓錢相場に
照し算すれば直ちに日本通貨相場および
元價の割合を知るべし

輸出入物價表（自四月一日至同十日）

輸入賣品

品名		一時價 賣文
內國産		
丁銅	百斤	一二、一〇〇
荒銅	同	一一、九〇〇
甲斐絹	一疋	一、〇五五
摺付木	一打	三三、三〇〇
素麵	一箱	五六、五〇〇
外國産		
一番義源	一反	三三、〇〇
二番同	同	二二、〇五
三番同	同	一、八九
泰和源	同	一、七四
生金巾	同	一、八三
緋金巾	同	一〇、〇九
天竺	同	一二、三〇

輸出買品

品名		一時價 賣文
米豆	一外	〇〇、三五〇
大豆	同	〇、〇二五〇
小豆	同	〇、〇二五〇
小麥	十もんめ	〇一、六八
砂金	十もんめ	〇一、三〇
金地	一世め	八七、〇五
銀地	百斤	五一、二二
紅地	一疋	六一、〇〇
尾人参	百斤	一、一〇
生綿	一斤	〇八、三三
紬綿	一斤	五、三八〇
木綿	一反	一、三〇〇
干鰯	百斤	八、五〇
䱶鱶	同	一六、五〇
煎海鼠	同	一五、六〇
鯨骨	同	一、六三

我邦維新之際有惡外人而謀斬殺者又有憎外變而唱鎮
港者不異朝鮮今日之現狀也然惡外人而謀斬殺者憎外
變而唱鎮港者大牽憂國之志士也慷慨之人民也唯其見
識未足曉宇內之形勢而已矣巳爲憂國之志士慷慨之人
民其見識而有所聞發則爲國家不爲無益也頃者聞朝鮮
守舊之人而建言政府爲死刑之所處若此素雖國法之所
不免顧亦勿過國法之嚴乎吾儕爲朝鮮不得不惜也
方今之時爲朝鮮之計守舊不返于宇內之大勢者漸次啓
發其心而宜導改進也然政府之措置不出于此則於其大
計所失多而所益寡矣苟使人顧死唱守舊慷慨之說者而
悟宇內之大勢知外變之便則爲國家與大利益非小少
焉古語云轉禍而爲福避危而就安朝鮮今日之計宜出于
此也聊記望于朝鮮政府諸公云爾

あらざれども若しこれに反し長く變動を見ざるが如きは遂に手を拱して無事

に苦しむの嘆を發すべし是當港目下の有樣なり

○當時金巾類の賣れ方は大口なく只小口僅々のみ

○寒冷紗は賣れ口の狹きに際したる故ゑ他のものよりは景氣甚だよし

○砂金銀類は相變らずぼつ〳〵出れどもさしたる事なし

○木綿牛皮の如きものは僅々出れども其他に至ては更に輸出物なし

○ 寄　書

在日本瓊港　梅野建一郎稿

望于朝鮮政府諸公

朝鮮政府諸公聰明而能曉宇内之形勢締交于隣邦而計

政良誠不背于政府諸公之責任也若政府諸公而不計改

民循慣據行則朝鮮前途之與廢未可知也吾儕外邦之醫

生薄聞狹見雖不足望于諸公吾儕所經愿而有如朝鮮今

日之現狀也隣邦唇齒之親不忍默過敢不憚鄙見告所見

薄き且贅澤を好まししむなば其益鮮々ならんや○當地正午寒暖機十日間平均左
の如し○三月上旬五十度同中旬五十二度同下旬五十度なり二十二日微褻降り
しより少しは寒氣を覺へたれども亦昨夜は五十四五度なり
○是まで朝鮮人の我日本に渡航せし者明治九年の初夏修信使金錡秀以下官私
用又は遊來機密に渡航せし者を推算すれば凡そ五百餘名の多數に及べり
○昨日晴天寒暖機正午五十九度前十日間平均五十六度

釜山商況

○當貿易市場の商況は久しく更に變りなく每々不景氣の三字を報道するは
吾輩のこゝろよからざる事なれども蓋し不得止の言と云ふべし抑も當港一般
の景況は皆商況の不活發なるがため人氣も自然に衰弱を催ふし目覺しき取引
のあらざるは此れ偏に商業の變動なきに依るものか之れ如何となれば常に變
動の朝に夕に人をして驚かしむるの有樣は果して商勢の盛んなるてふ此時に
當りてや人氣はなんとなく愉快を覺に東奔西走孜々汲々業務に惰るもの

〳〵捜して訪ふ人さへもなかりける是ぞ世の俚諺に千里の馬も故たる時は駑馬

にも劣るとは最も哀しき事ぞかし

（以下次號）

○朝鮮人子育の話前號の續

是に由て之を觀れば中人以上も亦汚物を犬に甞めさせるものと見ゆ又聞く處に據れば朝鮮人の男色を好む風の盛んなるは八道同じけれども小兒の時より陰部を犬に甞めさせ自然其摩擦の習慣になりて男子と雖も陰部を人に披かるゝも敢て恥みざる由實に奇妙奇態の風俗なり又畿内邊は殊に色慾盛んにして姦通する者も頗る多く夫が爲め賢の父母を忘らざるものゝ多しといふ

○本月一日付にて在京城の某氏より來信中前署云々當て日本に旋航せし沈相學は平安道成川府使となり兩三日前に赴任したり○兼て開進に盡力せらるゝ尹雄烈は防禦使に韓根遵は參判に何れもこの程榮轉せり○洛中の人の日本に末だ遊ばざるものは仁川の開港を齊待し居る模樣なり故に仁川に來るの前置は其家屋を始めとし諸般の物に注意して五月に新らしき事々日に以て末聞も入らは

に育ちしも破瓜てふ年の花の春梅の笑顔にいづちより彼のいたづらな鶯のさ

へ婿にほし、と思ふ内幸によき媒妁有て程よく縁談とも整べつ吉日をえら・なきかけぬ其内によきむこがなと両親の思ふ折柄鳳岳の人となりをば聞傳

身は賜花を乘らしつゝ、輿に乘り右と左は大樂小樂の伶人に花のかざしを冠り延儀の聞に達し官を尚薔侍郎に進め位を四品に除せられつ闕下を辭るき其を經て又二人の男子と一人の女子を舉りとぞ除題風嶽の人となり遂に議政府李岳夫婦の中に一人の男子を舉是なん後に慶業と其名輝く者にこそ其後年月び祝言の式も畢り一家睦じく打過ける陳も日去月往て翌年辛丑の仲の秋風

送りける侍郎は古郷出て三年の内に斯る人とはなりぬるに時移り星轉る中彼をたる童子の數多村添ひて下卒も亦多く前後を圍み先を桃はせ門を出れば許多の生徒等今や逃かねつ先師の出るを見るや吾ぞ先にと爭ひて彼が寓に

に立る煙りも絕ぐの苦しき身とはなり果つ其名も高き學者さへいつの程にか愛たる祥賢は慈悲の人にも似合とて八字あしく妻子にも離れて今は身ひとつ

林鳳叢傳 （前號之續）

鳳嶽も已に壯年つ、殊に此家にいりてより長の年月閲みたるその功しの現はれて其名は四方に轟きつ尋常ならぬ學者とはなりぬ然れば此事迫く政府にや達しけん京城の幹林學校の訓導に徵れければ主人祥賢の喜び一方ならざるながら我子の出立のごとく吉日を撰び酒饌など調へ暇を設けいと懇懃に祝しければただ鳳岳は喜し涙にむせびつ、此年月の厚恩を謝し我家に歸りて近隣の人々へも別れの酒を酌しかばみな鳳岳が勉强を讚めはやし其出立をぞ見送りける頃て鳳岳は都に着し夫々の手數もはて幹林學校の教官となり日々生徒を敎ふるにも前の日その身が祥賢の深き惠みに預りて斯る出世をせし事を一瞬時間も忘れずしていと懇懃に敎へしかば美名漸く輝きて廣く都に限りなく人訪ふ者とぞなりにける案下休暇に又洛中に住める者にて故幹林院侍講學士金有德といふ人あり二人の子有て長は男次は女なり此少女の名を梅少女と呼て其容貌こそ花も羞ぢ月も閉ぢなん美少女の殊に知惠さへ人にこえ聞の深き

朝鮮新報合本　五二　商去會議所

91

○京城にて開化主義の人にても兎角守舊黨の嫌疑を憚り我官員と直接するを厭ひし風の盛んにして関参判杯に謁する事は甚六ケしきよし閔氏先頃吐血の症に罹りし時我前田大軍醫の診察を乞はれたるも公然門に至れば閉じて入れよ不得止押して門内に入れば却て玄關に出迎へ恭しく禮をなす杯賞に奇妙なる有様とや云はん

○當港消防組頭永瀬永と云ふ人は百般の事に勉勵する性なるが本年の春夜廻りのありし時は殊の外部下の者を勵まし毎夜察所に詰て市中を見廻り非常を誓しめ中々の勉勵を感ぜし人々あつて此程慰勞金を贈られたりときく

○其筋の人より話しを聞くに當港に於ては我居留人の中には間々寶用を粗忽に取扱ふものの有て誠によからぬ事一寸止宿届けするからかせとかかすとか譯けなく貸借するは互に人情の親愛なるやうなれども素より雙方ともに法律の禁ぜる所のみならず後日如何なる損害を引起すも量り難ければ人々よろしく注意すべきに此弊の止まざるは困り入ると語られたり

中見廻りの士官が見認て直ちに艦長に報ぜるや否艦長之を取捨つべきの令を
取下されたれば兵士は採て海に投じたるを七士大に驚き且つ怒り様子にて其
捨たる所以を問ひしに艦長の答へに軍艦は常に火藥の貯へ多く猥りに火氣を
取扱ふことはならざる規則万一火を誤りし時は公等を始め我士卒一同即死す
るの災害を引起すなり且我兵士は公等の為めに斯の如く長時間の調練をなす
に公等退屈なりとて酒を飲まる、は何事ぞ不敬が甚しからぞやと一本責めつ
けられたれば一昔の諺ばなく七士共に赧然可笑しきも又可憐容體にてありし
とき、あへり

○朝鮮内地に彊盗の盛んに横行すると云ふ事は兼て本紙にも載せしが今聞く
處によれば過日陵山郡守より捕吏を出し遂に十名の賊徒を捕繩して大丘監司
へ護送せられ同所に於て悉く死刑に處せられたりと右十名の内には古館居住
の某ありとて其妻子は昨今悲歎止む方なく實に惡むべきは賊なり又哀れなる
はその妻子の有樣なりと韓人の話しなり

きに驚て斯くやあらんと憫笑して或人の話しなりき

○是まで我軍艦の漢域に赴きたる事は數度なれども彼の高貴の人々見物に來りしことなきとの事なるが先般清輝艦の碇泊中に開化黨の一人たる閔參判を始じめ官位最も高き江華留主某其他五名の參艦せし其模様を聞くに彼の紳士等は殘るくまなく艦中を一覽し續て調諫を觀其兵術のエみなるを大に感心したりと今まで軍艦に來る杯は國禁にてありし様子然るに今度は特別に國王殿下よりの命を受けて右七紳士の參艦ありし由

○又右の七紳士を艦中に於て洋食の饗應ありしに朝鮮の國風は従一品たる江華留主と閔參判等は同席する事ならざるとて七士を四座にして吳れよとの事に我艦長は日本軍艦に於ての饗應なれば何ぞ必ど朝鮮の禮を要せらる、には及ぶまじく一卓に就て齊しく食事あらんことを説き遂に七士一席にて食事を畢りたりとさて食事終りて再び調練はじまり以上の人々甲板上に覽樹せらる内隨分長き調練故を退屈の來りしにや酒爐を取出し暖め飲まんとするを艦

處能不極禍哉臣試問看彼意何事須如此一則爲洋人導

接也一則欲同知浦港淺深民國虛買山川險夷以成其計

也以奇技淫巧無用之物竭我貧泉米粟美飼之源將使如

大木中栖居然顚仆而莫之救彼則一日有一口之利而我

乃墜其術中積漸銷削而不悟豈非可哀也耶（未完）

○近頃の事とか京城にて彼の小年輩三十名程日本語生徒と稱し練武處に來り

參謀本部韓語生武田甚太郎氏に就て日本語とまなばんと突然の頼みに武田氏

は殆どあきれ曰く我此所に出勤するは我官命に依てなり我豈韓語訓導たらん

やと謝絶せられたれば然らば誰を依賴せんやと聞く所に據れば釜山在留浦瀬氏

は通弁の先生なるよし同氏に依賴せんか同氏を聘するには幾許の給料にて可

ならんやと問ひし武田氏答へて曰ふ浦瀬氏は釜山にて百圓程の月給なれば

二三百圓ならでは京城まで來るまじと申されたれば彼の小年輩は驚愕仲天互

に顔を見合し悄々然と歸りし後は今に何等の話しもなければ定めし師の給高

87

之一字徒歸自安而適云以凶人之國宋之南渡是也益知
事不可專主早遜古之和我而安民者多有之而最善者其
惟唐太宗便橋之盟宋眞宋澶淵之役乎先以兵威農耀張
皇以不可觀之形然後結以善意其和方固若徒事早遜惟
彼意是循而信其和好則是所謂撤離以媚盜而望盜之愛
我而不攻者豈理也哉以方今時勢論之洋舶之侵擾才息
而倭使之尋盟勿至此豈非脇肚相連頭面敗形者乎舉國
之人莫不以爲外倭內洋臣亦以爲斥倭也然正所以絕洋也然
目今所注事者倭也則不得不就其將而論矣當彼人之啓
戱也我之所以應待者失於大覺以致漸肆悖慢國恥不輕
可勝痛歎哉其來往條約臣不能詳知而就其公傳者言之
無可許者臣居接尤是前古鄰和之所未有也昔晉
以不徒戎卒有五胡之亂本處者不徒猶是致亂本無者來

十圓可以得洋布一百疋而在課稅後則非躬價五百七十
五圓不可以得洋布一百疋也受其損害者不在商賈而在
費消人故曰貨稅者間稅也從費消人而稅之者也夫貨稅
之出於費消人而不出於商賈者既明則課之稅不準商賈
之利潤而準貨之全價亦可以自明矣

○ 雜 報

○本紙第五號及び第八號に於て彼の宋山林が上疏云々の事を載せしが今其稿
を得たれば即ち本紙雜報欄内に揭げて讀者諸君の采覽に供す

山林宋秉璇上疏

職吏曹參議居忠淸道懷德縣山林之稱道
學之士國之大師
臣竊謂交隣有國之大事而今之所謂隣
斥倭和以絕邪敎變
者戎狄也結以和好不使爲梗固非急事但不審事機則和

有利潤也而今十一之法在農則從田之收獲而課之在商
則從貨之全價而課之無乃不公平乎曰否夫稅有直稅有
間稅(直稅謂有產者直出其稅也間稅謂稅金出于甲手而
其實歸于乙之資攤猶酒稅出乎賣者之手而買之者實饋
其稅也)有就生產人而稅之者有從費消人而稅之者為如
田租則直稅也就生產人而稅之者也貨稅則間稅也從費
消人而稅之者也何則雖貨稅出乎商買之手而商買隨增
其價以鬻賣之于費消人也譬有日本商輸入洋布一百定
其元價五百圓也加之船價五圓諸費二十圓利子二十五
圓則其賣價為五百五十圓是課稅前之價也又有日本商
輸入洋布一百定其元價五百圓也加之船價五圓諸費二
十圓利子二十五圓關稅二十五圓則其賣價為五百七十
五圓是課稅後之價也故在課稅前則費消人償價五百五

朝鮮新報

關稅或問 第一 〔前號之續〕

曰然則定其稅額何爲當耶曰各國定關稅不一或有入貨
課之而出貨不課者或有甲貨課之而乙貨不課者或有甲
乙貨課百分之二十或三十而丙丁貨課百分之五或十者
爲如我國則人貨大抵課百分之五而出貨或有不課者矣
是雖各國現行之例亦可不就其間而分當否也蓋有人民
則有政府有政府則有費用故政府所要費用不擇其多寡
人民皆當供之而人民之貨産亦有限其力所不及不可以
多取焉余觀各國稅法雖時有高低國有輕重大槩以十一
爲其例十一之法納之者不甚害而收之者足以補國用矣
諸色稅額皆然故定關稅亦可以十一爲其例也議者曰農
之有田猶商之有貨也農之耕田而有收獲猶商之買貨而

例言

本所新報刊行之旨趣在專叙
述經濟論說。以供日鮮兩國博
雅之采覽。而如其發露中外之
奇事異聞。亦要收拾不遺也。因
希四方諸君子能諒此意。高論
新說必不吝投寄。而其文務用
淺文則記者之幸以何加之敢
望々々。

目次

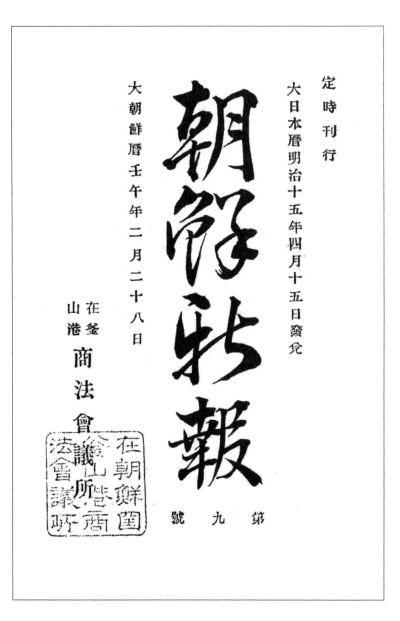

定時刊行

大日本曆明治十五年四月十五日發兌

朝鮮新報

第　九　號

大朝鮮曆壬午年二月二十八日

在釜山港　商法會議所

甘草竹	明礬	胡椒	黄粉	靑粉	崇粉	靑粉	紅粉	亞鉛	錫	白鉛	總銅	絹糸	綿吳絽	紐子吳絽	寒冷紗	澤井紗	更紗	綾木綿
十斤	同	同	同	同	同	同	一斤	同	百斤	一丸	一斤	同	同	同	同	同	同	同

右貨物價表ハ本紙每發兌前十日間其ノ平均ヲ以テ載スルモノニシテ毎日ノ韓錢相場ニ照シ算スれバ直ちニ日本通貨相場および元價の割合をちるべし

	雞糞	油粕	牛骨	牛皮	天草	布海苔
韓錢每日相場	同	同	同	同	同	同

廿一日　廿二日　廿三日　廿四日　廿五日　廿六日　廿七日　廿八日　廿九日　三十日　三十一日　平均

輸出入物價表（自三月廿日至同卅一日）

品名	輸入賣品 時價 匁 文	品名	輸出買品 時價 匁 文
内國産		米豆 一升	
丁銅 百斤		大豆 同	
荒銅 同		小豆 同	
甲斐絹 一疋		小金 同	
摺付木獅 一箱		砂金 十匁	
素獅 一打		金地金 同	
		銀地 一匁	
外國産		紅地 一斤	
一番義源 一反		尾人参 百斤	
二番同 同		生糸 一斤	
三番同 同		紬綿 一反	
泰和源 同		木綿 百斤	
生源山 同		干鰯 同	
緋金巾 同		煎海鼠 同	
天金巾 同		鱶鰭 同	
		鯨骨 同	

議亦非以微意之無所存也夫幣也者所以輕重百物交易

有無百里不販樵地千里不販糴邊使之無不遍通固幣之

用矣其行如流水無息則草木碎貨財殖上則富國下則富

家昔日管子設輕重九府則桓公以霸九合諸候一匡天下富

之位常所以農膜工商不竭企力山澤不碎貨財不殖也吾

要使幣與物為平均耳然而朝鮮貨幣貴物直賤乃失相比

僑嘗聞之西人曰金銀柔質故幣必用純金十一和銅一分

使人膺鑄造費不過一分之半其量較諸物價率四十分之

一則無有不足由是觀之今日銅錢泉與物價為平均乎三

尺童子亦知相比相失安開市不乏貨財繁殖之原理之得

故曰朝鮮通貨宜用金銀矣抑國多金銀價直大減則直輸

出以致與人平均亦可以獲物利且與人同之則彼此同價

無患濫出金坑所出以無不存留爾於是始貨殖治國之道

必立矣此吾僑所以起通貨論也

便宜。泉歸金銀乎。朝鮮頑然必曰。金銀者。國家元氣。元氣一

散。國勢自微。鬼神避去何以敬隣國何以有社稷。是宗廟所

不容。故中國都于北京。瘞埋黃金。祭祀天地。稱以金陵然則

泉歸孔錢乎。否乎。吾輩嘗聞巷說。皆曰復見高麗成宗之難不

嘗孔錢一種之不便。既聞改造補欠之說。再曰政府命一顆、

十錢五錢一錢之定位。均是前日孔錢何以副天下之望哉。

由是見之。今日鑄錢之舉。尚不爲朝鮮喜焉。古云皮之不存、

毛、存、通貨不正。富國不基將安立。決曰力破頑然之試。開金

銀店、弊以通貨而弓勢不得止、則楷幣次爲抑鑄錢之策至

于此。庶幾上下便可不欠。而老臣得其所願也。以此反覆訴

興論矣。

朝鮮通貨論餘言

吾儕稱論朝鮮通貨事亦由此見不經之言雖不可免大方嘲

（）右同船の船積は至てすくなく總躰の元價は僅かに一萬二千百四十八圓五十錢

内金銀塊の元價七千六百九十四圓殘り四千四百五十四圓五十錢の雜貨なり

寄書

朝鮮通貨論（前號之續）　在韓　東涯魚史

獨金銀通貨。此樂甚爲。彼行銀瓶。而敗者定位與時價。不、

得衡平也。防之素易。而朝鮮國礦石不少其山。今指其一二。

曰。成川。定川。泰川。寧邊。价川。祥原。高原。文川。歲興。谷山。遂安。

瑞興。江陵。三陟。等自古區々。金銀店地。坼拓供用。經營通貨。

何不愈於楮幣孔錢耶。此以金銀利壹之也。顧吾輩諳格幣

綜布之說。雖曰可信。我邦維新之前。各藩或行楮幣。民間猶

々害。不甚少。且維新之初。政府發楮幣。其製。粗薄僞造漸起。

更加精良緻密。始覺便宜。況保朝鮮無此幣哉。凡政府一令

一敎。固要百姓之便宜。單趨利潤。豈歸不便于百姓。然則其

○本月二日朝起引續き降雨
如此淫雨の降り續きけり　○昨日寒暖機止午六十三度前十一日間平均五十三度

釜山商況

○當港の市況は日に月に益すゝ不景氣の折柄自然小商人拂に至ては追くゝ手を引て歸朝するもの多く近來新たに渡韓するものは十分の一に止まりて歸朝するものは十分の九となりし有樣は漸く貿易市場の一變する時を實に今日が火事なる場合にて少し商賣に長じたるものはよろしく將來の目的に意を注き計畫せさるを得ざるなり嗚呼吾親愛なる商賣諸君よ將さに聞んとする仁川港より諸若實釜山浦の如き并に元山灣の如き輕妙の開港を爲だ凡そ輸出入の下均を考査し其て賢を整ばざるにあらざれば又もや釜山元山今日の裏なる失敗を招くなん

○此十日間は別に換りなく居据りの儀なり
○十年九は思ひの外早や航海なりしが輸入品に金巾三十五百反寒冷紗九十四百六十反其外綿て雛品なり

右朝魚國寺山港

三局浪島前房

なら走翌日より李祥賢の家に至りてなにくれとなくまめだちていと懃勲につと出けりさても此李祥賢といふ人は常に諸藩を靄ぐをもつて業ひとし庭中の人も選びの直きやおれづと博く諸藩に通じほとり稀なる識者にてことに家とみ榮へつ、素性慈善の人なれば彼の新參の鳳岳を我子の如く愛しみ夜は諸藩に讚は又家のつとめの隙ごとに手習その他なにくれと心をこめて敎しがうまれつきたる輟捷と倦み怠たらぬこと、ろから書籃の術にいとたけて古參の人の上にたつ身とぞなりぬる譽れころ勉强敢爲に外ならず走實に才士ころ頼母しけれされば彼の雁れ人も彼の新參の鳳岳が古參の人の上にたつをねたましき事にや思ひけん何がな彼に恩たせてを誹らに言たて、此家の内を逐出さんとその淺間しき心から初めの科は色くとよからぬ事のみ工みしもそを爭はぬ鳳岳が爽かなりし心根にはがて いつしか朋友の浪風もなく暮しける夫光陰は矢の如く隙ゆく駒の止間なく往き荷かれ玆に十年の月日を送りしかば

〔以下次號〕

朝鮮林慶業傳

朝鮮國 金華山人原著

日本國 鷺松軒主人譯述

第一回

往昔大明崇禎の末にあたり朝鮮國忠清道達川を云へる處に姓は林名は鳳岳

といへる人あり其家常に貧こくしてちかの浦邊にたく鹽の それならなくに朝

夕にたつ烟りもたひくのからき月日を送るうち鳳岳やうく十二歳の春を

むかへしが性質怜悧しきうまれゆゑ稚なごゝろの健氣にも父母が貧苦にせま

るをばいとゞ心にうれへつゝ、一日兩親にむかひいひけるは小子もはや十二歳

てふはるにもなれば何がなちからをはげまして嚴父や慈母が養育のあつき恩

みに酬はんとおもへどいまだ若年のなすことさへもあらざれば此村の李祥賢

が家に雇れて聊かおこゝろを安めたしあな聞てよと云ければ父母は逆の目を

忘ばた、き其志ざしに感じつゝ、かれがまにく任せければよろこぶ事一かた

71

は落し主の手に戻りたり

○此程半井氏より東京樓の女學校は追く盛大に趣きしを感心せられ生徒（藝娼妓）十八名へ千金丹一袋づ、惠れしと生徒達ちも殊の外喜んで習字讀書に精出すよしなれば必ずや千金丹の效も尠復空しからざるべし

○吾等朝鮮人の兒孩を養育する有樣を見るに大抵中人以下は小兒より六七歳に至るまでは汚物を犬に嘗めさせるなり又聞く所によれば王官の官官は皆陰莖なき人を撰ぶといふ夫は小兒の時汚物を犬に嘗めさせる際自然陰莖をくひ切らるゝことありといふ

○編者曰く朝鮮國烈士林慶業の功績多きは洵ぼ世人の知る所なるが曾て同國の學士金花山人の編次したる傳あり我譯官寶迫繁勝君頗る烈士の功績を慕ひ今其傳を譯せるあり余頃日これを閱するに誠に烈士の艱難辛苦看者として斷腸の思ひあらしめがつや自ら朝鮮內地の事情を知るに於て神益するゝの益し鮮少ならむ故に余敢て稿を君に請ひ本紙毎號雜報欄內に陸續載せて看官諸彥の高覽に供すと云爾

（以下次號）

ユマズ努ヲ律學ヲ研究シ進ヲハ所長ヲ補佐シ退ヲハ後進ヲ鼓舞シ勉メテ我居
留地ノ安寧ヲ保護シ務メテ我太政府ノ盛慈ニ負カザラント圖ル其志誠ニ純
ニシテ其勳誠ニ大ナリト謂フベシ本年余ノ衛生會議ヲ開ク子亦撰レテ議員
トナリ事ヲ議スル君實波ヲ泛論浮議ナサズ其才ノ老成亦以テ見ルベシ其意
ク盡ヲ子ニ屬ハ他日將ニ大ニ報用スル所アラントレテ子不幸病ニ罹リ以テ起
キザルニ至ル余深ク惜ム子ノ才終ニ世ニ伸ルコヲ得ズシテ余ノ望モ亦半途ニ
シテ空シキコヲ然ルト雖モ子ノ平日ノ志ヲ以テ觀レバ子ハ身ヲ審士ニ理ムナ
以テ恨トセズ子ハ必ズ未タ其職ヲ盡サスレテ死スルヲ以テ憾ムナルベシ然ヲ
ハ則ヤ余ハ敢テ知ル子ノ神靈ハ永ク此土ニ在テ此居留地ヲ保護スル猶生ル日
ノ如クナラント是余ノ更ニ望テ子ノ神靈ニ屬シテ已マザル所ナリ嗚呼哀哉

領事從六位近藤眞鋤謹白

○頃日其筋の取調へを聞くに明治十三年五月より同十五年二月まて遺失物の屆
は九十六件なりしに得遺失物の屆は六十五件ありと左れば三分の二以上の物品

○當港偵察所諸故二等巡査岩崎源太郎氏ハ客歳九月二十七日を以て病死せしが同氏の奉職中事蹟の美すべきもの多き中に就ても品行の方正なりしは言ふまでもなく常に同僚と変る温厚にして一心屈らず況して人民を御するに著實を以てし若し或ハ人の危急に際會しては提身投死の氣象を顯し寶に人民の標準たる保護官たりしに惜哉天永く命を氏に假さず齡二十二年を一期として黄泉の客となりしが當時近藤領事には痛く氏の死を悲み棺を送り墓前に立て左の悼文を讀まれたりとて其の話し干も亦聊か感する所あるを以て記す幸に望む貴紙の餘白に塲められんことを

難明治十四年九月二十七日領事從六位近藤眞鋤謹て故二等巡査岩崎源太郎氏

ノ柩靈に白す昨十三年四月余の始て任に釜山港に就くや我大政府ハ警察所ナ當居留地に置くを以て必要ナリトシ警部巡査十餘名ヲ以て余に付シ派遣セラレタリ子ハ即ヶ其一名ニシテ余と同レク東京ヲ辭シ當港に若警察所ヲ新設スルニ方リテカアリ爾後兩國交際の徐擴張スル人民往來日に加リ偵察事務の繁劇ナル枚舉に遑アらズシて而テ子職ヲ奉ズル精密遺サス事に臨テ朗彼タ

○開化黨の一人たりし魚允中の一奇報は在京城よりの信書中にも見ゆれど先般京城より歸港せし清輝艦々長の話しを聞くに何んと驚嘆に堪ひざる次第なり陳て魚氏は昨年我國に渡航したる十一士の内にも才學共に他に抽で、我國に於ても朝鮮には不世出の人物と評したる其一人なるが如何なる次第か歸朝して未だ廟堂にいでざる前頑固黨の巨魁なる大院君並に閔某(閔參判の實父)等に説かれ進に守舊黨の一人となりて近日々本及び支那行の事を建言したる其立論の主義に日本には萬々疑ひ多く有て信ぜるもの少なき故を敢て交誼を厚くするは却て不可なり故に益々支那と交際を厚し諸般の事皆支那に採るべし臣今度李鴻章に謁し倫ほ信ぜる所あり云々と然るに　　　　國王殿下には右の建言を大に激怒し玉ひて甚き魚氏を召され玉顏變らせ痛く叱咤あらせられし所魚氏一言の答辭なく進退こゝに窮りて終に發狂せしと云ふ或説に魚氏の發狂は真の發狂にあら　　　　國王に奏るの言を失したると守舊黨に對して愛に反省するの説なからさとに據て一時狂の風を學びしとも聞けり豈に果して信哉否

※（左側余白・縦書き小文字）
滞在三月作戦参与上ル
三 二月 イ 伊藤行

は候得共凡て右の如き有様につき一時落付し人氣も又〳〵左右に勸搖候姿に相
成少しも戒心の緩なる事無之候云

○本紙第六號に於て樂界を載せたる當港居留の對州人親睦會の一件漸く其會規
並に醵金規則等衆議決定したるとて其稿を寄せられたれば續て記載すべし又本
會の役員は會長澄山顯三副會長半井泉太郎朝岡小十郎古川猪太郎越粕太郎幾度
健一郎外に會計三名幹事二十五名何れも會員投票の上撰定になりしよし

同鄉親睦會々規

○第一章○名稱○第一條本會ハ同鄉親睦會ト稱スベシ○第二章○目的○第二條
本會ハ我同鄉ハ士相會シ交際ヲ厚フシ信義ヲ重シ相匡正シ相救濟スルモノトス
○第三條本會ハ前條ノ趣旨タルヲ以テ會員ノ醵金ヲ得テ之ヲ貯蓄シ會員災害ノ
救濟ニ供スルコトアル可シ○第三章○會員○第四條本會員ハ本會ハ本港寄留ノ同鄉
人ヲ以テ成立スルモノト雖モ本州或ハ他地方ニ在テ本會ノ加入ヲ望ムモノハ入
會スルモ妨ケナシ○第五條會員ハ品行ヲ慎ミ輕擧ヲ戒メ外國人ハ勿論內國人ニ
對シ恥辱タルノ事アル可ラズ

十名は大に熟練して最早我兵にも劣らざる有様になりしと又右の外に二百五十名は生兵運動もや、卒業に近く不日銃を執らず程に運びたる由是れ偏に堀本氏の功と云ふべしさて其兵士の服は從來の朝鮮服にて羽織を脱し筒袖斗りにて袴は常に用ゐるものよりは少しく細く幅は黑き毛を以て匹羅紗の如くに造りたる冠り（與昇杯の用ゐる冠り）の回りを少にし銃を持ちても障らぬ様にして用ゐる靴は常に用ゐる藁靴なりと追く海陸軍法に注意するものとみゆ訓練大將某は日々練武所に出て大に心配せらると聞けり

○在京城の某より送られたる信書中に去月上旬忠清道懷德縣學士某乘璇なるもの檄疏して斥倭を鳴らしたる所忽ち傳訊失實の批答にて却下せられ又前副校理李國應なるものは外変を擴開し武備を嚴にするは今日の急務たるを云ひ候は富時珍敷一人物に候諒て本國に游行候魚允中上海より回來して日本人は油斷がならぬ故を觀近すべからざる旨を奏上せし噂一度出て、より都下の人心愈々兎角激潮を生じ候勢ひに相見ひ候此頭右につき大院君より密使を天津に發し李鴻章に詩を送り外変を拒絶する力らを乞ふ云々專ら流聞仕候是れ確信しがたき義に

出税二十五圓而乙五百圓出税四十一圓有奇也又有甲
商當豐熟之時輸出米一百石其價五百圓也又有乙商於
不熟之歳同輸出米一百石其價一千五百圓也若以豐熟
之課例之量税百分之五則甲五百圓出税二十五圓而乙
五百圓出税八圓三十三錢有奇也故量税便于官而不便
于商便于官者省從時定價之煩耳雖然官之不便置二三
定價人則足以濟之矣商之不便不獨止於一商一賈適足
以招交易之縮退也夫開港通商者何耶有無相變易以
國民之利益也設關課税者何耶欲增其收額以補國用
之不足也然而今開港而變易縮設關而税額減則豈其初
意乎哉故余斷曰關税以價税爲可唯其難已者當從于量
税也
（未完）

雜報

○京城に於て昨年來我陸軍中尉堀本氏の教授に據て取立てられたる彼の新兵八

朝鮮新報

關稅或問 第一 〔前號之續〕

夫定關稅不外於是二者而各國立法不一或有用價稅者
或有取量稅者爲如我國則有價稅便于價稅者從
價而稅之便干量稅者從量而稅之是我國現行之法也雖
然以余觀之量稅便于官而不便于商請陳其說夫貨有精
有粗精粗異其價而其稱量一也〔謂精粗同量而其價有貴
賤也〕物有贏有輸々々異其價而其稱量一也〔謂贏時其價
賤而輸時其價貴也〕其稱量一則其稅額一也夫其價有貴
賤而一其稅額豈可謂之便商之法乎哉今有甲商輸入洋
布一百疋其質粗而其價賤以時價料之每疋五圓也又有
乙商同輸入洋布一百疋其質精而其價貴以時價料之每
疋三圓也若從精布之例課之量稅百分之五則甲五百圓

例言

目次

本所新報刊行之旨趣在專叙

○朝鮮新報

述經濟論說。以供日鮮兩國博

○雜報

雅之采覽。而如其發露中外之

○釜山商況

奇事異聞。亦要収拾不遺也。因

○寄書

希四方諸君子能諒此意。高論

○物價表

新說必不吝投寄。而其文務用

漢文則記者之幸以何加之敢

望々々。

定時刊行

大日本曆明治十五年四月五日發兌

朝鮮新報

第 八 號

大朝鮮曆壬午年二月十八日

在釜山港商法會議所

在朝鮮國釜山港商法會議所

本局廣告

○本紙廣告料凡號文字一行三十五字詰一回金三錢 ○二回同四錢 ○三回以上五回
まて同五錢

但二十五字以下ハ同斷右は總て前金に申受候

○本紙定價 一册金四錢 十册前金（一割引）金三十六錢 ○十册以上總て二割引尤
ゟ本港外は別に郵便税相申受候且つ前發の期相切れ候共廣此の御沙汰有之迄は引
續き遞送仕候事

朝鮮國釜山港日本居留地本町二丁目廿番地
本局
商法會議所
幹理編輯兼印刷
大石德夫

釜山港辨天町三丁目三番地
大取次賣捌所
鈴木忠義

綾木綿	更紗	澤井紗	寒冷紗	緺子吳絽	絽吳絽	絹糸	緫銅	白鉛	錫	亞鉛粉	紅粉	青粉	紫粉	青粉	黄粉	胡椒	明磐	廿草
						九斤	一斤	一斤	百斤			一斤						十斤
二三、〇〇	一四〇〇	二四〇〇	二三〇	二四三〇	二三二〇	二六三〇	二二〇〇	五二〇	二八〇〇	一五〇〇	一四三〇	四三〇	一五三五	五〇〇	一三五〇	〇九五	三二〇	六五〇

雞糞	油粕	牛骨	牛皮	天草	布海苔
、五〇〇	、四〇〇	、五〇〇	九二〇〇	六〇〇	二、〇〇〇

韓錢每日相場

平均		
一日	二十七割六ア
二日	二十七割六ア
三日	二十七割七ア
四日	二十七割五ア
五日	二十七割八ア
六日	二十七割七ア
七日	二十七割九ア
八日	二十七割六ア
十九日	同
二十日	同

右買物價表ハ本紙每發兌前十日間ノ
其ノ平均ヲ以テ載錄スルニアレバ即チ
時價ナルモノハ每日ノ韓錢相場ニ
照シ算スレバ直チニ日本通貨オヨビ
元價ノ割合ヲ知ルベシ

輸出入物價表 〔自三月十一日至同二十日〕

輸入賣品	品名	量	時價 貫文
内國産	丁銅	百斤	
	荒銅	一片	
	甲斐絹	一打	
	摺付木	百箱	
	素麵		
外國産	一番義源	一反	
	二番同		
	三番同		
	泰和源		
	生金巾		
	緋金巾		
	天竺		

輸出買品	品名	量	時價 貫文
	米	一升	
	大豆		
	小豆		
	小麦		
	砂金	十もんめ	
	金地	一貫め	
	銀地		
	紅參	一斤	
	尾人參	百斤	
	生人系	一斤	
	紬綿	一斤	
	木綿	一反	
	干鰯	百斤	
	煎海鼠		
	鯣		
	鰒骨	八斤	

麗成宗朝人煙益滋。通貨漸乏。物貨頓低。功勞不償。則民奢

迫道路訴其難。首鑄鐵錢。爲之鑄錢之嚆矢矣。次爲恭漢之

楮弊。此時五綜布尙倂行。次爲李朝顯宗之銅錢。是中興通

貨治革序次也。然而吾輩未講究何便何失。試嘗推何在或

曰通貨莫便於五綜布楮幣。製作省勞。融通無煩。一僅百萬。

且舊新換易之變。當減所發額之二三。政府之利亦可從而

知矣。故五綜布永不絕所以恭讓復發楮幣後成宗顯有鑄

錢者。蓋弃其便。虞水火之患也。若通貨用金銀。則奸商點竇。

收賤不散鑠其形樣。恣窳之互市。其斃漸熾。內國通貨最爲

一場販賣物。設令自岳悉金礦。鴨絲江湧銀。何足歟。此非私

言。推銀瓶之跡。敢如斯。是以楮綜利言之也。或曰百姓所共

貴者。莫大於金銀。次銅以鐵。至于五綜布楮幣。唯緣其㤗側

如何耳。不然則致朝出暮改之煩也必矣。

（未完）

元山通信

前號ノ續

○大豆は相かはらど輸出これあり元山市場の買入は一升十三文五分小豆は十八文白米は追々騰貴し現今一升三十三文位なり

○元山津には兼て我物産展覽處なるものあつて土商等多く縱覽するより今その來觀人の數なりとて送られたり

明治十三年天長節には千三百七十八人同年十二月一日より廿八日までに千四百三十八人同十四年一月より十二月までに二萬四千六百八十二人なり

寄　書

說之可否信僞編者不保焉

朝鮮通貨論

在韓　東涯漁史

朝鮮通貨。時有所聞。竊者在京城鑄錢署。而改造補欠之處。日十錢五錢一錢三種。業已著手焉。鳴呼三韓以前邈矣。不可得而徵焉。曹附之不問。以後用銀餅或五綜布作通貨。至高

七二

海上畫 沖中の海士の小船を使りにて浪の上にもつもる雪かな

○昨日寒暖機其午四十八度前十日間平均五十七度

釜山商況

抑本港貿易の景況は毎紙に衰微くと書き出せしは元來小貿易のみならば恰も一升ますに手を入る、景狀なれば即ち盛んなりしとて漸く一升は一升若不幸にも衰へ來りしならば中々に一升に盛り返す手斷の六ヶ敷處なるが故ぞいつも其六七分方は悟無事に困み只遊び居る次第にて實に昨春以來引續き今日の市況未だ一升に登る景氣の到來せざるは抑又何に淵原する者や特に米穀の輸出有ざるに因るか將他に因るべき者あるか好しや砂金銀牛皮生系等の如き者有と雖も豈數ふるに足んや試に明治十三四の兩年間に米穀を輸出したる其差異を左に揭げ以て商況の盛衰を示さん明治十三年中には米九萬二千七百五十五石五斗元價七十二萬七千九百九十六圓廿六錢同十四年中には米四萬四千五百九十五石九斗二升元價三十八萬。四十圓七十六錢如斯十三年よりも盛んなりしは此れに依て明瞭なれば則ち十四年に衰へしも之れによつて知るべし

○此十日間は例の通り差したる換りなし質品は金巾類少々のみ買品には砂金木綿の類是れ又少々あるのみ右の外綿て取引なし

○金融はすこし緊みし方日歩は十等の抵當品なれば百圓につき七八錢若し下等品なれば十二錢までに降りしなり

반ᄌ치못ᄒᆞᆺ다ᄒᆞ고 대단히 요란ᄒᆞ모양이나 츌아리 속히큰사홈을시작 〔大端 擾亂 橫樣 速 始作〕

ᄒᆞ면더리ᄒᆞ겟다ᄒᆞ고 ᄉᆞ량국ᄭᅵ의 도뎌날보담훌가싱각ᄒᆞ노라 〔脫化 兩國交誼 原 生覺〕

○本港警察所の戸口調査によれば本年二月中人口千八百五十二人内男千。八十

二人女七百七十八人戸數四百十八戸外に空屋九十五軒なり前月に比すれば人口五

十三人を減じ戸數十四戸を減じ空屋は十五軒を增したり

○企玉均氏は本月十七日出帆の千年丸より日本へ渡航せしが前號に於て雜報中

に同氏の一行數人追て京城より來る云々又或商會へ旅費二萬圓を借り入れの依

賴せし云々の話しを載せたる處同氏は右二項の事情無之とて取消を我領事館へ

申來り領事館よりは編者に右の二項取消して遣れとの五口達に依り全く事實の

とれなき事ならば取消し却て同氏今回日本行の目的は唯我今日の事情視察の

ためのみならず兼て王命を奉じ國價を慕る下地相談を其筋の顯官方に謀るとの

事なるよし何にせよ同氏は餘程才氣の遒しき人にして當國開化黨の領袖たり

○本港は寒暖の差誠に甚しく常に一體夜の中にても數十度の昇降あり去る十八

九日の頃は正午七十二三度にも昇りしが又二十二三日の兩日は燒山隱しの雪降

り隨て寒暖機も朝四十一度正午四十六度なり

霜見　常磐水(ときはみづ)の

雪見　常磐水の六(む)の花のみ間(と)ふ人(ひと)は我身(わがみ)ふり行來(ゆくすゑ)はたらまじ

中臣(なかとみ)の紅琴(べにごと)

六　國夫會義斤

53

達帖

右帖為成給事聚萊牛皮一依營關準折價文質納為有矣特實擧行
悼無違劃之地宜當者

尹　錫　戊

壬午正月日

嶺南老所

右所願の通速かに聞き届けられ過る廿日宮本領事代理には清輝艦副長を東萊府
へ出張せられ其五談判の模様は追て詳報すべし
○頭朝鮮の守舊黨は又々勢力を違うして是非に日本との條約は拒絶さ.こればな
らぬとか何んとか八ヶ間敗騒き居るよしなるが蒌ろ一番六戰爭を始めたらんに
は却て開化いし又彼我の交誼も昔日に停して凩くなるべしと思はる
右諺譯することを左の如し

近來朝鮮頑固黨　　　　　勢力　　　日本和親　約條　拒絕
근리죠션완고당은다시세력을어더압셔일본과화친호던약됴를거졀호

十分一ニダモ過キザルノ有様ニシテ其原因タル種々アリト雖モ慶尚道ヨリ出

ル牛皮ヲ李某等之レヲ都買シ嚴ニ金海梁山密陽黄山遠洞蹄金大丘等ノ地ニ於

テ居留地ニ輸送スルモノヲ取押ルノ風説續々相聞ヘ且ツ東莱府ヨリハ釜山舊

館草梁等ヘ布達ヲナシタル趣キコト付其實否ヲ探偵仕候處別紙免許狀ノ如キ

モノ及ヒ一二ノ人名ヲ得タリ抑都買タルヤ貿易上ノ大害ナルノミナラズ正理

上素ヨリアルベカラザル處ナリ今ニシテ此弊害ヲ除カズンバ益々貿易上ノ衰

頽ヲ見ルニ至ルノミ仰キ願クハ目下幸ニ軍艦碇泊中ニモ有之候間此機ニ乘シ

嚴重其筋ヘ御照會被成下候樣玆度本會ノ決議ヲ以テ此段奉願上候也

明治十五年三月十九日

　　領事近藤眞鋤殿代理

　　　外務四等屬　本願殿

　　　　　商法會議所會頭代理

　　　　　　副會頭　椛山新介

別紙都買狀及び其人名は鄭周伯并に李某五備將等なり

様の氣取りにて兎角頑固な擧動のみあるとの事近頃頻りに己れが自慢を盡かし

せるといふが寧ろ顔赧心でも拔ばよいに誠に困りた御譯

○昔しシベリヤに騎馬盜なるもの有て人民を悩ませし事ありしが今朝鮮内地に

は勢ひ當るべからざる強盜盛んに八域を横行するよし中に就ても忠清道全羅道

には最も多く其賊等は一群百人位づゝ徘徊し皆々手に得物を携へ旅人と見れば

直ちに捕へて金錢衣類を奪ひ取りそのうへ打ち殺ろされしものも間々これある

よし洋の東西を問はゞ其國の内外を論ぜば國の將さに亂れんとするや國家を悩ま

すの賊あり鳴呼朝鮮院に聞けんとするの時なる議

○朝鮮官吏兎角歴制の甚しきは今更喋々云ふまでもなけれども近來都賢と稱し

て人民の貨物を無法に掠め取り假令ば米穀にせよ牛皮にせよこれを極安直段に

買取りて官吏が商法をなすなり昨今頻りにこの弊盛んに流行して我商賈は甚だ

困難せしより商法會議所は別紙の通り書面を領事館へ差出したり

近來當港ノ貿易大ニ衰頽ニ赴キ就中牛皮等ハ前十日間ニ比スレバ其輸入殆ト

渝の東南に當る一丘今俗に呼崎山と云ふ峯に我眼將を安置して互に其威光を

示さんと競ふこ、ろより終に對州人某の發起にか、り建立せしものなり

○三寸の舌を以て天下の大勢を支配するに足らん哉と誇き出す者は他に非らず安心一身上の小事に關しては放

て躊躇するに足らんやと誇き出す者は他に非らず本紙に載せたる事柄に付き往

々新聞上の説明を受けたきとか何んとかくだらぬ事を編者の許に來て談判せら

る、入あるが實に編者の迷惑この上もなき次第のみならを貴重の光陰を妨害さ

れ却て編者より酒くじを練らねばならねど此上は決して

柑對にて談判はいたし申さぬ故若しもお氣に入らぬ事のありしときは則ち正

當の路に娠して五議論被下度其時こそ否やは申上げ間じく布御斷り努特當候也

○顔園窯の巨魁なる大院君は じつに顔園といへば餘りに甚しき故忽留て李鴻章

より五議論者を頂戴せし事ありしが今其返答に例の密書を以てしたるよし他日

その稿を得るの手續あれば漸次窮載せて詳報すべし

又同君には今年六十三歳の高齢なるにも伺はらを矢張二十あまりの壯作晝と同

盡意如期諒察幸甚
明治十四年六月十七日

魚允中
洪英植

高橋平格
大倉喜八郎

大兄足下

○當釜山港といへるは我對馬をさる一葦帶水僅かに十里あまりの海路にて船の

遁ひさいとかたからぬ處なるが我館の前ふに絶影島とてひとつの島あり元來彼

の御馬の牧場なるより俗に牧の島と名け所謂絶影島の名にはじざる景色の佳な

るその山容水態はさながら赤壁も斯くやあらんかと思ふばかりのよきところな

りさて爰にひとつの古き社ろこそありこれはいつの時代に誰れの建立せしや審か

ならされとも對州人の云ひ傳へには我將軍朝比奈を祭りしものとて今に申せし

より他の人も皆さること、思ひの外朝鮮人の訛に彼の名將李舜臣を祭り常に日

本館を睥睨せしめ日本人を驚かし歆慕杯せざるやうとて立てしもの、よし然る

に日本人はなくへ驚くものか今度はこの社ろに相對する我館の龍頭山てふ處

のみならず我商業上に大なる害を來す事なれば以後は决して仁を以て不仁に失

するやうな惡手術はなさぬやうに氣を附けたきものなり

○日本商大倉喜八郎等所贈朝鮮紳士魚允中等書 【前號之續】

五日火輪船宜創其製我國古來船艦與貴邦稍同是以一

旦遇怒海狂渦楓覆無遑近時患之惥取法於泰西而所

遊船遭則堅牢而快度通商互市實資於此貴邦若以見託

開價廉而物實盖兩國之利也六日醗絲宜擴張其業我國

製絲用蒸氣機其功省而其成遠而釋價噪于宇內亦貴邦

之所宜富慈者也凡此六者皆爲溫知之道富疆之基則企

在於此漸々舉行效々不息必有能得其要領者昔者蘇秦

渡江而致百万之富今也足下遊于我國歸而富其國豈止

陶朱而已實貴邦生民之幸福也語曰哲人知幾如輕是下

詳思遂察務合於溫知之道利加於貴邦澤及於隣國豈不

要/王朝蓬閣珍日讚

稱し常にその刼贓は空なしらざれども近頃一種奇妙なる無根の臆說を起しこれ
まで我公使は海路より京城に赴かれしが今後は直ちに陸行さる、よし若し日本
人が陸行すること、なれば此溫泉へ沐浴するや必定なれば政府はその機に先だ
ちこの溫泉場を廢すとの事故を我々は生涯の病疾を洗滌するこそ第一なりと
て俄かに遠近より老若男女の差別なく陸續と來りて入沐なすといふがこれらは
朝鮮國當今の眞面目ならむ

○去る十四日の事とか朝鮮商船一艘我面へ入らんとせし處誤りて龍尾山と絶影
島の間にある淺瀬に乗り上げ彼れや此れやと非常の困難し居る樣子を或我商人
等は數人漕ひ渡り其船人を誘ふに深切を以て共に力らを盡し難なく船を漕き出
さしめ韓人達ちは其恩を謝し大によろこびしがそれに引きかへ日本人は其載せ
來る處の米穀を無法にも安直段にて買取らんと彊談したれば韓人等は前の恩も
あれば否やは云ひ難く泣く〱上陸の上賣渡したるよしそれがため米二百六十
俵の全價の内百貳文餘の損失をなしたるとて今は却て恩者を讐者と恨み居るよ
しなるがじつにさもあるべしこれ等の事は尋常商人のなすべきものにあらざる

定其額之間耳

幾錢而定之也唯其所異者不過於一定之于初粜從時而

稅其初先詳商貨之價格計料何物何斤其價幾圓當課稅

詳究其理從量稅亦從價稅也何則從量稅從其稱量而課

之稱量者準其價格者曰從價稅準其稱量者曰從量稅然

海關出入之商貨者何準耶日有商貨之價格者有準稅然

之出也日然則關稅者何課耶日課海關出入之商貨也課

大於關稅焉（其稅額之有等差職稅則之重輕貿易之多寡

關稅有如此等差其額之多可以見矣故各國補其國用莫

日本之歲入大槩六千萬而其關稅居百之四夫是四國其

十歲之歲入大槩二億八千萬而其關稅居百之五十而我

（未完）

雜報

○東萊府廳より僅か我十問許り東北の距離に一の温泉あり 土人は皆々神助薬と

但利子ヲ毎月何步定　利子ノ約定ナキ者ハシルサズ

何月何日ヨリ何月何日迄

一同何程幾月分利子

合計錢何程

請求額

右事情云々ニ付其筋ヘ御照會被成下度此段奉願候也

明治　年　月　日

追テ証書アル者ハ必ズ其寫ヲ副フ可キ事

以上

右債主　姓

名

朝鮮新報

關稅或問　第一

或問曰關稅者何耶對日商貨稅也其所以課之者何耶曰
欲以國用也益文明諸國課稅有數種有課土地者有課營
業者有課貨產者有課證印者有課郵信將為而課商貨者
居其一熱觀世界各國雖不擇何國皆有關稅而其額之多
莫加英國焉英之歲入大樂三億六七千萬而其關稅居百
之二十五佛之歲入大樂三億八九千萬而其關稅居百之

領事館錄事

（前號之續）

十九　新聞雜誌雜報類ヲ路上ニ於テ讀賣シタル者

二十　人家接近ノ地ニ於テ銃砲ヲ發シタル者

廿一　總テ人ノ自由ヲ妨ケ且驚愕スヘキ喧鬧ヲ爲ヒ出セル者

從來朝鮮人ニ係ル貸金催促ニ付東萊府ヘ照會願出候者文例ニ一定セズ調査ノ際頗雜ナ生シ候ニ付自今左ノ雛形ニ照准シ可願出此旨掲示候事

明治十五年一月十四日

領事　近藤眞鋤

（註）

朝鮮人ニ係ル貸錢催促ニ付願

（願書雛形）

何府縣何國何郡何（町）（村）何番地

居留地第何區何町何番地寄留（士族平民）

朝鮮國何府縣州郡何處居住

貸債主　　　姓　名

眉書前ニ同シ　擔保人　同　前

眉書前ニ同シ　紹介人　同　前

（朝鮮ニ於ル山岳）

總何程

（我曆何年何月日　彼曆何年何月日貸渡）

例言

本所新報刊行之旨趣在專叙
述經濟論說。以供日鮮兩國博
雅之采覽。而如其發露中外之
奇事異聞。亦要取拾不遺也。因
希四方諸君子能諒此意高論
新說必不吝投寄。而其文務用
漢文則記者之幸以何加之哉
諸々々。

目次

42

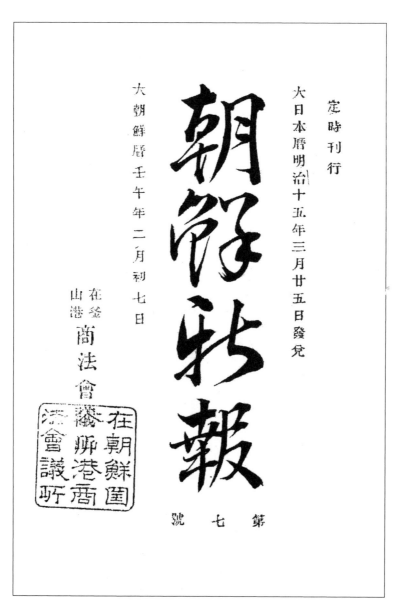

定時刊行

大日本曆明治十五年三月廿五日發兌

朝鮮新報

大朝鮮曆壬午年二月初七日

在釜山港商法會議所

在朝鮮國釜山港商法會議所

第七號

本局廣告

○本紙廣告料四號文字一行二十五字詰一回金三錢 ○二回同四錢 ○三回以上五回
まで同五錢

　但二十五字以下も同斷右は總て前金に申受候

○本紙定價　一册金四錢　十册前金（一割引）金三十六錢 ○十册以上總て一割引尤
も本港外は別に郵便税申受候且つ前金の期相切れ候共廢止の御沙汰有之迄は引
續き遞送仕候事

朝鮮國釜山港日本居留地本町二丁目廿番地

本　局　商　法　會　議　所

幹理編輯兼印刷　大　石　德　夫

大取次賣弘所

釜山港辨天町三丁目三番地

鈴　木　忠　義

九

廿草	明礬	朝椒	黃粉	青粉	紫粉	靑粉	紅粉	亞鉛	錫銅	白吳絲	唐絽	絹于吳綢	綿吳絽	寳冷紗	澤井紗	更紗	綾木綿
、	、	、	、	、	一斤	百斤	一斤	一斤	、	、	、	、	、	、	、	、	、
一〇五	一二三	二七五	一〇九五	一五〇	一四〇	五〇〇	二一八〇〇	五〇〇	一五〇	二四五	二四〇	一四〇〇	二七五	一四〇〇			

布海苔	天草	牛皮	牛骨	油糟	雞糞
、	、	、	、	、	韓錢毎日相場欄
二〇〇〇		五〇〇	四〇〇	六〇〇	

平均	十日	九日	八日	七日	六日	五日	四日	三日	二日	一日
三七四	三七〇	三七五	三七五	三七五	三七四	三七五	同	同	二七八	同

右質物價表ハ本紙發前十日間其の時々の賣買相場に就き調査したる日々相場表にして其の平均を以て一ケ月の相場と做し之を表示せしものにて元賣買相場は…

輸出入物價表〔自三月一日至同十日〕

品名	輸入賣品 時價ノ文	品名	輸出買品 時價ノ文
內國產		**輸出買品**	
丁銅		米豆	
荒銅		大豆	
甲斐絹		小豆	
留付綢		小麥	
素付綢		砂金	
外國產		金地	
一番義源		銀地	
二番同		紅參	
三番同		尾人參	
泰和		生絲	
泰源		紬絹	
生金		木綿	
緋金		ほしか	
天竺		煎海鼠	
		ふか骨	
		鯨	

天下之通理。故明君登庸人才也。必排壅路壅塞之弊廣納
天下之公議。設令其言不可探。其罪不及人。於是乎切諫直
言之臣。相爭表至誠。避陞巖穴之士。浩浪之容不遠千
里。皆出歸正于國君。而可致拱手無爲之化矣。屬者朝鮮洪
在鵠者深愛斯民。痛論國是其疏一及 國王殿下。遂被
刑死。吾黨亦得聞其書。蓋知頑固偏倚之論。泉不令當世也。
然其誠則同爾。古人云大姦本是忠臣。況朝鮮國會千載不
過之政革幸明君在上良相輔其下。而百姓一躰將仲鬱結
精神當此時宜開言路博公議。至馬勃敗鼓之革隨鳩集隨
折裏拾其不可探。翠其不可廢。渙然張其國是之所歸則百
姓誰敢避邪。而始致其人也必矣。今洪在鵠之事固近國是
之所向。故斷一人以懲 天下亦似有理。然退其論諭其人。何
不可之有夫草莽之一儒。如彼處之如此。豈與惡其土砂者
何擇焉。吾黨竊爲朝鮮國不取也。噫。

元山通信

○さて當港の商況は一月以來陸便に五通知候とほり各店共に賣品切れ開に相成只手を空しく致し入船をのみ相待ち居候處去月二十七日天氣快晴敦賀丸入港の黑烟を見るや否や土商の入舘りなるもの引きつゞき日に相增し且つ舊臘より持ち堪へし沙金銀其他牛皮は我見込よりも猶多分にこれあり夫れがため我商賣は大に氣餒し相當ち候し土商等は例の通り氣船碇泊中强氣を見せかけ別して今回は氣强く寶買の決着十中の二三に過きず只沙金のみは外品にくらぶれば聊か出來よく其十中の半までにいたりしなり

○氣勝入港前日わが商買は協議の上商估中競賣せざるやふ彼我物品の價格を左の如く相定め今日に至ては是れに反する商買のこれなき故に賣買の取組一時不熟なるも自然との結合力と全ふするに及んては各店の利益も鮮なからざるべし一番義源二貫四百文 沙金十四貫文 牛皮八貫文 【以下次號】

○

審署

説之可否信僞編者不保爲

在釜山 東洋生

靜云鹽金玉者。先必自土砂。信哉此書也。苟惡土砂。便有得金玉之理歟。又間要千里馬者。先買死馬之骨矣。此二者固

○昨日寒暖機正午五十四度前十日間平均五十三度

　　　釜山商況

○さて當港の商況は毎く相變らど居掛りの姿にて市場の變動なきなり

○昨今の處にては賣買共に少々のみ韓錢相場の高低もさしたる事なし去りなが

ら今日の模樣は自然下落の氣配なり

○當港に於て白米小賣一升十錢より十錢五釐までなり

○金刺は日步十五六文小賣口は三割以上即ち百圓につき三十圓より四十圓ぐら

ゐまでなるよし

○本月一日より十日まで各船舶の出入合計十三艘内八港は氣船一艘帆船五艘和

船一そう出港は氣船一艘帆船三艘和船一そうなり

○右出入船舶より輸出入したる貨物の元價總計は三萬三千九百○七圓四十五錢

五釐内輸入したるものは七千百二十一圓九十五錢五釐輸出したるものは二萬六

千百八十五圓五十錢なり

査のおしらべに愕然否藏然能仕等ろお答へまをさとと存じたれども達支なけ㼦
ば申せとの事故を恥かしながら申上侯次第畢竟これらのおしらべは何にかなる事
や矢張我々雇人の給料增減其保護ならか

○學也祿在其中華き出せば少しかたくろしけれども祿の字を艷の字に改れば左
程八ケ間しきにもあるまいがさて當港に有名なる東京樓には出稼の藝娼妓を
教育の爲め其懷上に一大學校を開き本業の餘暇習字讀書の稽古をさすとて樓
主桑田の夫婦は大に力を盡して過日開校式も濟み既に就業申なるよし今其摸樣
を聞くに讀書の課目は女大學習字は先いろはよりはじめ就業時間は每朝七時よ
り九時迄教員は庄司某儀程五教授相屆くよし又其生徒の優劣は上等生藝妓で小
なつ。小みね。いろは。小はまこ小なか。娼妓で おもと。おかね。下等生では同く 小
ひろ。おきん。千代治。おたまいおもり。おちか。おやす。等の十四名何れも非常の
勉强するよし右に皆ふて泉や懷にも近々開校するときげばこの上は定めし自文
自筆の五無心狀否面白き艷書の出來ることとならんや

○富港に寄寓の人民は凡々二千餘人なるが其爲半數は對馬人にして中には官員もあれば書生もあり貿易商もありて稗賣商もありて自然他の寄寓人とは違ひ同鄕の兄弟多き故を賴て事に物に團結の氣象あるはじつに賞譽すべき事なるが今般瀧山某の發起にて對潤大親睦會なるもの〔對州同胞會とも聞けり〕と聞かれ貧賤貴富の別なく各一致協方の精神を以て對照の目的に付き大に計盡りる處あんとて本月第一第二の日曜日に修濟辯校に於て衆議せられたるよし其詳細に至ては次號に識せて審かに報ずべし

○闘渉の弊害樣世に甚しきものはなし

惟へ親切はしんせつと雖も妾に人の自由に立ち入り人の權理に障るが如きは政府の命令なりとて敢て肯ぜざる處なるが近頃富港警察所に於ては戸口調査の際雇人の月給のお調べあり我々は實に賤き雇人の身分なれば素より官員樣とは違ひ少々の給料を減て畫夜巡門のみにはあらざれも夜は寝の番もせざるを得ざる力役者にも拘はらず是給料は僅か六間か十間位までたれば人さまいお話し申すも耻かしき折柄巡

○朝鮮銅丸鏡は興極に不便なるのみならず運事數の事ることに困難の極と云ふよりかれ此れ便宜を計畫せんが爲め先づに韓鐘受渡所を設けられ大き其法を立て故早久しく誓かまれしが李文質易前は申合せの上韓人と壹貫文貝上の取引は總て同廳の預け切符を以てすること、本月三日商決質廳臨時會に於て議決したればこれが約束を全ふするに至ては其不便と困難の二つをまぬかる、や期して知るべきなり

○朝鮮の開化憲一の客なる金玉同氏は今般士而を奏し我いに輝槪する仕尾にて過日京崎より下りて令現化薩賓の旅店に止宿し居るが其士而の如何は聊か聞きし事めれざし何に詳細の事を件て聽ずることもあるべし又同氏の一行は數十八ある

よしにして本目京班より陸路或は我西艦當艦統に乘組來るおいむきなり

右一行の應實は屋を二萬圓餘の貝込にして或商會へ借入れの事を依賴必し處其商會は前々よりの貸金ありて今に多分滯り居れば今度は其依賴に應ぜざるやの話しなり

なり〕の今猶存して字様わづかに判りそれば寫して以て其昔しの一般をしるに又無益のことにもあるまじとてこの間東萊行の人より土産の投贈その制札表は左のごとし

一禁標定界外册論大小事闌出犯越者以一罪事
一路浮秕現捉之後與者受者同施一罪事
一開市時潛入各房密相買賣者彼此各施一罪事
一五日雜物入給之時邑吏庫藏通事等和人竊勿扶曳歐打事
一彼此化罪之人俱於舘門外施刑事

在舘諸人若辨諸用告事舘司直特通札以於訓導別善處可爲往來者也
各條制札書立舘中以此爲明鑑者也

癸亥八月日

○彼の政府は追々開くるに隨て政策將さに一變せんとするの有樣にはなりしが聞く處によれば元來彼の政治は一府一郷に長官を四五名もおきしを今般これら

の制を廢して更に府伯郷長のみを殘しおかる、よし

○近頃の事とか全羅道の濟州に洋船の來りし處この地の人民は元來皆頑愚蒙昧にして其間獸を去ること殆ど咫尺の間に居るよし殊にこの地は朝鮮内地を去こ

と遠ふき一大島にて島民は朝鮮の外他に國あるを知らざるもの多くあれば洋人の上陸を見て忽ち一人を打ち殺したる趣き然るに洋人は一時此地を引上げ直

に漢城府に向ふて出帆しわが日本公使館の手を經てかの政府に向ひ問罪せしにかれ大に驚き早速追捕使を遣せし處又々濟州人民は該使を打殺したるよし或朝

鮮人の話しの儘その信疑は保せざるなり

○今を距る二百五十年前〔延保六年〕今の舊舘と唱ふる處より我舘を此に移したるのちも矢張日本人の出入するより朝鮮政府は舊舘の手前に設門と稱ふる一處を

立て祭りに日本人の出入を禁じたる制札〔石碑にて横曲尺二尺五寸位竪六尺位

王朝洋園〓山卷　　四　　三南去會義所

限滿而後始役其租近來更置開拓使以督之給贅食與器
仗以助其業又設農醫以授稼穡之方以故昔時荒儉無人
之境今則化爲良田物産之增殖日多一日貴邪亦宜擇師
講其法也

○韓人口錢取のことに付き往々賣買上に妨け鮮なからざるより前に商法會議所
に於ては其矯正方法を設けられ旣におこなひせられしれ未だ十分の效あらざる
のみならざかれとれ不便を來すことと間々多くありて其弊害は延いて今日尙ほ甚
しき有樣なり然るに買品の木綿一疋に口錢十文づゝ貪り吞與へらるゝは少々過
分にはあらだや該品の代價はわづか二百八九十文なり讔に金巾に比すれば倍餘
のたがいなり金巾は一反の價搭二メ〇五六十文に口錢五六文なるほじつに不相
當の極といふべしこれらは小雅なれども五月蠅口錢取の奴らにはまことに困り
入うと或商人の話しなるが尤もの事なれば寧ろ賣買品ともに口錢給與のお約束
あればよからんとぞんぜらるゝなり

28

我國採鑛之業官置鑛山局以督之許民以借區之法任其
探掘現今官私之坑無處數捨百而如砂金則用機器採之
其法簡而便又有分析銷剕精粗也槪斯矣貨邪若施用此
術則官弊一洗而釋價隆與將來裨益國家買不並也二日
牛皮宜製為革我國採于貨邪者歲不下萬餘斤而需用者
往々慮不得其製若製以弄法則其剩倍今日必矣三日陶
器須要精巧我國陶器輒近為泰西萬國所推稱現爲輸出
品之一而絅其本古昔取決于貨邪終致今日之精如間米
制墅其地埴本無土可製然能出良品奇器著無傰製造
得宜也吾東洋諸國其土過之實天與也賣邪今兩精其法
則體賜參古大利可企而待也四日農事宜圖改民夫農者
國之本也且如東洋諸國厚生之術無若之者我國從來以
拓地殖産勸民凡犋屬奉藥則有限內免租之法以尤補償

某東萊府に下りたれども同人は年才かに十八歳にして其任に富らざれば更に京

城に啓文（具中の義）して俞某は其儘日本語學生となり玄某故の如く務むるよし

なるがなるほど少年輩には餘りのお役柄とおもはる

○朝鮮の貿易品は未だ製工品とてはなく皆天然の産物にして其數もいづか二十

餘品ぐらゐなるが中に就ても米大豆の如きは最も上等の價格を有するものなり

これについては即ち牛皮等なり然るにその牛皮は數年前までは韓人の食用品な

りし處當時貿易の開けしより皮は肉よりも貴き價ひとなりしが故を皆土人等も

肉を食ふて皮を賣る處より終に今日の多きをいたせしなりと密陽の或韓人來り

ての話しなるが又一說には近頃頻りに犬の皮を食ひ始めたるよし

○東萊府伯金燾根氏は老人には珍らしき卓見ありて其歐化を好まるゝと顏國黨

の爲めに謀られ已に交代せらるゝおもむきなりしが政府にても其人才を惜まれ

終に居役せらるゝ事となりたり

○日本商大谷喜八郎等所贈朝鮮紳士魚允中等書　（前號之續）

定之今欲與土木無如之何余將言廬出入所乘蹶痿之機

與所率之先卒乘代之以馬牽者以侍史一二輩務省先賢

以充土木之費使先卒輟子皆就民業則朝無座食之臣野

無浮食之民土木之經費亦立具備焉夫農者天下之大本

而土木害農之大本也修之有方理之有法苟不做此方法

妄施行之不啻空國庫却有招診其害猶屇醫一朝誤診致

人命故曰國置士木之官不異世間有醫々之要專在治疾

病土木之要專在與福利也請地方長官斷有爲之計（終）

雜報

○是れまでの別達〔別達者譯官然未曾聞有通日本語者彼我顧

接之際必我乘胥出而解其語是獨非別達辨察官亦然矣

詢譯官之要譯官萬國中恐朝鮮一國而已不曾教人不覺

抱腹所謂坐食之臣是之謂乎〕玄某は瓜滿〔滿任の義〕に付き後任従

朝鮮新報

在朝鮮國釜山港　商法會議所

告朝鮮國地方長官各位 〔前號之續〕

朝鮮國河海畧無堤防一過海嘯河漲汛濫洋溢道路爲阻

絶至其甚砂石理耕地田畝淹沒去年熟田爲今年高原昨

日饒硎爲今日蕪葦之叢便民勞一朝歸烏有者亦多矣余

數往來于東萊府倉浦虎川之堤防崩壞田圃荒蕪而又

府中江岸之塵淤無際湮熟訓河川築堤防墾蘆淤拓新田

繁薄地畜水漑則疏洩以供灌溉涸則挑起以資糞養乃以

足富此邑利此民也爲今之計亦唯在築河海之堤防長地

方者宜注意於此爲堤防而修理使熟山無爲高原之患饒

圃爲蘆葦之藪之害道路阻絶之障礙則年之豐凶不敢關

雨雲之多少百穀咸熟倉廩充府庫滿務出洋不可勝盡也

於是國富兵强而民歌萬歲所謂隨天時順地理者唯在人

之所爲何復懟天地爲若地方官曰朝鮮國經營政府有限

領事館錄事

（前號ノ續）

八　男女粧飾ヲ素ス者

九　神佛祭興等ノ節強テ出費ヲ促カス者

十　夜間十二時後歌舞音曲等其他喧嘩シテ他ノ安眠ヲ妨ケタル者

十一　市街ニ於テ便所ニアラザル場所ハ大小便ヲ爲シタル者

十二　男女入込ノ湯ヲ渡世スル者

十三　湯屋渡世ノ者戸口ヲ明ケ放チ或ハ窓等ハ見隔ヲ爲サヽル者

十四　火事場ニ關係ナクシテ乘馬スル者

十五　港内溝渠等ヘ塵芥瓦礫ヲ投棄シタル者

十六　干鱐ノ干場外ニ於テ濫リニ干場ヲ設クル及ヒ干場ニ妨害ヲ爲シタル者

十七　下掃除ノ者蓋ナキ糞桶ヲ以テ運搬シタル者

十八　與ヲ合力ヲ申掛ケ又ハ物品ヲ押賣シタル者

例言

本所新報刊行之旨趣在專叙
述經濟論説。以供日鮮兩國博
雅之采覽。而如其發露中外之
奇事異聞。亦要収拾不遺也。因
希四方諸君子能諒此意。高論
新説必不吝投寄。而其文務用
漢文則記者之幸以何加之歟
緊々々。

定時刊行

大日本曆明治十五年三月十五日發兌

朝鮮新報

第六號

大朝鮮曆壬午年正月廿六日

在釜山港商法會議所

在朝鮮國釜山港商法會議所

21

本局廣告

○本紙廣告料四號文字一行二十五字詰一回金三錢 ○二回同四錢 ○三回以上五回
まで同五錢

但二十五字以下も同斷右は總て前金に申受候

○本紙定價 一册金四錢 十册前金（一割引）金三十六錢 ○十册以上總て一割引尤
も本港外は別に郵便稅申受候且つ前金の期相切れ候共廢止の御沙汰有之迄は引
續き逓送仕候事

朝鮮國釜山港日本居留地本町二丁目廿番地

本 局 商 法 會 議 所

幹 理 編 輯 兼 印 刷 大 石 德 夫

釜山港辨天町三丁目三番地

大取次賣弘所

鈴 木 忠 義

廿草	明磐	胡椒	黄竹粉	黄粉	青粉	紫粉	青粉	紅粉	亞鉛粉	錫粉	白鉛	唐銅	絹糸	綿吳絽	縮子吳絽	寒冷紗	澤井紗	更紗	綾木綿
								一斤		百斤	一斤	一〆							

右
在韓各國本山海

| 、〇五五 | 、七六五 | 、二二〇 | 一、〇九五 | 一、三五〇 | 四、三〇 | 一、五五 | 五、三〇〇 | 二三、八〇〇 | 一、三六二〇 | 二、四三〇 | 二、二五〇 | 二、三〇〇 | 二、五四二五〇 | 二、四〇〇 | 一、四〇〇 | (二、)七五〇〇 |

雞糞	油粕	牛骨	牛皮	天草	布海苔
					二、〇〇〇

平均

二十八日
二十七日
二十六日
二十五日
二十四日
二十三日
二十二日
二十一日

韓錢每日相場割

平均	雞糞	油粕	牛骨	牛皮	天草	布海苔
二八、〇	二七、六	二七、八	同	二七、七	二八、四	同	二八、七	二七、七	二八、六

右買物價表は本紙每發兌前十日間の平均を以て載錄するにあれば即ち其時價なるものは每日の韓錢相場にて照し算すれば直ちに日本通貨相場および元價の割合を知るべし

輸出入物價表（自二月廿一日至同廿八日）

輸入賣品

品名	量	時價 文
内國産		
丁銅	百斤	一二、〇〇〇
荒銅	、	一〇、九〇〇
甲斐絹	一びき	（三八、五〇）
摺付木	百だ一と	（一八、四〇）
索麺	一はと	（一一、五六）
外國産		
一番義源	一反	（二二、五七）
二番同	、	一、八四〇
三番同	、	一、九一〇
泰和源	、	一、九三〇
生金巾	、	一、八三〇
緋金巾	、	一〇、九〇五
天竺	、	一一、三四〇

輸出買品

品名	量	時價 メ文
米	一升	〇、〇六〇
大豆	、	〇、〇三五
小豆	、	〇、〇二〇
小麥	、	〇、〇一二
砂金	十もんめ	〇一、〇一四
金地	一め	〇一、六二〇
銀地	一斤	〇一、六一一
紅參	百斤	八七、三〇
尾人參	一斤	三三、一一
生人參	、	六、一一〇
紬綿	一反	八、九二〇
木し	、	三、二三〇
ほしか	一びき	八、〇〇〇
煎海鼠	百斤	一五、〇〇〇
ふかひれ	、	二一、五八〇〇
鯨骨		一六、二〇

17

是無輕重厚薄焉。今觀察兩國之交際上。如不無其厚薄者。

請試舉此一班上年朝鮮國紳士數十名之來遊于日本國

也。或由海路。或由陸路得通行內地。一無不任其所望矣。而

所經歷之地方。欲待優遇亦無所不至。使朝鮮國人得自由

於日本。既已如斯。然而我日本人民航行於朝鮮國與通商貿

易者有年于此。未嘗得入踵於行步規程里外之地。凡通商

貿易之娶在審事物之盛衰運輸之便否人情風俗等。而後

圖其利害得失。故我日本政府。特為朝鮮國與此自由者歟。

嗚呼朝鮮國人於日本如此。而日本人於朝鮮彎壤不曾是。

猶有來而無往有贈而無答。乃失交際之通誼。與彼是厚

簿乎。想方今朝鮮國賢明有識者不乏其人。則他日使我日

本國人民得其內地通行之自由。猶日本國於朝鮮國。期而

可期也。

○鹿茸は過日七八千斤位韓商の持來る處となるも今以て買入なし是れも内地に送りて不引合なればなり

○不相變朝鮮人の多く輸出し來るものは木綿のみなり

○砂金銀は稀れに見ゆれども甚だ少なし

○近來富港に入來る韓商は近傍の小商人のみ都邊の巨商等の入來せざるは近頃朝鮮内地に於て山賊甚だ多く爲めに我居留地に持來る物錢を掠奪せられんことを恐れて然るなりとは專ら朝鮮人の噂なり

○元山通信はなし

寄書　　　　　　　　　　說之可否信僞編者不保焉

朝鮮國内地通行論　　　　在釜山　東洋生

來往贈答者。交際上之通誼也。禮曰往來而不往非禮。詩曰投我以木瓜報之以瓊瑤。有來而無往。有贈而無答。爲失交際之通誼。夫日本國與朝鮮國通交。互以平等之權利。

在朝鮮國釜山巷

七　三割　去會義所

15

り聊其源因を逃べんとす抑も當港の貿易上其振起すると否らざるとは大に韓錢

相場の高低に關係する處にして試に其然る以所を說くときは韓錢の價格甚た賤

直なるときは賣品の利を見ること能はざるにより自然賣方の減少するに職とし

て是れよりものいなり然り而して今や當港の不景氣なるも韓錢相場の下直による

ものなり而して如此韓錢の下落せしは賣品の鮮少なるに是れ依ると雖も其大に

關係を來す所のものは市場に於て紙幣の流通大に藏塞し實に近來未曾有の不融

通と云ふも敢て過言に非らざる程の有樣なる是れなり假令銀行は幾萬圓の紙幣

を積て之を貸付るも商業の不景氣なるより返濟の目途これなきが故に自然紙幣

の欠乏を告ぐるに至るものなり故に市中の不景氣は紙幣の欠乏に根して紙幣の

欠乏は市中の不景氣に根するものなり

○此頃の如く不景氣にては賣買とも利益なくして損失あるのみなれば寧ろ手を

拱きて商賣を休むとも損とせぬが勝なりとは各店とも稱道するところなり

○米穀は此頃少しく入り來りしも直段の取組は出來ぬ故空しく持ち歸これり

今製之精撰其糸厚其地。而其丈數以朝鮮尺四十四尺〔則
富日本尺五十七尺二寸〕可揲作其衣也。又屑糸者六其經
織以屑糸耳。日本人雜之日屑糸織最愛焉。故其價貲亦從
其物則敢不忌嫌也。請牧民官諸君教民以此事幸甚。

○朝鮮國の産物中にて未經工品は姑らくとてよき經工品には是とてよきものは
まれなるが中にも團扇五座圍座簾等は頗る愛すべき好品あり唯としむべきは未
だ器械の設けなきゆゑに多くの人工を費し為めに其價の廉ならざるのみ
○本紙正誤初丁表末行ナシタル者い下〔以下次號〕の四字を脱す三丁裏七行の（は
ぶ）は（はづる）の誤り
○昨日寒賤機正午五十三度前十日間平均五十二度

釜山商況

○當港の貿易は此十日間差たる變動はなけれども先つ槃して不景氣と云はざる
を得ざるなり知此甲に不景氣とのみにては甚だ了解に苦しまざる者得ざるによ

事に着手する人のなきはいかなる事にや

○京城より或人への報知に有名なる開化黨の參判閔泳翊君(二十五年)は當春早々我日本へ渡航せらるゝ筈の所都合に依て彼暦の三月比迄延引せらるゝといふ

○前號に九十九乘組人藤松作次郎外一名朝鮮船の覆沒せしを救助したるにより賞金を賜はりしことを記載せしが報天丸乘組人渡邊善吉と都合三名のよしに付き更に爰に記るすになん

○在釜山港日本館の老松に蔦のまとへるを見て

老松の重ねて若たる蔦にしき

去年より今年色まさりけり

中臣の紅琴

○朝鮮絹紬者國產之一也。織之極精工。務供外人之用。則經國之一端也。唯可惜者其製未精工。且其地薄而不堪作日本人之衣矣。動輙有其端織屑系者。爲缺丈尺愈不堪用也。

○去る一日のことなるが東萊居黃某(四十年)は釜山に於てたらふく酒を飲み大に酩酊して歸宅せしが何思ひけんゆきなり其女房(二十五年)を歐殺せしとな

るがそれが爲め東萊府の獄につながれ昨今取調中のよしなるが多分放心して歐殺せしものなれば死刑には至らざるべし

○聞く所に依ば讓て我同質より朝鮮人に係る貸金催促願に付此頃東萊府より我

領事館への照會に身代限りが頗る多き由にて、其筋には餘程の五心配なりと云ふ

○先日去る人のはなしに朝鮮人は皆頑固なるものと思ひの外散髮天窓にて日本服を着たる上に日本語にも頗る通じたる人あり吾等も初には全く日本人と思ひ

しが人に對して糊酢(はくし)をする時日本人のことを旅びの人がどうしたかうしたとい

ふたのではじめて朝鮮人なりし事をしりたりと之れによってみれば隨分朝鮮人

にも、開化した人があらうものと見にます

○鯨の多いは恐らく朝鮮地方程の所は我北海道にも稀なるべし二三年前より捕

鯨の事を願ひ出し人ありて候に彼の政府へも照會濟になりて迄るに今日まで此

此朝鮮新報第五号目錄

五

三南木宇護所

11

蓮警犯者二十六人内遂式十三人詮選十三人科料金七圓九十六錢なり

右の外に長崎上等裁判所へ送附一人あり

○去月廿六日の夜富居留地七福亭に於て語學生諸子が嗜和曾一周年の祝莚を開かれたる其摸様を聞くに曾員は陸軍中尉海津三雄氏を始め參謀本部語學生諸子並に領事館蘇員朝鮮人の外に客員中野許太郎浦瀬裕兩氏の餘四五名總て來曾したるもの二十名程にて曾長は武田某幹事は赤羽某曾長は界ば座中の定まりしを見て開莚の祝詞を述べ終られ續て日鮮人交も立ていんぜつ等ありて各歡をつくしてかへられしは實に盛曾なりしときけり

○草梁居某苦某死等は輕罪を死刑に處せられたるのみならず其酸酷のあらましは前號にも記載せしが余りの事故一層探偵を遂し處幸ひに其ゆかりある人其刑場にありて現に目擊したる様子を聞くに杖にて打殺も死に切らとも又麻繩にて絞るも其しかけのエみならねばヤレソリアに死なぬ故腹の上に烈火をおこし立て漸くに此世を去らしめたりといふ實に殷の紂王が炮烙の刑にも從て讓らさるべし

れしものため先月の末をつかたより千燈佛祀てふ供養を執行なさる、と云ふ誠

に民を愛せらる、后處の程こそめでたかりけり

○東萊府伯金　根氏は從來の府伯中未曾有の善良なる人にて昨年の夏旱魃の時

ゝ管下人民の艱難を痛みわが領事へ依頼して水取機械を需められしゆゑ領事は

早速屬官某氏を派遣せられ俱に其事に盡力せられしといふ又同氏は當春より牛

痘を施んとて牛を買ひ求め其施術の事をわが濟生醫院の醫官へ依頼されたりき

實に其名藥根の二字空しからざる人なり

○釜山領事裁判所に於て昨年下半季中に處分せられたる刑事に勸解に審理罰則

違犯者幷に弊察所にて違背罪處分等の諸表を得たれば其要領を摘み左にかゝぐ

刑事犯則者三十六名罰金二十圓五十錢　内贓罪金十一圓廿五錢收贖金一圓廿五錢

なり　勸解弄却十五、願下百十九、調二不調三十、未濟三十六、總計二百。二、外に

前季より　操裁件四十八なり　審判件數十七、新受十七、却下三、願下一、未濟二なり

罰則達犯者六十四人〔罪名濕参（参）罰金二十二圓六十錢なり

9

府の爲めには所謂國を富すの基礎となるのみならぢ彼我の貿易も進路に趣くや必せり

○古來より服製のた、しきは清鮮のごとき他に比類なきところなるが彼の政府にては近々令して平民衣冠の製度を定めら、、よし衣は一般ツルマクと云ふ長き筒袖の上衣を着さしめ冠りは從前の烏帽三分一程に縮めると實に我國にては奇をきそひ新をあらそふの風俗として歐衣米冠や甚しきは男子の女裝する等あつて時の流行ものを好み特に衣冠の製いまだ備はらざるは彼の人には佐るところやあらんか

○時移り物換る時勢の變遷に隨ふものは萬國一般の通理にして自然野蠻國は文明にす、み開化の國となるや現に英國の如きとて初めより文明と稱し開化と呼び國にはあらずして漸々人智の開け進みしものなり今や賢しこくもかの王后には過る日侍女一人僧一人を召し梁山郡通道寺（この寺は金剛寺香山寺九月寺等と同じく有名なる大寺なり）に參らせられこれまで無事にして死罪に處せら

8

惟大兄足下博學易通番貨與望今也蹶起來遊其意果在於斯乎僕等不肯與商賈爲伍曾往來于貴邦數年互市之間有一二所經驗友誼不忍默過敢布腹心足下請少容爲一日砂金固貴邦之天産詢富國之源也然以探製不得其道探之也既勞多而獲少及製成精粗混爻苦分其良否而品位之不高亦是之由

　　　　　　　〔未完〕

○彼の守舊黨の有名なる洪在鶴は曾て國事につき當時の政躰を誹毀したる過激の建言の爲めに死刑に處せられたるが今又同黨の一人宋山林（山林は學士の稱號）は先日何にか建言したる其主義は洪在鶴と殆同じき由或韓人よりきゝしが他日其稿を得ば尚ほ詳報すべし

○朝鮮の通貨は是れまで孔錢にて常平通寶のみの處今般該錢の文字を改めて十錢五錢一錢の三銅貨錢を鑄造せらる、とて目下着手中なりと京城より來りし韓人の話しなるがこれより今一層進んで金銀貨幣を發行すること、なれば朝鮮政

在朝鮮釜山にて

三十二年五月〇日

7

考にもならんかと老婆心

編者曰我國巨商大倉喜八郎高橋平格兩人者上年夏我日本爲客得

所贈朝鮮紳士洪英植魚允中兩士之文章一讀三嘆大有關日鮮貿易

商業者而其論旨如六項實於朝鮮經國之法有益者蓋不鮮々也故揭

本紙以廣供中外君子之覽云爾

大日本國商大倉喜八郎高橋平格頓首再拜呈書大朝鮮

國洪英植魚允中大兄足下語曰溫故知新方今世運一變

宇內萬國以富國强兵爲務殷富如英吉利倔彊如鄂羅斯

者爭起爲而其政事法制以至百般之事皆無不本于所謂

溫知之道是彼之所以致盛也如我東洋諸國治化非不遍

文教不振然比之泰西之富彊終不得不輸一籌者何也盖

拘舊習持陋見膠柱守盭而不講究溫知之爲何物也於今

不爲之計所謂弱肉强食者早晩將不免豈可不寒心乎伏

皆依其便宜施之然而潮與水不得踰堤防入耕地而人與

馬不知道路之險阻河川隔絶之患爲若逢遇非常之天災

潮水踰堤防々々堅固則無土砂侵入之患是以耕地不被

其害也抑有天災非常之變而損國土者不異人有非常之

病矣大小河川之水流不便于民生者不異人身之血液不

循環矣道路險阻或河川無橋梁而阻絶人馬往來者不異

手足不自由矣便其不便者是不異醫之治疾病也〔未完〕

雜報

○或朝鮮人の噂に日本製の扇子は極めてたくみにして京城の士大夫は皆これを賞用するといへども大抵扇子の柄尾尖りたるゆゑ袖中に入るべからだ何となれば袖をふる風儀のある本國の如きは爲めに袖を損ぞるの恐れあり本國製の扇子は總て柄屑を圓にするは職是の由なりと又扇面一躰に丹青を畫きたるは傾城の具なりとて士大夫はこれを用ゐるをといへり此事些々たる事なれども商家の五參

朝鮮新報

告朝鮮國地方長官各位

世間不可無醫若無醫誰能得保民生乎醫不可無術若無

術豈能得肉骨回生乎醫而不能治人之疾病尚屬無用一

朝之誤診輕則使民生爲不具之人重則至使歸泉下豈懼

而可不深戒乎夫天下之大本莫大於農々之大本莫大於

土木國置土木之官所謂不異世間醫之有要也若國而不

置土木之官不幸而遭遇非常之天變不當失人世可貴之

耕地動輒至使饒地爲無人之荒野是豈可不深顧哉夫土

木之所最先者修繕海邊及大小河川之堤防以備非常之

海嘯洪水之虞而偉耕地不被其害爲又修繕道路橋梁時

或新築之而便人馬往來或填汚池敗澤而力開拓新舊或

鑿池畜水以備非常旱魃之虞或隨河流設水亦而汲水等

領事館錄事

〔前號之續〕　違警罪目

左ノ諸件ヲ犯シタル者ハ一日以上十日以下ノ拘留又ハ五錢以上壹圓五十錢以下ノ科料ニ處ス

一　地所ニ關スル諸規則ニ違背シタル者

二　「貸座敷及ビ藝娼妓營業規則」ヲ除クノ外總テ居留人民營業規則ニ違背シタル者

三　渡韓歸國轉宿幷ニ往來届方規則ニ違背シタル者

四　家屋建築ニ關スル諸規則ニ違背シタル者

五　市街掃除規則ニ違背シタル者

六　埠頭舟楫ノ通行ニ妨ケアル場所ニ船舶ヲ繫泊シ或ハ濫リニ棧橋ニ綱繩ヲ張ル者

七　裸躰又ハ袒裼シ或ハ股脚ヲ露ハシ其他醜躰ヲナシタル者

例言

本所新報刊行之旨趣在專叙
述經濟論說。以供日鮮兩國傳
雅之采覽。而如其發露中外之
奇事異聞。亦要収拾不遺也。因
希四方諸君子能諒此意。高論
新說必不吝投寄。而其文務用
漢文則記者之幸以何加之敢
鼇々人。

目次

2

定時刊行

大日本曆明治十五年三月五日登兌

朝鮮新報

第五號

大朝鮮曆壬午年正月廿十日

在釜山港 商法會議所

在朝鮮國釜山港商法會議所之印

1

역자 소개

권정원權政媛

부산대학교 한문학과 졸업. 동대학원에서 석박사 학위를 받았으며, 현재는 부산대학교 점필재연구소 전임연구원으로 재직하고 있다. 조선후기 문인 이덕무(李德懋)를 연구해왔으며, 최근에는 근대전환기 신문·잡지의 번역과 연구로 관심 영역을 넓혀가고 있다. 주요 논저로는 『완역 태극학보』(공역, 2020), 『완역 서우』(공역, 2021), 『책에 미친 바보』 (2022), 「이덕무의 명청문학에 대한 관심의 추이 양상」(2015), 「이덕무의 경릉파 인식과 수용」(2017), 「이덕무 후기문학의 변모 양상과 정조」(2019) 등이 있다.

김소영金小英

부산대학교 일어일문학과 졸업. 일본 와세다대학대학원에서 일본문학 석박사 학위를, 미국 컬럼비아대학에서 문학 석사 학위를 받았다. 현재 부산대학교에서 강의하고 있으며, 헤이안 고전문학과 근대의 담론에 주목한 연구를 진행해왔다. 지은 책으로 연구서인 『헤이안시대의 웃음과 일본문화(平安時代の笑いと日本文化)』(와세다대학출판부, 2019), 『일본 고전문학의 상상력』(공저, 2022)이 있으며, 옮긴 책으로 『도요토미 히데요시』 (2012), 『종교개혁이야기』(2017 세종학술도서, 2016), 『청빈의 사상』(2019) 등이 있다.

국역 조선신보

2022년 8월 30일 초판 1쇄 펴냄

역 자 권정원·김소영
발행인 김흥국
발행처 보고사

책임편집 이경민
일어원문교열 양예리
표지디자인 김규범

등록 1990년 12월 13일 제6-0429호
주소 경기도 파주시 회동길 337-15 보고사 2층
전화 031-955-9797(대표)
　　　02-922-5120~1(편집), 02-922-2246(영업)
팩스 02-922-6990
메일 kanapub3@naver.com / bogosabooks@naver.com
　　　http://www.bogosabooks.co.kr

ISBN 979-11-6587-343-1 93910
ⓒ 권정원·김소영

정가 35,000원

이 저서는 정부(교육부)의 재원으로 한국연구재단의 지원을 받아 수행된 연구임.
(NRF-2021S1A5C2A02086839)